音乐教育新探

孙丹青 / 主编

上海社会科学院出版社
SHANGHAI ACADEMY OF SOCIAL SCIENCES PRESS

序

欣闻孙丹青老师领衔的长宁区艺术创新团队成果书稿付梓,由衷地对孙老师的敬业和执着感到钦佩,也真诚地为艺术创新团队中成长起来的骨干教师感到高兴。

这本书稿,是孙丹青领衔的"《学校艺术文化创意园建设的行动研究》开拓团"近三年实践研究的成果。书稿是实践研究成果的外显形式,也蕴含着孙老师多年引领教师专业发展的智慧,更体现了长宁区在人才培养中形成的机制。

创新团队是长宁区委组织部为建设区域人才高地而搭建的一个团队创新发展的平台,是为了建构一种创新人才的发展模式,建设一支结构合理的人才梯队。孙丹青老师领衔的长宁区艺术创新团队,以市、区名师为业务引领,以延安中学为工作基地,以艺术创新为工作目标,担纲起了艺术创新和师资优化的重任。

创新团队具有清晰、明确的行动机制:首先,是形成了从创新团队到市种子计划,再到区教研团队"三位一体"的教研联动机制,保障了条块整合、减负增效;其次,是确立了从专家援助到导师帮助,到同伴互助,再到学员自助的"一条龙"研修模式,促进团队教师的可持续发展;再次,是采用了从任务驱动到化整为零,网络交流,再到师训联动的多元化研修策略,激活了团队的工作能力与能量。

除了拥有一套高效的工作机制,创新团队还具有多元的策略框架:在团队研修内容上,形成了"音乐专项的主题研究与创新团队的机制研究"同步进行的"双轨制"特色;在团队研修模式上,具有行政干预与"去行政化松散运作"相结合的个性特色;在研修的成果导向上,形成了"以课题带项目到以项目带教师再以教师带教学"的"纵贯式"特点。

孙丹青老师领衔的这个创新团队,除了在以往的个人荣誉、教学评优、论文发表、课题设计、科研获奖、艺术比赛等领域注重"量"的收获外,更注重"质"

的提高。在这个团队中,培训层面从"项目组"走向"名师基地";课题研究从"区级"走向"市级";教师能力从"教学"走向"全能";教师发展从"带头人"走向"特级";职业身份从"一线"走向"教研员"……成就是有目共睹的。更重要的是,团队成员所在的学校都找到了艺术教育创新的生长点,通过3年的精心打造,这些生长点与学校原有的文化同生共长、重焕光彩!

《音乐教育新探》的出版是创新团队成果的缩影。该书以项目研究为支撑,以新课改理念为指南,以课堂教学为主渠道,对新课程理念做了深层次的剖析解读,也对新课程与新教材的实施提出了实践层面的构想。对于一线教师来说,该书在新课程的教学实施与评价方面做了大量创新性的实践。该书以研究报告、论文、案例、教案、教育随笔等形式,反映了中学艺术(音乐)教育教学的成果,实现了项目研究的经验交流和艺术教育的资源共享。可以说该书是一本具有实践亲近感的经验汇总,是一本贴近一线艺术教师的文化读本。

展望艺术教育改革新时期的要求,在体现全面践行"立德树人",培育"核心素养"等理念导向的同时,非常强调地区、校本和教师的特色发展。希望艺术创新团队,继往开来,不断创新,认真贯彻国务院办公厅、上海市人民政府办公厅《关于全面加强和改进学校美育工作的实施意见》,更好地完善艺术项目布局,打造学校艺术教育特色,为形成与上海"国际大都市"定位相匹配的艺术人才培养模式并体现上海特色和示范效应的学校艺术工作新局面,做出新的贡献。

上海市音乐特级教师、正高级教师

2021年3月

目　　录

序 / 席　恒 …………………………………………………………………… 1

第一辑　理论航标

奏艺术之韵，走创新之路
　　——《学校艺术文化创意园建设的行动研究》开拓团研究报告
　　（2018—2021）/ 上海市延安中学　孙丹青 ………………………… 3
基于学科核心素养的初中音乐教材修订与实施 / 上海市初中音乐
　　教材（上教版）修订组　包菊英 ………………………………………… 17
基于"关键教育事件"的若干教育思考 / 上海市长宁区教育学院
　　沈民冈 …………………………………………………………………… 26
基于"关键教育事件"的青年教师培养的实践思考 / 上海市延安中学
　　朱怡佳 …………………………………………………………………… 32
关于音乐教学中学生想象力引导的探索与思考 / 上海市长宁区教育
　　学院　张缨 ……………………………………………………………… 38

第二辑　科研视窗

基于问题探究的高中艺术学科开放性学习的实践探究 / 上海市延安
　　中学　孙丹青 …………………………………………………………… 47
初中学校"吴越文化"评弹课程建设的行动探索 / 上海市姚连生中学
　　戴　玮 …………………………………………………………………… 65
分层理念下多渠道艺术学习体验的评价思考 / 上海市天山初级中学
　　汪　微 …………………………………………………………………… 84

第三辑　教育论坛

艺术教育"一条龙"项目建设之我见 / 上海市延安中学　孙丹青 …… 101

基于初中生艺术素养学业评价的实践探索 / 上海市复旦初级中学
　　王世明⋯⋯⋯⋯⋯⋯⋯⋯⋯⋯⋯⋯⋯⋯⋯⋯⋯⋯⋯⋯ 105
"GKJE"软件综合应用的音乐教学方法初探 / 上海市天山初级中学
　　汪　微⋯⋯⋯⋯⋯⋯⋯⋯⋯⋯⋯⋯⋯⋯⋯⋯⋯⋯⋯⋯ 110
京剧活动中表象学习的原因、对策与思考 / 上海市娄山中学
　　王莉雯⋯⋯⋯⋯⋯⋯⋯⋯⋯⋯⋯⋯⋯⋯⋯⋯⋯⋯⋯⋯ 116
初中艺术"互联网+"评价的实践探索 / 上海市泸定中学　李　晶⋯ 120
初中音乐课程体验教学的实践初探 / 上海市泸定中学　李　晶⋯⋯ 127
课堂歌舞剧对提升小学生音乐素养的实践探索 / 上海市长宁区
　　天山第一小学　邢灵燕⋯⋯⋯⋯⋯⋯⋯⋯⋯⋯⋯⋯⋯⋯ 132
关于学生的音乐心理如何得以健康发展的思考 / 上海市西延安中学
　　肖　琼⋯⋯⋯⋯⋯⋯⋯⋯⋯⋯⋯⋯⋯⋯⋯⋯⋯⋯⋯⋯ 138
融合应用音、视频技术，提升中学音乐教学美感 / 上海市仙霞高级
　　中学　赵唯玮⋯⋯⋯⋯⋯⋯⋯⋯⋯⋯⋯⋯⋯⋯⋯⋯⋯ 145
初中生音乐创编能力的教学实践探索 / 上海市复旦初级中学
　　张　蕾⋯⋯⋯⋯⋯⋯⋯⋯⋯⋯⋯⋯⋯⋯⋯⋯⋯⋯⋯⋯ 149
中职生合唱教学难点与对策探究 / 上海南湖职业技术学院
　　王　丹⋯⋯⋯⋯⋯⋯⋯⋯⋯⋯⋯⋯⋯⋯⋯⋯⋯⋯⋯⋯ 156
让"真合作"在音乐教学中发生
　　——以《你好，非洲》一课为例 / 上海市第三女子初级中学
　　　　叶　莺⋯⋯⋯⋯⋯⋯⋯⋯⋯⋯⋯⋯⋯⋯⋯⋯⋯⋯ 161
美声教学中的声乐技巧与乐感提升探析 / 上海市复旦中学
　　张烙宁⋯⋯⋯⋯⋯⋯⋯⋯⋯⋯⋯⋯⋯⋯⋯⋯⋯⋯⋯⋯ 166
核心素养视域下高中"模块化"艺术课程的实践研究 / 上海市复旦中学
　　张之潇⋯⋯⋯⋯⋯⋯⋯⋯⋯⋯⋯⋯⋯⋯⋯⋯⋯⋯⋯⋯ 169
浅谈儿童音乐课堂中的节奏教学 / 上海市盲童学校　陈　新⋯⋯⋯ 179
音乐课堂教学中的提问艺术 / 上海市建青实验学校　郭洁纯⋯⋯⋯ 183

第四辑　教　学　讲　台

节奏：永恒的生命律动
　　——《音乐鉴赏》（第一单元第一节）/ 上海市延安中学
　　　　戴建子⋯⋯⋯⋯⋯⋯⋯⋯⋯⋯⋯⋯⋯⋯⋯⋯⋯⋯ 191

节日欢歌
　　——《春节序曲》/ 上海市泸定中学　李　晶 ……………… 195
音乐风景画
　　——《大峡谷·日出》(管弦乐组曲) / 上海市泸定中学
　　　　李　晶 ……………………………………………………… 199
乡韵
　　——上海风情 / 上海市天山初级中学　汪　微 ……………… 205
多声部音乐的魅力
　　——《春游》演奏课纪实 / 上海市天山初级中学　汪　微 …… 212
《瑶族舞曲》欣赏课实录 / 上海市娄山中学　王莉雯 …………… 221
乐，诗中的月夜
　　——《春江花月夜》欣赏课 / 上海市复旦初级中学　王世明 …… 228
《红色娘子军》(舞剧)欣赏课实录 / 上海市姚连生中学　戴　玮 …… 232
《劳动的礼赞》单元教学设计 / 上海市天山第二中学　王　玥 …… 235
小雨沙沙 / 上海市长宁区天山第一小学　邢灵燕 ……………… 241
孔雀舞 / 上海市长宁区江苏路第五小学　朱炫炫 ……………… 245
你好，非洲 / 上海市第三女子初级中学　叶　莺 ……………… 249
《少年中国梦》教学设计 / 上海市复旦初级中学　张　蕾 ……… 253
典雅的乐章
　　——海顿《第九十四交响曲》欣赏课 / 上海市开元学校
　　　　张　萍 ……………………………………………………… 260
八音和鸣 / 上海市西延安中学　高　波 ………………………… 263
茉莉花香 / 上海市建青实验学校　郭洁纯 ……………………… 267

第五辑　课堂剪影

为什么公开课上的创编活动变成了乱编活动？
　　——声势律动与音乐课堂融合有效性的探究 / 上海市延安中学
　　　　戴建子 …………………………………………………… 275
我的"音乐药方"
　　——一个音乐老师和自闭症孩子的故事 / 上海市天山初级中学
　　　　汪　微 …………………………………………………… 279
"老作品"的"第二春" / 上海市娄山中学　王莉雯 ……………… 283

以鼓代琴，急智亦需积累
　　——论音乐教师基本素养的重要性 / 上海市泸定中学
　　　李　晶·· 288
男孩的舞蹈也要像女孩这般婀娜多姿吗？
　　——舞蹈教学中关于个性化培养的思考 / 上海市长宁区天山
　　第一小学　邢灵燕·· 291
"博趣乐学"展硕果，艺术之花竞绽放
　　——学校艺术拓展教学特色之"小剧场" / 上海市天山第二中学
　　　王　玥·· 295
哭声、蛙声与歌声
　　——自然笔记学习方式在音乐课的实践与探索 / 上海市虹桥中学
　　赵永新·· 299
运用感知觉补偿增强音乐表现力
　　——歌曲《党是雨露和阳光》教学案例 / 上海市盲童学校
　　　陈　新·· 303
关于艺术教育的综合审美价值提升
　　——《声情并茂音乐剧〈悲惨世界〉传四海》教学案例 / 上海市
　　建青实验学校　黎雯越··· 308
让学生在课堂活动中获得身心感受 / 上海市延安初级中学
　　　杨　琴·· 312

第六辑　音教畅想

学做"无声无形"之师
　　——谈教育的润物无声 / 上海市天山初级中学　汪　徽········ 317
艺术教育从心开始
　　——读《守望音乐教育》有感 / 上海市复旦中学　禹　昕······ 320
铸造学生核心素养能力
　　——读《核心素养的内涵》有感 / 上海市建青实验学校
　　黎雯越·· 324

后记 / 上海市延安中学　孙丹青·· 327

第一辑 理论航标

奏艺术之韵,走创新之路
——《学校艺术文化创意园建设的行动研究》开拓团研究报告(2018—2021)

上海市延安中学　孙丹青

创新团队是长宁区委组织部为建设区域人才高地而搭建的一个团队创新发展的平台,长宁区教育局为创新人才发展模式,建设结构合理的人才梯队,积极响应区委号召,于2018年9月开展了长宁区教育系统新一轮(2018—2020年)创新团队的申报选拔工作。我作为负责人领衔的"《学校艺术文化创意园建设的行动研究》开拓团"有幸获批成为数不多的区委层面的创新团队。

2021年,是长宁区新一届创新团队建设的最后一年,也是各创新团队的成果展示年。为了体现教育系统创新团队3年来(2018—2021年)的工作成果,长宁区艺术创新团队欲以现场展示、文集出版、画册制作等形式,向社会各界,尤其是教育部门的同仁展示其在艺术课程、艺术活动、艺术教科研,乃至艺术研训等方面的创新成果,以期促进艺术教育的水准,提升艺术教师的素质,创新艺术人才的发展,建设艺术人才的高地。

一、基本情况

(一)人员情况

长宁区艺术创新团队在编人员13人,其中,有1位领衔人,12位学员(中小学音乐教师)。后因市名师基地和艺术创新团队项目的活动时间冲突,其中2位学员的编制作了调整,而成为现在10人编制的队伍。团队同时聘请教科研专家作为专家智囊团。(表1)

为明确大家的工作职责,团队成立之初就架构了工作结构,区域三级六层骨干教师和资深专家分别出任各部部长。(图1)

表1　长宁区艺术创新团队人员

序号	学　校	姓　名	顾问、专家
1	延安中学	孙丹青（领衔）	李德元
2	复旦中学	禹　昕	蒋萍芳
3	延安中学	戴建子	席　恒
4	天山初中	汪　微	余丹红
5	娄山中学	王莉雯	梅雪林
6	泸定中学	李　晶	曹建辉
7	姚连生中学	戴　玮	包菊英
8	天山二中	王　玥	沈民冈
9	复旦初中	王世明	陈　晞
10	天山一小	邢灵燕	赵其坤
11	江苏路第五小学	朱炫炫	李嘉栋
			戴申卫
			金亚文
			张　缨
			宋　玮
			朱怡佳

```
                        团队长：孙丹青
    ┌───────────────────┼───────────────────┐
 顾问群：              秘书处：              核心组：
 蒋萍芳                沈民冈（秘书长）       李德元
 席　恒                王世明、汪微（秘书）    包菊英
 余丹红                                      梅雪林
 曹建辉                                      张　缨
 沈民冈                                      宋　玮
 陈　晞                                      朱怡佳
 赵其坤
 李嘉栋
 戴申卫
 金亚文
                            │
    ┌───────────┬───────────┼───────────┬───────────┐
 课程指导部：  教师发展部：  信息技术部：  组织保障部：
 包菊英         朱怡佳        王世明        张缨、宋玮
```

图1　长宁区艺术创新团队结构

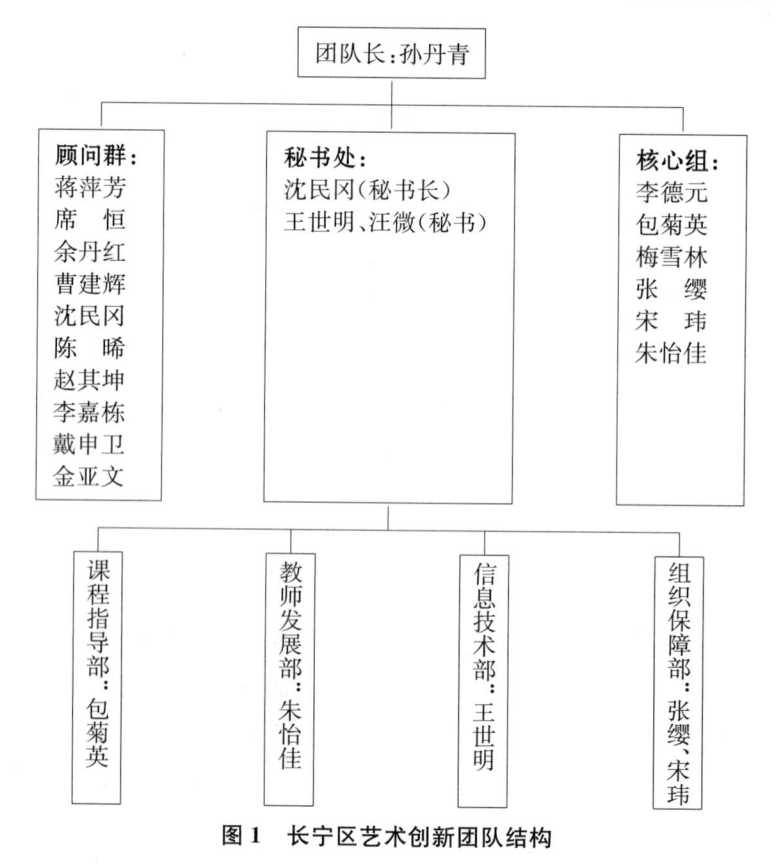

(二) 活动开展

艺术创新团队启动于2019年1月,它以市区名师为业务引领、以延安中学为工作基地、以艺术创新为工作目标,担纲起了艺术创新和师资优化的重任。为了提高工作效率,创新团队与市种子计划、区教研团队整合成"三位一体"的"研修群"。整合后的工作群,频率与效率齐头并进,活动内容从以往单纯的教研、科研与师训,涵盖为教学研讨、工作交流、学术报告、专业培训、艺术表演、社会实践等,具有行政干预与"去行政化"松散运作相结合的个性特色。达到了减负增效、合作共赢的目的。以下是本团部分重量级活动——

表2 长宁区艺术创新团队举办的部分活动

时　　间	活　动　内　容
2019年1月14日	团队启动仪式
2019年3月11日	陈晞报告:《艺术教育与品行培养》 (报告人:上海市特级校长、长宁区教育学会会长)
2019年3月14日	创新构想专家指导(教研专家包菊英;科研专家沈民冈)
2019年3月28日	青浦·长宁艺术文化交流活动 (领衔人:上海市艺术名师工作室主持人田春红)
2019年4月8日	金亚文报告:《音乐课堂的审美意境追求》 (报告人:教育部课改办课标制定者)
2019年4月18日	《音乐教学漫步》新书发布会 (领衔人:李德元;出席:出版界精英、教委专家领导等)
2019年5月16日	互助式案例辅导(指导人:团队秘书长沈民冈)
2019年9月16日	走访基地学校:泸定中学 (领衔人:校长赵惠琴等领导)
2019年10月21日	梅雪林报告:《发现音乐之美——兼谈艺术的无用之用》 (报告人:资深音乐人)
2019年11月7日	长宁·嘉定区际艺术文化交流 (领衔人:上海市嘉定区安亭高级中学校长张洁)
2019年11月17日	合一国际文化节(苏州)
2019年11月18日	创新团队暨音乐教研活动:李晶公开课《春节序曲》
2019年12月16日	参观上海音乐学院歌剧院;余丹红报告:《音乐教学目标契合度评判》(报告人:上海音乐学院资深教授)
2020年2月24日	网络培训:1.钉钉的功能与使用,2.录屏软件及操作,3.WPS的优势与分享(讲解人:正高级教师王世明)

(续表)

时　　间	活　动　内　容
2020年6月26日	观摩红色经典舞剧《永不消逝的电波》
2020年9月17日	"空中课堂"经验介绍以及观课(介绍人:优青学员汪微)
2020年11月2日	参观愚园路的人文历史与建筑风情(讲解人:周培元教授)
2021年3月15日	参观上海市音乐职业学校(观课、听讲座、参观) (领衔人:特级教师李逊芳)
2021年4月26日	席恒报告:《核心素养导向的音乐教学实践探索》 (报告人:上海市教委教研室音乐教研员、特级教师)
2021年6月3日	参观上海凯恩乐器有限公司暨中国花博会
2021年7月1日	艺术观摩:《1921》
2021年10月18日	赵其坤报告:《美育,培养真善美的文化基因》 (报告人:特级教师、正高级教师)
2021年10月28日	《音乐教育新探》新书学术交流会
2021年11月15日	李嘉栋报告:《美育融合的艺术(类)教学》 (报告人:大学资深教授)
2021年12月16日	创新团队三年成果展示(出席人:教委专家、领导)

以上组团和活动,注重的不是"大而全",而是创新。1.我们三位一体,将创新团队与市种子计划、区教研团队有效整合,创办有个性的活动,以达到减负增效、合作共赢的目的;2.我们的学员并非来自很有基础的重点学校,教师也并非是锦上添花式的骨干教师,而是一批我们自己所培养的音教追梦者。

二、机制运行

(一)创建全员互动的研修模式

着眼于教师的可持续发展,我们形成了"专家援助—导师帮助—同伴互助—学员自助"的"多层面、全互动"的培训模式。

(二)探寻校际联动的研修策略

作为区域工作平台,我们努力探寻校际联动的研修策略,它们是任务驱动策略、网络交流策略、合作共享策略、化整为零策略、师训联动策略等。

(三)形成上下覆盖的技术路线

采用三级网络技术路线:区域、学校和课堂。

1. 区域层面

（1）学科中心组的课程建设。以长宁区艺术教研中心组的活动为平台，发挥领衔人的学科中心组成员的骨干作用，贯彻实施创新团队的工作。

（2）学科带头人的项目推进。以长宁区学科带头人的项目为载体，发挥领衔人的学科带头人的顾问优势，贯彻实施创新团队的工作。

（3）特级教师工作室的区际联动（含艺术名师工作室）。以上海市特级教师工作室（艺术名师工作室）的工作为桥梁，发挥领衔人的支教外区的跨区优势，贯彻实施创新团队的工作。

（4）市名师基地的专业辐射。以双名工程音乐基地的培训为契机，发挥领衔人的基地导师的指导作用，贯彻实施创新团队的工作。

2. 学校层面

（1）学校中层干部的作用发挥：以学校艺术教育的工作开展为舞台，利用导师与学员的行政职务优势，实施创新团队的工作。

（2）学校校园文化的环境影响：以每个学校的艺术特色为基石，发挥校园文化的影响力和辐射作用，实施创新团队的工作。

3. 课堂层面

（1）以基础型课程为航标，指导学生对艺术文化的认知。

（2）以拓展型课程为内燃，引发学生对艺术文化的兴趣。

（3）以研究型课程为助推，激发学生对艺术文化的探究。

（四）打造工作团队的研修特色

由于有先前区项目制、市名师工作室的经验铺垫，团队已经初步形成自己的研修特色，那就是：

1."一条龙"培训形式：以科研带项目、以项目带教师、以教师带教学。

2."两方向"同步研究：音乐项目的专项主题研究、学校教师的生涯发展研究。

3."三结合"科学管理：科研理论与教学实践相结合、课题研究与项目运作相结合、导师指导与自我发展相结合。

4."四标准"规范要求：项目课程化、研修一体化、管理规范化、成效具体化。

三、工作保障

（一）单位扶植

团队成立之初，延安中学在校舍紧张的情况下，专门划出一间办公室作为创新团队的工作室,并配齐配足应有的办公用具,这为我们团队的工作提供了极大的方便,工作室因此成为创新团队工作运作的指挥中心。

(二)区域支持

1. 组织管理

创新团队虽然报批于区委组织部,但教育局组织科却承担了全部的监管工作。团队自启动以来就得到了教育局组织科在组织管理、关系协调、宣传推广等方面的全方位关心,他们贯彻上级精神、联系基层校长、确保团队工作、定期组织交流、还关注活动质量、进行跟踪报道,体现了"一条龙"服务的精细化管理特色。

2. 经费管理

为了保证团队活动的正常开展,教育局在活动经费上加大了拨款力度。局领导在区委(人社局)经费下拨之余,又配套了同等额度的经费,真正体现了对创新的支持与对人才的关爱!

按照〔2011〕第 99 号文件,艺术团队认真管理经费、合理使用经费。在学校总务和财务的监督下,团队有序有度有规则地使用着每年下拨的经费,包括工作室筹备的打印机、扫描仪、钢琴等硬件设施;教学所用的音箱、口琴、优盘等教学用具;联系工作所需的(听课、会议、辅导等)快递费、交通费;业务引领所需的专家指导费;研究学习所需的购书、出书费;艺术实践所需的艺术观摩费以及实地参观费,等等。

四、项目研究

(一)研究目标

艺术创新团队的主要任务是针对长宁区中小学艺术教育的现状,以理论的高度、团队的力度、内容的宽度以及研究的深度,组建具有代表性的团队,探索学校艺术文化创意园建设的内容与方法,以及校际联动的策略、途径、模式等运作机制。通过研究,培养师生的创新意识和创造能力、建设校园文化创意园,进而提升区域艺术教育的整体水准。

(二)内容与实施

创新是永恒的主题,我们针对"长宁"的校园特点,以团队现有的人力资源,踏踏实实、真真切切地理顺一些结果,推出一些成果,形成一些效果。为此,团队走访了每一所联动学校,了解了学校的艺术现状,挖掘了学校的悠久历史,聚焦了学校的发展方向,提升了学校的创新品位。基于这样的目标,每一个基层学校锁定了一个创新方向,形成了有目标的实施策略。

1. 创学教委精神,引领区域特色

2019年,上海市教委相继颁布了《上海市中小学艺术工作管理办法》等文件,并决定在中小学组织开展艺术教育特色项目建设。此次项目建设并非校园内部的特色社团建设,而是区域内中小学艺术"一条龙"项目的布局与联建。一向以"民乐教育"为荣的延安中学此次是如何发挥"龙头"作用、创新民乐发展的,延安中学戴建子老师有专题汇报。

2. 创作校园铃声,推动创意学习

长宁区的天一小学有一个未来学习中心,它的主旨就是创意学习。英语创学、小蚂蚁歌舞剧等都是这个学习中心的主要角色。而今天,它要带给大家的则是充满趣味的校园铃声。

校园铃声? 不就是放几首世界名曲或轻音乐? No! 这哪是创意啊? 这些铃声可是"小不点们"自己创作的噢,天一小学邢灵燕老师对此颇有经验。

3. 创发综合课程,培养综合素养

2018年9月25日,习近平总书记在全国教育大会上强调:"要在增强综合素质上下功夫,教育引导学生培养综合能力、培养创新思维"。综合能力哪里来? 创新思维哪里来? 天山初中的汪微老师对综合课程有独到见解。

4. 创设校园环境,浸润民族文化

党的十八大以来,围绕弘扬中华传统文化,习近平总书记发表了一系列重要论述,他特别强调要"推动中华优秀传统文化创造性转化、创新性发展……不断铸就中华文化新辉煌"。娄山中学,这个以京剧等艺体为特色的学校,坚守国粹,以新课改的理念孕育了戏曲新种——改良京剧,做到了传统与现代的结合。娄山中学的王莉雯老师进行了研究。

5. 创用乐器功能,实现家校互动

"家校互动"是上海市政府联合市信息委、市教委推出的一个师生、家长间的网上互动平台,多年来,它为用户获取教学信息、联系学校家庭等提供了优质服务。创新团队的李晶老师利用自己的学科优势——乐器演奏,推出了家校互动的又一个新招。

6. 创新信息技术,赋能学习评价

信息技术的现代化以及对课堂教学的作用早已为大家所熟知,如何突破传统模式的藩篱、进行信息功能的重塑,复旦初中的王世明老师依托市级课题进行了信息技术的"四化"建设,不仅激励了学生的学习自信,也走出了评价的创新之路。

7. 创办艺术作坊,提升自主能力

每个学校都有自己的文化底蕴,艺术创新既要依托学校文化、又要发展学校文化,天山二中挖掘学校"博趣小剧场"的文化底蕴,打出了学生自编、自导、自演的一条龙创演特色,提升了学生的自主能力,促进了校园文化建设。王玥老师在这方面功不可没。

8. 创编曲艺新曲,建设校园文化

姚连生中学的评弹和"吴越文化"可谓名闻遐迩,一系列相关的校本课程相继诞生。此次他们又推陈出新、老曲新唱,将艺术的内容跨界到其他学科,将课堂文化拓展到校园文化。姚连生中学的戴玮老师为此做了很多实事。

9. 创立戏剧课程,打造学校特色

每个学校都有自己的特色,江五小学的亮丽风景是"紫藤花园",精心打造的校本课程犹如蜿蜒的藤、蹁跹的花,散发了浓郁的"紫藤"芳香。江五小学的朱炫炫老师有很多这样的"紫藤"故事。

10. 创建学习沙龙,开挖音乐功能

在学校、在课堂,音乐一直以审美培养的角色站在学科的行列中。面对高三紧张的学习态势,复旦中学的禹昕想到以音乐的情感性来强化其教化作用、扩大其学科功能,为缓解高三学生的学习压力提供了一剂良方。

五、研究成果

(一)以课程改革要求为方向,确立了艺术创造教育的认识(三个观点)

1. 创新是教育的使命、学生的需求、教师的担当。
2. 艺术创新渗透于课内、课外各个领域。
3. 创新是一个永恒的话题。

(二)以三大课程体系为架构,打造了艺术创造教育的途径(三大课程)

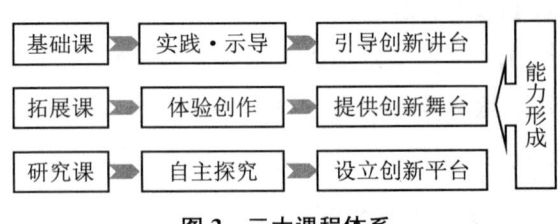

图 2　三大课程体系

(三)以艺术教材建设为根本,确立了艺术创造教育的方向(三类教材)

1. 基础型教材,渗透挖掘创新内容。

2. 拓展型教材,重组编制创新学材。
3. 研究型教材,撰写制作创新文本。

(四)以艺术学习兴趣为出发,出台了艺术创造教育的策略(三种模式)

1. 基础型课程出台了"实践·示导"的双板块教学模式。

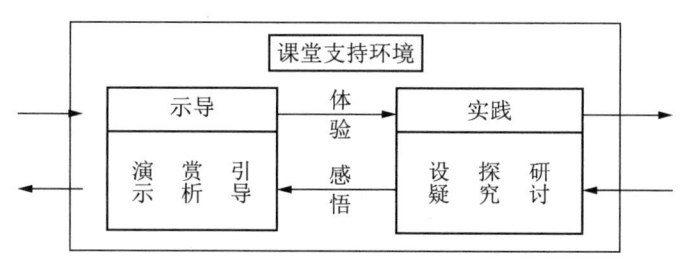

图 3　双板块模式示意图

2. 拓展型课程践行了"三进阶"的教学模式:树立创新意识(理念先行)──→学习创新技能(实践跟进)──→发明创新成果(能力形成)。

3. 研究型课程概括了"四形态"的教学模式:"体验""合作""探究""创造"。

图 4　"四形态"教学模式

(五)以艺术课标精神为导向,加强了教育"创新"理念的贯彻意识

在"课标"精神的指引下,师生对艺术创造的理解不断加深,大家齐心协力建设"全员德育"的环境、营造艺术创新的氛围。课堂教学(图谱音乐)、课外活动(废物再用)、校园设施(智慧墙)、学校活动……到处可见创新与创造的氛围与成果。可以说,艺术创造教育已突破课程的领域、跨越学科的界线、摆脱课时的束缚。

(六)以课程教材改革为中心,改变了艺术学科的学习态度

通过研究,学生的艺术价值观发生了明显的变化。从几次问卷调查看,学生对音乐创新的有着强烈的需求与实施想法,他们对音乐的情感体验,对艺术

的审美视野,对世界各民族文化的尊重与热爱都发生了潜移默化的变化,这令我们全团老师非常欣慰。

（七）以学校社团活动为抓手,推动了校园文化的建设进程

在主渠道艺术课堂的创造教育的影响下,学校的艺术社团雨后春笋般地涌现,艺术活动轰轰烈烈地开展：书画展览、烹饪比武、体操比拼、钢琴沙龙、服装设计、合唱器乐等尽显风采,教育创新的校园文化蔚然成风。

（八）以项目研究建设为抓手,联动了区域师资的培训机制

1. 教研中心组的课程建设。
2. 学科带头人的项目推进。
3. 创新工作室的区际联动。
4. 名师工作坊的专业辐射。

（九）物化成果

1. 开发了融艺术与科技于一体的创新产品

以延安中学为例,借助于创新型拓展课,师生共同研发了单片机电子琴、led 显示屏、色彩合成器陶埙。

2. 积累了大量创新学习的研究资料

在创新教学影响下,学生撰写与制作了大量艺术学习资料。这些资料已被上传到了研究性学习平台上,成为生生合作、校校合作的共享资源。

（十）工作业绩

通过项目研究,我们的导师和学员形成了成长共同体,取得了在理论和实践各领域的辉煌成绩(见表3)。

表3　团队荣誉一览表(至 2021 年 4 月)

孙丹青	
个人荣誉	2021 年 03 月　首届全国中小学美育教学指导专业委员会委员
	2021 年 03 月 18 日　上海师范大学音乐学院艺术硕导(音乐教育方向)
朱怡佳	
教学评优	2020 年 03 月　拍摄市空中课堂高中新世纪教材高一英语,6 课时
英语比赛	2019 年 05 月　指导学生获 2018 上海市大中学生"话说东西"中英互译交流展示评比三等奖。教师获优秀指导教师奖
	2019 年 06 月　指导学生获上海市第二十六高中生科普英语知识竞赛二等奖

(续表)

朱怡佳		
教育科研	2020 年 01 月	第十八届长宁区教育学会优秀论文评比一等奖
	2021 年 01 月	第十九届长宁区教育学会优秀论文评比一等奖
	2020 年 05 月	执笔课题《基于问题探究的高中生实践能力培养的行动研究》获长宁区第十三届教育成果评选一等奖
	2020 年 10 月	《中学教师教育科学研究指导》校本研修课程——学校个性化教育科研培训课程开发与实施案例(2 万字)发表于专著《新时代教师教育科研素养提升——校本培训课程案例》(上海教育出版社出版,吕洪波主编)
	2020 年 12 月	获长三角教育信息化征文一等奖
个人荣誉	2018 年 12 月	第三届"上海市"优秀教育科研员
	2020 年 03 月	"长宁区 2020 优秀师训员"称号
	2021 年 02 月	上海市中小学幼见习教师规范化培训优秀指导教师

张 缨		
教学评优	2019 年 05 月	上海市"明强杯"中小学器乐教学录像课展演活动指导奖
教育科研	2020 年 10 月	国民教育大会"万叶杯"论文征集评选活动指导奖

宋 玮		
个人荣誉	2018 年 12 月	长宁区教育系统第八轮"学科带头人"荣誉称号

李 晶		
教学评优	2020 年 08 月	长宁区"课堂工程"研讨活动一等奖
	2020 年 07 月	长宁区教育系统"四史"学习教育党课课例评选三等奖
	2020 年 04 月	"学习强国"优秀网课展示
教育科研	2018 年 03 月	长宁区学科带头人第五轮项目负责制教育科研成果三等奖
	2020 年 05 月	上海市"双名工程——种子计划"长宁区培养对象学习理论征文活动二等奖
个人荣誉	2018 年 03 月	长宁区"活力教育"研讨活动"优秀德育工作者"

王莉雯		
艺术比赛	2018 年 12 月	中国少儿戏曲小梅花基地上海市青少年戏曲演唱大赛一等奖
	2019 年 02 月	校京剧团荣获校"能达特长奖励基金金奖"
	2020 年 01 月	上海市"百名校园戏曲之星"称号

(续表)

王莉雯		
教育科研	2019 年 09 月	"黄浦杯"长三角城市群"关键教育事件"征文评选三等奖
	2019 年 11 月	校教育论文撰写一等奖
	2020 年 11 月	校教育论文撰写二等奖
	2021 年 03 月	区级一般课题立项
个人荣誉	2018 年 12 月	长宁区"教育教学能手称号"

禹　昕		
教育科研	2019 年 09 月	复旦中学第十三届"力学"读书活动读书笔记二等奖
	2020 年 06 月	长宁区教育系统学科带头人第六轮项目负责制学员学习理论征文活动一等奖
	2020 年 09 月	复旦中学第十四届"力学"读书活动专业发展三等奖
个人荣誉	2018 年 12 月	长宁区教育系统第三届"教坛新秀"荣誉称号
	2019 年 06 月	复旦中学优秀教科员工作者称号
	2020 年 09 月	上海市首批艺术教师"青年才俊"计划学员

戴　玮		
教学评优	2019 年 12 月	"行走中的传统文化"上海市青少年民族文化培训微课展评一等奖
艺术比赛	2019 年 06 月	上海市中小学生古诗词综合艺术展演中学组二等奖
	2019 年 11 月	第五届"唯实杯"上海市青少年曲艺大赛"小牡丹奖"
	2020 年 08 月	第九届全国少儿曲艺展演优秀节目荣誉证书
个人荣誉	2020 年 11 月	长宁区学校艺术教育先进个人

汪　微		
教学评优	2018 年 12 月	《欧洲风情之英国民谣》课堂工程二等奖
教育科研	2018 年 12 月	《分层理念下多渠道艺术学习体验的评价研究》获长宁区中小学艺术展演活动三等奖
	2020 年 05 月	《做无声 无形之师》获双名工程"种子计划"征文优胜奖

戴建子		
教学评优	2018 年 12 月	上海市中小学中青年教师教学评选活动二等奖
教育科研	2018 年 12 月	长宁区中小学生艺术展演活动(优秀艺术案例)一等奖
	2020 年 05 月	长宁区第十三届教育科研成果评选一等奖

(续表)

王世明		
教育科研	2018年	《初中生艺术合作学习与评价的实践探索》发表于《长宁教育》2018年第2期
	2018年	《中学艺术学科网络教研类型与模式的实践探索》收录于上海课改30年学科类丛书《跨越体验 融合创意——上海市中学艺术学科课改经验总结》
	2019年	《红梅花儿开 朵朵放光彩——上海市复旦初级中学影视育人工作掠影》,发表于《福建教育》2019年第8期
	2019年	《中学生艺术学习多元评价的行动研究》项目评为长宁区学科带头人第五轮项目负责制优秀项目
	2019年	《初中生艺术素养与学业评价的实践思考》发表于《上海师资培训》2019年第3期
	2020年	《基于初中生艺术素养学业评价的实践探索》获长宁区教育学会第18届论文评选二等奖
	2020年	教科研成果《初中生艺术学习多元评价的行动研究》获长宁区第十三届教育科研成果评选二等奖
个人荣誉	2018年	长宁区教育系统第八轮"学科带头人"荣誉称号
	2020年	长宁区第十一届教育科研工作先进个人

王 玥		
艺术比赛	2019年12月	第一届上海市中小学生戏剧节初中组三等奖
	2020年12月	第二届上海市中小学生戏剧节初中组二等奖
个人荣誉	2019年12月	第一届上海市中小学生戏剧节最佳改编剧本奖
	2019年12月	第一届上海市中小学生戏剧节优秀指导老师奖
	2019年12月	长宁区学校艺术教育先进个人

邢灵燕		
教学评优	2020年8月	长宁区2019年度"课堂工程"研讨活动二等奖
教育科研	2019年12月	上海市长宁区教育学会第18届优秀教育论文评选三等奖
	2020年2月	长宁区小学音乐、体育和美术学科教室科研论文评比一等奖
	2020年2月	长宁区小学音乐、体育和美术学科教室教学案例评比二等奖
	2020年10月	"我和于漪老师的故事"征文大赛三等奖

朱炫炫		
教育科研	2021年01月	长宁区教育学会优秀论文评选二等奖
个人荣誉	2020年11月	长宁区学校艺术教育先进个人

总结以上成果,它们是:教学评优方面,获得了上海市中小学教学评优一等奖及指导奖;活动比赛方面,获得上海市中小学艺术展演一等奖及指导奖;科研方面,入围上海市教育科学研究院规划课题和上海市学校艺术科研课题,并双双获得科研成果奖。出版个人专著以及发表核心期刊;个人荣誉方面,荣获学科带头人称号、获批上海市正高级教师职称……

以上各种成果,不仅是本团队的项目研究成果,也是我们通过项目来培养人才所体现的成果,达成了项目研究与人才培养的双重目标。因此,大家可以发现:团队在以往的个人荣誉、教学评优、论文发表、课题设计、科研获奖、艺术比赛等领域注重"量"性收获外,还注重"质"性提高,比如:荣誉从"带头人"走向"特级",公开课从"教室"走向"空中",课题从"区级"走向"市级",能力从"教学"走向"全能",身份从教师走向"教研员",培训从"项目组"走向"名师基地"……

更重要的是,在这批有生气的创新人的带动下,他们所在的学校都找到了创新生发点,通过三年的精心打造,它们与学校原有的文化同生共长、共显光彩。

六、存在问题与解决办法

存在问题主要表现为艺术教师由于工作的性质常常课内忙于教学,课外忙于排练、演出、比赛,有些艺术总辅导员还兼职了大队辅导员。工作的压力、身心的疲惫常常使得他们望洋兴叹。针对以上现实,我们采取的措施是:研修一体、资源整合;空中传输、网络教研。

创新是永恒的主题,我们将不会因团队结业而终止,继续在艺术课程、艺术活动与艺术教科研,乃至艺术研训等方面进行更深入的研究,以促进艺术教育的水准,提升艺术教师的素质,创新艺术人才的发展,共同建设艺术人才的高地。

基于学科核心素养的初中音乐教材修订与实施

上海市初中音乐教材(上教版)修订组　包菊英

上海市现行初中音乐教材(上教版)试用于2000年,于2018年应上海市课改办要求进行了部分修订。经过修改的六、七年级音乐教材基本延续了原教材的结构,但是在教材指导思想、编写理念中进一步贯彻了国家教材局对于教材编写的指示精神,在可能的范围内作了调整与修订,现作浅析。

一、教材架构的指导思想

随着国家教材局对教材工作一系列指示的颁布,以及上海市教育行政部门对教材的严格审查与把关,教材编写组对教材的修订工作十分仔细缜密。在新修订的教材中,树立了以下几个方面的指导思想:

（一）体现国家意志

1. 坚持正确的政治导向

教材是教学载体,是学生学习的范本。音乐是属于人文学科,具有明显的思想性与人文性,有着强烈的感召力,其在意识形态领域的影响十分深远。教材在修订中遵循"教材是国家事权"的精神,坚持以政治标准为首位。不但继续保持原有的《祖国颂歌》等单元(六年级第一学期第一单元);还删除原有《国歌巡礼》单元,改为《美丽家园》(七年级第二学期第五单元)。由欣赏《春天的故事》(合唱交响曲)、《美丽的家园》(男女声二重唱),学唱《美丽中国》,吹奏《我的祖国》(两声部)等作品与实践活动组成。不仅有着很鲜明的主题,而且艺术水准很高。

2. 确立立德树人的学科理念

修订教材力求把富有朝气和阳光,同时适合学生学习与实践的音乐作品选入教材,以此激励学生积极向上的精神,以"润物细无声"的方式对学生进行思想品德教育。例如在《校园菁菁》(六年级第一学期第二单元)中,把原有的

《童年》(罗大佑曲)删去,作为补充歌曲,而选入了《少年中国梦》新作。

(二)宣传民族文化

1. 大幅增加中国作品

虽然原教材中中国作品已占了较大比重,但是尚未达到70%的比重。通过整套教材的曲目梳理,发现有很多优秀的中国作品可以入选,因此,教材中除了第三单元作为世界音乐的内容组建外,其余各单元都尽最大可能地选取优秀的中国作品诠释主题,如电视剧《西游记》片头曲、古琴曲《阳关三叠》等。使中国作品比例达到73%左右。

2. 着力渲染民族文化

中国传统文化中有许多值得传承的艺术瑰宝,在修订中结合主题尽可能把这些珍品选入。同时,在保留原有民族音乐精品的同时适量增加各民族的音乐作品,以体现中国的多民族的文化构成。例如,在《节日欢歌》(七年级第一学期第四单元)中,遴选了反映少数民族生活习俗的优秀音乐作品交响组曲《火把节》,在《华夏乐韵》中以歌曲《龙文》取代原歌曲,使中国丰富多样的民族文化得以更全面的展现。

(三)彰显时代特征

1. 遴选优秀的音乐新作

通过教材20年的实践,有些经典是必须保留,但是有些作品确实显得陈旧。尤其20年来的音乐创作中不乏优秀作品。教材组抓住这次修订的机会,力求把近年来所创作的优秀佳作遴选入内,使教材具有时代的气息。例如,在《青春节拍》单元(七年级第二学期)删除原有比较陈旧的作品,增选《光荣啊!中国共青团员》《少年中国说》《又见彩虹》等各种风格的新作,使教材的时代感得以彰显。

2. 关注学生的审美情趣

当下的少年人有着广泛的兴趣爱好、独特的个性及审美眼光,与教材编写人员的年龄差距较大,审美价值取向不一致。在教材修改中,教材组成员一方面站在学生的角度审视现代的美学观,尽可能地了解学生心理;另一方面把握好教材的育德目标与引导教育功能,在主题健康向上的前提下选择学生所喜闻乐见的作品,培养学生具有正确的审美情操和艺术鉴别力。如在《亲情友情》单元(七年级第二单元)中增加学生所喜欢的歌曲作品《梨花又开放》;在《青春的节拍》单元中增加了歌曲《十五岁的笑脸》,在风格与内容上拉近了教材与学生的距离。在《银海乐波》单元(六年级第五单元)中选用了动画片《粉墨宝贝》的主题曲《好姐姐》,使作品既有民族传统文化的底蕴,又具有流行音乐文化元素。

(四) 完善知识体系

1. 梳理音乐学科知识

本套教材在未修订前每单元也都已设定了学习的核心知识点。由于上海五四学制的分段,八、九年级采用"以音乐为切入的艺术"的教学方式,因此为避免学生在音乐本体知识掌握不达标的情况,在本次修改中进一步梳理知识,完善学科体系,增补了合唱、乐器分类、管乐队、交响曲等应知应会的知识,为国家教育部门的音乐质量检测做好应有的准备。

2. 知识与作品紧密关联

修改中,音乐知识与音乐作品进一步密切结合,使知识的传授融入作品教学之中。例如合唱的概念,除了原有《在灿烂阳光下》以外,增加了其同名的女声合唱和男声合唱《天路》、童声合唱《校园多美好》等作品,使教材的教学目标明确。其意图是引导学生对知识的理解尽可能依附于作品的欣赏,从而认知能力得以提升。

(五) 加强技能训练

1. 调整技能训练要求

由于课时的限制,进行充分的音乐技能训练是比较难以实施的一项教学要求。本次修订中适当减少乐器吹奏的曲目数量,使教学内容集中,但是提高了歌唱的要求,提出适合班级教学的吹奏的技能要求,以此提升学生表现能力。

2. 提升班级合唱水平

合唱教学是世界各国都十分重视的音乐教育内容,在此次教材修改中,对班级合唱水平的要求有所提高,增加了简单的、适合班级学唱的两声部歌曲。如《送别》《春天的脚步》等少年两声部歌曲,为班级合唱教学提供了比较丰富的素材。

(六) 融合姐妹艺术

1. 融入多种艺术门类

音乐艺术的存在方式是多种形态的,纯音乐的作品及音乐与其他艺术相结合的作品形态各异,千姿百态,使音乐与艺术园地五彩斑斓。这些作品都应该是音乐课程所必须涉猎的内容,才能拓宽学生视野,提升学生的审美水平。本套教材原有的每册第五单元都是由音乐切入的姐妹艺术材料所构成。修改中保留了原有思路,并在一部分的作品选择上侧重音乐与相关艺术结合的作品,如《我的祖国》《十五岁的笑脸》等都是思想性与艺术性俱佳的电影歌曲。

2. 引导综合艺术实践

修改后的教材在教学要求上也做了相应调整,在尽可能的范围内,在欣赏、歌唱与吹奏、拓展活动中对某些作品的实践方式做适当的综合性活动要求,使学生初步感受艺术多样化的表现形式。

(七)重视学科评价

1. 整理单元测评题目

在本套教材试用本中,每个单元最后都设有《自我测评》栏目,这是对本单元学习主要知识内容的测评。为了给老师们留有余地,因此教学测评的内容仅选择必知必会的知识,便于课堂完成,教师也可以自行命题。

2. 鼓励学生自测自评

为了鼓励学生的学习积极性,测评方式以课堂练习为主,鼓励学生自测自评,自行纠正,不需要用所谓"考试"作为强迫学生学习的手段。同时鼓励学生把课外学习的知识技能在课内展示,也把课内的知识作为课余作业在课外完成。

纵观以上修订后教材的呈现特点,可以看出,虽然新的音乐课程标准尚未公布,但是修订后的教材尽可能贯彻新课标的理念,在政治导向、立德树人、学科素养、时代特征等各方面进行了积极的体现,以最小的改动实现教材质量的最优化。

二、教材的教学实施

教学的首要目标是对学科核心素养的落实。学科核心素养是学科育人价值的集中体现。学生是通过学科学习与实践而逐步形成正确价值观念、必备品格和关键能力的。因此,教材编写的最终目的是使教师们在教学中能以教材为载体,进行有效教学。在理解教材、把握教材、运用教材、完善教材的基础上,通过一系列的教学活动落实课程核心素养的要求——艺术感知、创意表达、审美情趣、文化理解。对核心素养的落实必须是立意高而着手低,可实践而有效果。以下提出几点建议,供教师们教学参考:

(一)注重单元设计的完整性

有关单元设计的论述很多。本文从教材实施的角度出发阐述:单元教学设计是根据教材中一个单元的核心主题内容,综合利用各种教学形式和教学策略实施教学的预案。旨在通过一个阶段的教学活动,使学习者完成一项相对完整的知识学习任务。教材中的单元是一个组合群,围绕一个主题,用各种实践活动方式进行架构。这是学科课程的阶段性的要求,是整个课程的中段。单元设计具有非常大的灵活性,能给教师很大的教学创意空间。

1. 明确核心主题

核心主题与核心内容是每个单元所表达的最重要的落实核心素养的教学内容。本套教材每个单元的核心主题都十分鲜明,包含了情感、态度、价值观、知识技能及学习方法。本套教材所设置的每个实践模块(欣赏、歌唱、演奏、活动与创造、音乐小辞典、音乐园地)不仅都能对应核心素养的目标,而且也各有所侧重。教师应在整体分析单元架构的基础上对单元教学做一个完整的设计。单元教学目标的预设及单元学习方式的设计必须突出核心主题与核心内容,紧紧围绕核心素养的提升做教学设计。

不论哪一种模式的单元设计,都应包含有下列几个基本要素:(1)教学任务;(2)教学目标;(3)教学策略;(4)教学重点与难点;(5)教学方式;(6)评价手段。应该把教材每个板块进行融会贯通,才能设计出好的单元教学预案。

单元设计是教学工作的第一个环节,也是最重要的环节。单元设计的好与不好,关键在于教师对学科的性质、课程目标理解的深度,教师对教学理念与指导思想的定位的正确度,教师对单元组成的分析能力以及对单元前后联系、教材内在逻辑关系的了解。其中,更重要的是对教学方式的把握力,对学生学情的了解深度。

2. 落实学科要求

培养核心素养应该具体落实于每个单元的学科要求之中。因此,在单元设计中必须仔细研究学科知识技能的要求以及落实的方式,整体思考整个单元的设计方案。单元设计必须思考单元学习方式:传授与接受、指导与实践、引导与探究、集体与个别、课堂与课外等,所以不能离开学习方式而谈落实学科知识,也不能离开学科要求而谈核心素养。

以六年级第一单元《祖国颂歌》为例:在欣赏合唱《在灿烂阳光下》、管弦乐《红旗颂》等作品中培养热爱祖国的情感。从不同形式的歌唱作品中学习有关于"合唱"知识;在节奏朗读与快板说唱中了解音乐要素:节奏。在管弦乐《红旗颂》的欣赏中知道相同主题旋律节奏节拍变化所表达的不同音乐情绪,进而了解要素作用。通过作品背景的介绍了解我国近几年在音乐作品创作中的成就。以上案例充分反映出本套教材涵盖了艺术感知、创意表达、审美情趣与文化理解的特性。

（二）研究课题组建的合理性

教学课是具体落实单元内容最主要的实施方式。本套教材的每个单元分为3个课时。从内容与课时的匹配度看，其实并不完全相符合，即内容多而课时少。因此在课时的选材与组合中建议通过抓主要内容、抓核心知识、抓主要活动进行选择性的教学，而其他内容可以作为分层学习、课余学习、导入、反馈等的材料。抓好应知应会的内容，才能进行深入细致的教学，而"蜻蜓点水"般的教学方式必将使学生一无所获。组课的方式可以用以下几种：

1. 以人文主题组课

即以作品情感主题为线，侧重作品的人文内涵，组建材料。仍以六年级第一学期第一单元为例，正值国庆来到之际，可以选择《祖国，我们赞美您》《红旗颂》《光辉的历程》。这样的主题优点是作品面宽泛，教师学生可以补充革命歌曲等作品。但必须把知识点有机地渗透于其中，作品介绍仍以音乐要素为主，说明音乐要素如何表现思想情感。如果只是泛泛而谈，就会使音乐学科特质缺失。

2. 以实践方式组课

即以不同的音乐实践方式组课。抓住单元中的主要模块，采用主要的实践方式架构。有关这一点，当前许多优秀的教师们对此研究颇多，如歌唱课、赏析课、创作课等，在此不再赘述。

3. 以音乐体裁形式组课

即以作品的要素、体裁、形式组课。例如中国民族管弦乐、交响诗等。以六年级第二学期第四单元《民歌飘香》为例，可以以《中国民歌——优美的小调》《高亢的山歌》《号子中的故事》等作为课题。如此组建题意鲜明，内容集中，音乐性强，学生易接受。

纵观以上组课方式，都可以落实核心素养的目标。由于本套教材的单元组建方式不尽相同，因此最有效合理的组建方式是根据不同单元的核心主题与核心内容而采用不同的方式进行组建。

（三）重视知识学习的系统性

学科知识是学科内容的重要组成部分，也是学科特质的重要体现。音乐的学科知识十分完整,深奥而难以完全掌握。仅举一例:视谱。它不仅是认识音符与音高位置,更难的是要用正确的音准、节奏表现出来。二期课改以来很多人质疑:音乐课学生不识谱了,音乐教育失败了。其实并非如此,造成视谱水准的下降的原因来自多方面,全推给二期课改有失偏颇。针对这种情况中,本套教材对知识的铺陈是有序的,应知应会的音乐知识都按照由浅入深的方式在每个单元中呈现。以六年级第一学期为例,是音乐要素节奏、音高,接着是速度、力度,教师们必须按照教材中呈现的知识点来逐步落实,才能使音乐教学质量有所提升。至于如何结合教材进行教学,提出以下建议供参考:

1. 承上启下的知识传授

给知识讲授与实践留有时间,进行理论讲述与实践操作。尤其是六年级第一学期的知识点是今后4年学习的基础,必须步步落实。认知音符、节奏、音高唱准记熟,宁花磨刀工,才能不误砍柴活,承上启下地把音乐知识落实到每一课教学之中。知识,是必不可少的教学内容。

2. 寓教于美的知识融入

趣味性的知识学习是音乐教学的重要手段。在知识学习中,边讲边做,边唱边认,把知识融进作品赏析之中,在感受旋律美的同时认读旋律,在感受节奏美的时候认识节奏音符等。以六年级第二学期第四单元《节日欢歌》中的《春节序曲》为例,通过该作品的层层解析,可以新授或温习很多音乐知识,包括节奏、速度、音色、结构等。在艺术感知与审美中融入音乐知识,是使教学有效性的重要途径。

3. 结合实践的知识领会

"知"与"行"原本就是对立与统一的两个方面。知识是实践的总结,实践是知识的运用。要紧紧抓住实践的有效性、准确性,久而久之,学生就能牢固掌握,灵活运用。例如,六年级第一学期第一单元选择的歌曲《爱我中华》不仅是人文主题的需要,而且视谱的音符以骨干音为主,在五线谱上无升降调号记谱,节奏单一,音域不宽(副歌部分可以老师领唱)。吹奏部分的小乐曲也可作为视唱练习。顺着这样的教学思路,一个学期以后,学生的识谱能力肯定会有长进。

(四)加强技能学习的趣味性

长期以来,音乐的技能学习一直存在着难以突破的"怪圈"现象:一方面,人们都认为音乐是技能性很强的课程,要会唱歌,会吹奏;另一方面又觉得唱歌是弹性指标：两声部的歌曲可以唱单声部，要求完整演唱的可以唱几句，要求单独唱的可以一起唱等，没有统一的衡量指标。造成这样的状况原因是多方面的，其中一个原因是教学内容要求与课程设定的时间之间不相匹配，教师没有足够的时间进行技能训练；另一个重要原因是掌握音乐所需的技术要求相对语言，甚至美术等难度高得多。本套教材的歌唱、吹奏等技术要求与核心主题密切结合，而且相对而言难度较低，建议在技能训练，尤其是歌唱练习中采用以下方法：

1. 多样化的实践方式

即用多种实践活动方式掌握技能。例如，教材设计的"快板说唱""演唱与律动"等，既可以一个活动、多个目标，也可以一个目标、多个活动，以多样化的活动引发学生的学习兴趣。

2. 形象化的教学形式

把枯燥的技能训练融进形象化的作品教学中去，这是本教材编写成员在编写中竭力想做好的工作。例如《祖国颂歌》中的"快板说唱《大中国》"，就是一个很重要的节奏练习，可通过练习为《爱我中华》的歌唱做好准备。有关这一想法，教材目前呈现还不够完善。教师可在歌曲中截取片段作为技术练习的材料。

3. 适切性的技能要求

对音乐作品而言，技术要求是没有终点的。教师唯一可遵循的就是基本上按照教材呈现的形态进行技能练习的教学。纵观全套教材，在技能上的要求是循序渐进的。尤其是乐器吹奏，从 3 度渐渐到 10 度，这些都是可以在教学课中实施的。教师不要随意拔高或降低。当然，如果根据班级情况进行自主调整，那完全是合理的。

（五）拓展艺术视野的多样性

音乐与其他姐妹艺术有着密切的关联。有些音乐创作灵感原本就源于其他艺术。在本套教材中，第五单元的内容都与其他门类艺术相关，包括戏曲、影视、诗歌与美术等。有的教学内容虽然是纯音乐作品，但是含有相关艺术的元素，例如音乐作品中的舞蹈韵律性、内容中的戏剧性等。在教学中，为提高学生对音乐的理解，开阔学生的艺术视野，提升学生以音乐为主体的全面的艺术文化水平，教师可适当进行综合性的音乐实践活动。把听、唱、动融为一体，进行作品分析与演绎。例如：作品《爱我中华》《青春舞曲》可以在歌唱时加入舞蹈，唱《茉莉花》时可以进行歌唱表演，在欣赏《春节序曲》时可以加入声势律动，在欣赏《二泉映月》时可以编成戏剧小品、情景剧等。

虽然我们教材组编写人员对教材的修订竭尽全力，但是教材的优化是无止境的。从实际情况看，教材编写质量固然重要，但是教材内容从书面形式到课堂中的教学形式，必须通过教师创造性的劳动才能产生大的飞跃，获得真正的成功。所以，每位教师既是教材的实施者，也是真正意义上的教材的参与者。让我们群策群力，为创建优质的音乐教学课堂而共同努力。

基于"关键教育事件"的若干教育思考

上海市长宁区教育学院 沈民冈

基于"关键教育事件"的研究方式,富有实效,在教师研修中发挥了重大的作用,影响深广,受到广大教育工作者的热烈欢迎。其缘由何在呢?

一、基于"关键教育事件"的研究价值

基于"关键教育事件"的教育研究可以使教师对课堂教育行为的研究更趋于具体化,更有利于聚焦在关键点;促动教师灵魂深处的隐性教育思想,促进教师进一步反思,提升教师的实践智慧。

基于"关键教育事件"的教育研究由于抓住关键教育事件的要点,更有利于直奔主题,有效地提高了教师研修的效益。

基于"关键教育事件"的教育研究由于是对教育实践中的问题、教育细节进行研究,因此,更有利于教师的思维活动,促进教师在探索中积累,在实践中成长。

这样的研究能让教师共同分享实际的教育与教学经验,能提供更多可供研究的有效资源。案例中提出的问题,可供各方面诊断,论说则促进教师进行反思,进而达到行为跟进。

图1 "关键教育事件"的金字塔

二、基于"关键教育事件"的研究认识

我们认为,关键教育事件是由一般的、普通的教育事件,经过阐述释义,价值启迪创造而成。

"关键教育事件"是指这一"事件"是十分重要的、是与前后内容相互联系的,是与教学密切相关的,对学生发展

有一定影响,能体现教师教学智慧、能力与水平的课堂教学中的一件事情。

我们认为,教师的教育教学是由一个个相互关联、引发的事件所构成的,关键教育事件研究就是聚焦教育教学中的一个或几个值得讨论和研究的事件,通过对关键教育事件的研究,透析其中蕴含的教育理念、教育规律,从而改进教师教学行为和提高教师专业水平。即,当我们将普通的习以为常的教育事件作为对象,注意到它的内在潜质、并进行分析研究,赋予它新的教育教学中的含义,那么,原有的教育事件就被提炼成"关键教育事件"。

"关键教育事件"的研究是一种集体的,有思考,有互动,有引领,有效能的教师教学活动,是研究需要解决的问题,并能从中得到启示的事情。这种研究,有利于认识把握学科中的关键点,提升教师教育的理念信念,是和教师的教学生涯、教师成长密切相关的。

三、基于"关键教育事件"的研究事件

关键教育事件研究有其特性,它要求教师共同参与、互动、奉献,研究不强求结果一致,注重引发思考和探索,具有开放性。但是教师在教学活动中面临着各种情景,会出现各种不同的现象。

那么,如何来选择关键教育事件呢?

基于"关键教育事件"的研究事件来源与选择可抓住以下4个要点:

(一)课改中发生复杂情景的事件

1. 基于"关键教育事件"的事件选择要处于课改的大背景之下,要注意密切联系教学目标、教师成长和学生发展,应富有时代气息。

2. 要选择充满矛盾,存在相互冲突,看似无法解决的事件。

3. 要选择经过仔细研究,有发生和发展过程的事件。

4. 要选择能促进个人内省、发人深思的事件,要能揭示事件背后所蕴含的各种因素的发展和变化。

这些比较复杂,使教师感到困惑、疑难的情景,往往能反映教师的想法、行为、态度和感情,也为我们新的选择、思考、想象和判断留出了余地。这样的"基于关键教育事件"的教育研究,往往能给我们以更多的帮助和启迪。

(二)教育中有主题的生动事件

基于"关键教育事件"的教育研究不是教学实录,不是有闻就录,更不是一般的泛泛而谈。"基于关键教育事件"的教育研究,应抓住某一事件为主题,对原始材料进行筛选,写出事件的情景、情节、演变、反映,把该事件的关键性的细节、内容写清楚,还应反映该事件的即时效果,包括学生的反应和教师的态度。文本应具有很强的可读性,清晰的阐述性,就要求我们具有敏锐的观察力和较强的表达能力。

（三）教学中能揭示教师心理活动的事件

课堂里发生的事情和情景,只是教学中的表面现象,而教师的心理活动则是故事发生的内在因素。面对同一情景,教师可能会有不同的处理方式,执教者当时怎么想,为什么要这样教。如果能够揭示执教者的内心思想,心理活动,那就不仅能知其然,还能知其所以然,对基于"关键教育事件"的教育研究提供重要的依据,为老师们的深层次反思打下重要的基础。

（四）蕴含有重要研究价值的事件

基于"关键教育事件"的教育研究,来源于4个环节:即实践—观察—描述—思考。

1. 实践:真实的教育活动。
2. 观察:课堂观察技术的运用。
3. 描述:抓住关键事件的生动表达。
4. 思考:要从纷繁复杂的教育事件中发现问题、解决问题。

基于"关键教育事件"研究思考的价值,要在实践与思维中产生火花,要以小见大,寓理其中,才能让更多的教师产生共鸣或得到启迪。

四、基于"关键教育事件"的研究原理

其基本原理见图2。

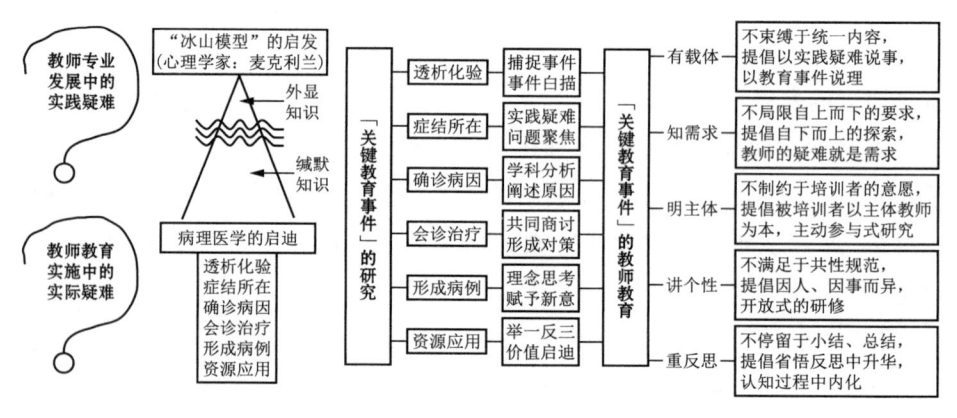

图2 "关键教育事件"教师教育的价值原理一览图

五、基于"关键教育事件"的研究实施

(一)以事件的问题为研究前提——教师的疑难困惑是起始点

面对课改的理念,面对新教材,教师很容易产生困惑和疑难;在课堂教学中,学生思维活了,老师如何把握课堂教学?教师如何积极创设情景?如何有效运用信息技术?如何合理设计课堂提问?这些事件往往具有很强很有针对性的问题,而这样的问题就是研究的动力。正如爱因斯坦提出的:强烈的问题意识是思维的内驱动力,它将促使你发现问题、解决问题,直至达到创新。

(二)以事件的内容为研究载体——教学中问题聚焦是切入点

关键教育事件的研究是有代表性的,当我们以关键事件为研究的载体,切入口就比较小,研讨就比较集中,同伴之间也容易互动,效果会比较好。正如不少教师们所反映的:以关键事情内容为载体的研讨时,由于围绕单一事件,往往能使讨论话题更集中,对教师而言更节省时间,也更具有实效。

(三)以对事件的不同认识为互动的基础——激发群体智慧是着力点

在关键事件研讨中,互动能使教师在碰撞中感悟,在交流中吸纳,在互补中成长。对于如合作研讨活动这一论题,组长引领大家对学科中的教育事件进行了积极思考,教师们各抒己见,就自己所教班级学生特点,自己教学中的体验,自己对教材理解做分析、出点子。在这个同伴互助形成的氛围中,不同认识的思维发生碰撞,群体智慧得以激发。

(四)以对事件研讨的引领为提升研究质量的方法——给事件赋予新的闪光点

关键教育事件研讨应有专业引领,由于专业引领者具有丰富的学科教学经验,也具有一定的教学理论和先进理念,在讨论中,对某一关键教育事件的研究,专业引领者提出的问题可供深化思考,往往可以引起和引领新的更有质量的讨论高潮。在研讨时,专业引领者根据课改要求提出了一些解决问题的建议,更能从理论上予以提升,给原有事件赋予新的意义,使关键事件具有闪光点。这样不仅能归纳总结教师在研讨中的不同认识,更能通过研讨过程提升教师的思想和理念,促使每一次的关键事件研讨都能有较高的水平。

(五)以对事件研讨的感悟为提高教师的手段——反省思考和变革行动是作用点

教学需要实践,感悟需要体验,提高需要反思,在关键教育事件研讨中,教师可以实现3个角度的反思:1.我怎么认识思考这个事件;2.同伴们在这个问题讨论中是如何思考和解决的;3.专业引领人员是如何总结与归纳,赋予这个事件新的思想与理念的。

要引导教师学会 3 种对话:1.我与"自我"的对话;2.我与"合作伙伴"的对话;3.我与"专业引领人员"的对话。在这些对话中,实现经验共享,智慧共享。

"对事件研究"这一论题的内容新颖多样,交流共同真实,探讨有研究氛围,在讨论过程就能给大家极大的启迪,更容易在真实生动的情景中,激发教师的深度反思,促进行为跟进,提高教师的专业水平。

六、基于"关键教育事件"的研究功能

关键事件虽然只是对某个事件进行研讨,但能起到窥其一斑而知全豹的作用。对某个事情的深入透彻的研讨方式,能有效地促进了教师研究,取得了明显的成效,那么这种研讨方式的独到功能是什么呢?

(一)能激发教师的思维火花

一个事件的叙述或者录像,需要的时间不长,却会留下一个大大的问号,教师能在较短的时间以较快的速度进入状态,并集中在某一个点上思考。同伴的发言更有触动和启发,老师的体验和感受,思维的敏捷,思维的活跃,远胜于个体的思考。

在关键事件的热烈讨论中,很多教师见解独到,事后连他们自己都对自己的精彩发言而感到惊讶。

(二)能更新教师的教学理念

教师在长期的工作中,会逐渐形成某些固有理念、认知结构与行为习惯,其中有些思维定式,就不太适合课改的需求,这会产生以下两种情况:1.按照课改要求,积极在课堂教学实践中进行探索改进,成为成功者,在教育研讨中获得了各种奖项,得到认可与赞扬。2.也认为课改很重要,但却没能发现自己的教法想法与课改要求差异在哪里,问题在哪里,因而仍习惯于陈旧的教学方法,在教育行为中会经常流露出"满堂灌""一言堂"的痕迹。

如何能及时发现正在实践中的探索对不对呢?又怎样发现习惯做法与课改要求的差异呢?关键事件研讨搭建了最好的平台,在这个平台中可以百家争鸣,百花齐放,对固有想法、陈旧教法无疑会产生巨大冲击,而在教学探索中的教师则会大有感悟,获益匪浅,实实在在地转化教学思想和行动。

(三)能提高教师的研究水平

基于"关键教育事件"的教学研讨,是从问题开始的,在此过程中,教师们分析了学生的认知情感,进一步学习了大纲要求,掌握了更多的相应策略,这对教师的研究水平提高提供十分有利的条件。不少教师在此基础上撰写出了高质量的教学案例或教学论文,有效地提升了教师的专业水平。

（四）能深化教师的反思能力

教师研究活动是具有特定情景的实践活动,其中蕴含着不少缄默知识,这就告诉我们要提高教学能力就必须强调在特定情境中的磨炼,在教学实践中的探索,这才能真正领会领悟。而基于"关键教育事件"的研讨正是创设了特定的情景,能让老师在讨论中反思,在反思中提高。而聚焦在单一问题上进行深度反思,就远远超过一般的"想一想"。经过讨论以后的反思,往往更能促进教师学习相关理论专业知识,这样学到的理论知识也就成为提升教师水平的重要组成部分。

由此可说基于"关键教育事件"的研究,是教师教学探索研究中的一种新型的、重要的、值得倡导的研究方式。

基于"关键教育事件"的青年教师培养的实践思考

上海市延安中学 朱怡佳

党中央、国务院下发了《中共中央国务院关于全面深化新时代教师队伍建设改革的意见》，其中提到了"振兴师范教育，培育未来的教师，培训现有的教师，提高他们的素质，培养适应进行现代化建设，担当民族复兴大任的教师队伍。"我们以青年教师为重点，对培养青年教师的方式和方法进行研究，这不仅是建设教学队伍的一个重要课题，同时也希望探索一条为国家教育储备人才的道路。

近年来，各校引进了大量涉及不同学科的青年教师，他们的成长对学校的可持续发展和教育教学质量的不断提高起着重要作用。相当一部分青年教师工作积极性高，但相对缺乏工作经验，专业知识和职业素养还需要提高。目前教师的培养缺乏长效机制，培养目的不强，培养方法和培训活动设计没有针对性，内容分散，缺少跟进和强化，这必然会影响青年教师职业的可持续发展。

一、青年教师带教的困境

（一）以往的带教通过一对一师徒听课的形式进行，师徒之间研讨的更多的是课堂中的片段，或者是导师团学员共同进行理论学习，学员自发产生的问题需要有更多的互动和探讨

这也是许多新教师在课程授课初期产生不足与困惑的原因。旧有的带教方式不能发挥青年教师的教学积极主动性，难以实现创新思维，从而阻碍整个教学体系的良好发展。

（二）青年教师对如何撰写案例，对自己的困惑和经验进行反思总结缺乏相应的经验

我们希望能帮助青年教师学会选择包含问题或者疑难情境在内的真实发生的，具有典型性的关键教育事件。将真实的疑难问题引入培训的课程，使学

员和教师之间进行分析和学习,形成运用的工具,围绕在教学中存在的技术问题进行研讨。将关键教育事件作为载体,引入教师行动学习,并指向更加深入的教学研讨。

二、基于"关键教育事件"的培训特征

(一)活化了青年教师培训的形式

通过研究,我们在实践中让青年教师选取那些能够引发强烈反应的时刻和事情、对自己和学生个人变化和发展产生巨大影响的主题,作出判断分析,在导师的建议下,改变自己的认知方式和教学行为。使原来相对枯燥的一对一师徒听课的形式进行改变,活跃了青年教师的认知,通过讨论加强了青年教师间的互动。

(二)强化了青年教师的反思水平

与以往青年教师解决问题的方法不同,以往他们可能会去网上"查一查",或者在相同认知水平的同事间"问一问",依据经验对事件进行判断理解,无法深入探究到事件的本质。关键教育事件的方法强调了解决问题的目标制定,以及数据搜集阶段的规范性,案例撰写时的科学性,撰写事件案例的过程能够帮助教师厘清思路,理性反思。

(三)深化了青年教师的科研认知

青年教师通过对事件的描述和真实情感的表达,能够深化对事件的认识,从而持续激发自己进行教研的兴趣。这样的培养方式,有助于解决青年教师不搞科研,只教书的"新手型形象"。使青年教师在站稳讲台的过程中,能够学会用科学研究的理论和实践的双重保障来提升自己。

三、运用"关键教育事件"的教师培训优势

(一)对"关键教育事件"的发掘有益于教师重新审视教育理论

在教师的成长过程中,总会有一些触动内心、触发思考、触及变革行动的关键事件。这些"关键事件"的出现,会在一定程度上鞭策教师进行自我审视,并成为教师在认知和行动方面的工作拐点,帮助他们对曾经学习过的理论有新的认识。

(二)对"关键教育事件"的反思有助于优化教育教学行为

关键教育事件可以在教师课堂教学和班主任德育工作的每一流程中生发。教师通过自我反思或反思其他学员的做法,以及聆听专家和导师的建议,可以提炼和梳理出一定的关键教育事件背后的解决方法,并仔细分析,可以获

取处置类似问题的经验,进而成长为一名成熟的教师。

(三)运用"关键教育事件"解读可以改进培训的刻板形式

以"关键教育事件"中体现的立德树人精神为核心,以集体培训和互动讨论为手段,可以帮助青年教师发掘内隐于案例内容及叙事过程中的意义和价值,对青年教师原有的教育方式进行叙事化改造与优化,是一种实现师生共同成长的教育模式。作为一种教师培养的模式,"关键教育事件"是利用案例对枯燥的理论学习的培养方式进行柔性改造,使青年教师更加愿意接受。

四、基于"关键教育事件"的培训途径

(一)对"关键教育事件"的认识和创造性培训

在实践过程中,我们邀请专家从案例撰写的意义价值及撰写方法等角度,帮助青年教师对已上交的所提炼的"关键教育事件"的案例进行共同分析,对关键教育事件撰写的技能进行评价。

(二)运用"关键教育事件"开展带教工作的多元化培训途径研究

1. 开展集体分享式培训

对学员的"关键教育事件"案例梳理和共同阅读、学员通过大声提出问题,并进行共同分析、讨论和自我反思。专家对学员在案例中提出的问题进行答疑、学员进行案例修改和书面小结。

2. 导师分组带教

每位学员可以寻求两位导师的帮助。导师 A 为学员日常分配的导师,在聆听了专家的指导后,尝试一对一带教,对学员已经完成撰写的关键教育事件进行内容和写作技能的评价与培训,并对学员关键教育事件案例中的教学理念与方法的运用进行指导。

导师 B 的确定方式有 3 种:

外请专家;通过在微信群内公开学员的案例主题,由导师自主选择非自己日常带教,但案例主题是自己所感兴趣或所擅长解决的学员;以及学员选择导师这种双向选择的方式,确定导师 B。

3. 导师与学员对于"关键教育事件"的处理方式对比研究

通过导师与学员形成的研究共同体,对某些"关键教育事件"的处理方式进行分析,比较成熟教师和青年教师在分析和解决问题方面的差异,形成经验总结。

在研究的推进过程中,我们设计了两张表——关键教育事件案例分析表 2

个(对比分析反思表),由青年教师学员先完成,再给两位导师(其中也可以有一位外请专家)分别从关键教育事件案例中悬而未决的问题的解决和案例撰写方法的角度,进行对比研究。

表1 对本问题的认识

学员姓名	案例类型(德育/教学)	案例名称	该案例类别的导师A对该问题的解决建议	专家或导师B对该问题的解决建议	接受指点后,我对本问题的感悟和新认识。(如问题解决背后的教育教学理论、专家和导师对本问题与自己认识的差异……)500字以上

表2 对案例撰写的认识

学员姓名	案例类型(德育/教学)	案例题目	该案例类别的导师A对案例文本撰写的建议	专家或导师B对案例文本撰写的建议	接受指点后,我对"关键教育事件"案例撰写的认识(包括案例撰写的框架要素、关键教育事件案例的选择、专家与导师在案例撰写上与我的差异性认识……)500字以上

表1与表2将青年教师与A、B两位导师(或专家)进行对比,从青年教师的对某一德育问题的认识和解决方式,或者是教学设计、教学策略、课堂组织等方面分析专家教师与青年教师存在的差异。总结专家教师体现出的立德树人的思考、教育教学行为和行为背后的理念,进而提出青年教师的成长要深挖立德树人的根本,寻找科学的方法,基于深厚的学科素养,利用好学校专家教师资源和教研活动,以科研和反思为根本促进自身发展。

4. 基于"关键教育事件"培训后形成的新的或经过行动研究实践后教师专题反思的成果表达形式培训。

五、根据研究结果提出的观点或建议

(一)运用"关键教育事件"的不同类型而开展不同主题的系列培训

我们从文献研究中了解到,"关键教育事件"有诸多不同类别,如按其中的一种分类法,可以分成:成功型事件、挫折型事件、启发型事件、感人型事件等。按产生的背景分类,有精心预设的关键教育事件和即时生成的关键教育事件;

按其属性或范围分类,有课堂教学领域包含的各类关键教育事件、学生养成教育方面包含的各类关键教育事件、教师教育和专业成长方面包含的各类关键教育事件等。

本次研究中,我们目前尝试要求学员上交的关键教育事件尽可能为"烦恼的""棘手的""尚未完全解决的""遇到瓶颈的"案例作为项目研究的初始切入点,后续的研究也可以围绕不同的主题开展,这样可以使每一次培训工作更加聚焦,学员们有共同的话题,相似的感受。

(二)师徒对比的比较研究有助于青年教师更好地传承与突破

导师的经验如果只是简单的灌输和复制,作为学员的青年教师很难理解和吸收,只有当其通过"关键教育事件"的全过程应对,通过对导师如何解决问题的观察、比较和模仿甚至辩论,才能更好地参悟导师对事件本质的认识与自己的差异,在选择性地坚持自己的方法的基础上,悦纳导师的经验,修正和调整自己的做法。

(三)可以逐步建成自己学校的"关键教育事件"叙事案例资源库

任教不同年级或届别的教师,虽然当前不一定会发生于某一事件类似的案例,但当一所学校的"关键教育事件"案例的分析以及合理有效的解决方法累积到一定数量,可以建成本校叙事案例的资源库,在其他教师或新进教师遇到相似问题的时候,可以查阅及借鉴,有助于迅速地解决问题。而这些案例的文字撰写方式,也可以成为新教师模仿与借鉴的可遵循的范例,通过不断在工作之余的学习,可以学习尝试写作,将学得的缄默知识转化为可明言的文字,将教育教学工作中的程序性知识转化为陈述性知识。

六、基于"关键教育事件"的青年教师培养

(一)研究的理论价值

1. 实践课程观

通过基于"关键教育事件"的培训,激发青年教师的学习动机,帮助青年教师主动参与和探究教学过程中的一些事件,注重学员培训的参与广度和深度,使学员在参与培训的过程中依托实践解决产生的困惑,形成态度与思维的转变。

2. 建构主义知识观

我们为青年教师形成新的知识建构,提供一定的案例情境和资源。根据培训的总体目标与课程的具体目标,为他们的知识建构创设相对良好的环境与支持的过程与体系,关注学员的体验与感受以及情感态度、价值观的变化,帮助他们形成积极的情感。

（二）实际应用价值

以往的一对一师徒带教的培训之外的集体培训,绝大多数是由学校特级教师或专家进行讲座式授课,相对较多的是理论化的教学或管理知识,从讲座教师本身的备课出发,缺乏实用性、针对性和可操作性,忽视了青年教师学习的经验性和实践性。讲授法作为当前集中培训的主要方式,缺少对参与式教学活动的设计,忽视了参与培训的教师的主体性。

作为教师培训者,我们依托真实情境中的基于问题的共同学习,帮助教师清楚学习的目的,避免教师认为学到的新理论空泛、无实际作用,而对培训产生排斥心理,让教师在从发现问题到解决问题的过程中自主理解应掌握的专业发展的知识与技能,在共同解决问题的过程中,形成共情,激发教师学习的积极性,帮助教师将学到的概念、原理、方法等理论知识与教学实际问题相互联系在一起,避免因理论知识的空泛难懂而难以吸收运用。

关于音乐教学中学生想象力引导的探索与思考

上海市长宁区教育学院　张　缨

想象力是音乐学习中应必备的、重要的心理品质。具有丰富的想象力的人能想象音乐中音乐要素所展现的情景，能深层地理解和把握音乐作品的内涵，从而唤醒个体潜在的思想情感，这是产生创造能力的前提和基础。因此，在音乐课堂教学中，培养学生的音乐想象力是不可缺少的教学内容。

那么，在音乐教学中如何激发学生的音乐想象力呢？对此，根据多年深入课堂的调研，从中可发现：虽然教师在教学设计中呈现了富有想象力的材料，但在实施过程中，依然没有能够很好激发出学生的想象力，缺少有效的方法和手段。为此笔者根据自己对音乐作品的理解，结合自己的教学实践，进行了相关的研究，希望能够摸索出一些有效的做法，让音乐课堂能够激发出想象的火花，让想象成为创造的发动机。

一、形成音乐想象力的心理基础

（一）音乐想象

我们每个人都能感觉到有一种能力，即我们可以通过某种事件的刺激，回忆、联想起另一种事物的形象，甚至在脑海中出现未曾接触过的或尚不存在的事物和情景，这就是想象。想象是人在大脑中凭借记忆所提供的材料进行加工从而产生新形象的心理过程，也就是人们将过去经验中已形成的一些暂时联系进行新的结合所产生的新经验。它是人类所特有的对客观世界的一种反映形式，它是思考可能存在事物的能力，是发明新事物和创造新世界的源泉。它能突破时间和空间的束缚，达到"思接千载""神通万里"的境域。

在音乐活动过程中，音乐想象力是非常重要的能力之一。没有想象力，音乐犹如失去了生命力。而想象力的加入，犹如给音乐添上了飞翔的翅膀，孔子就曾有"余音绕梁，三月而不知肉味"的绝妙的审美体验；"高山流水遇知音"的故事,更是音乐审美想象高度融合碰撞的一段佳话;而"对牛弹琴"则是想象力缺乏的生动写照。

音乐想象活动在音乐教学过程中的价值是多方面的,它可以表现在对音乐作词、作曲者的思想情感的理解,如我们学唱毛主席的《沁园春·雪》,当我们唱到"北国风光,千里冰封,万里雪飘。望长城内外,惟余莽莽;大河上下,顿失滔滔。山舞银蛇,原驰蜡象,欲与天公试比高。须晴日,看红装素裹,分外妖娆……"通过想象活动,可以展现出美丽的北国风光,同时也获得了美的享受。想象的价值也可以表现在对旋律、节奏、音响、曲调等的把握上,以及由歌词、曲调、节奏、和声、旋律等组合,而勾勒出的场景。如在乐曲模拟雨、雪、风、车、马、枪、炮、鸟、兽、禽、虫等发出的声音,听者感知后,自然会想象到其物其景;如听到《四小天鹅舞曲》《云雀》《百鸟朝凤》《杜鹃圆舞曲》《空山鸟语》后,听者自然会想象出其中的各种鸟雀。

音乐是声音的艺术、时间的艺术、听觉的艺术,更是情感的艺术,它具有非语义抽象的特点。音乐心理学从音乐的角度分析了想象力与音乐的关系,音乐想象是人在原有的对音乐的感性认识的基础上,通过拼接、联想而形成的新的音乐形象的心理过程。这个过程大致上可以描绘成:大脑接收到音乐信息,感受音乐的旋律、节奏、音响等在头脑中产生音乐的知觉形象和音乐表象,形成整体的音乐形象。在接触音乐时,大脑不仅能想象音乐原有的描述的情景,也能将自己平时积累的知识或事物与听觉相结合,形成新的音乐形象,这就是音乐的奇妙之处。

(二)音乐表征

在心理学中,表征(representation)是指"信息在头脑中的呈现方式"。根据信息加工的观点,当有机体对外界信息进行加工(输入、编码、转换、存储和提取等)时,这些信息是以表征的形式在头脑中出现的。表征是客观事物的反映,又是被加工的客体。它是重要的认知心理活动。

如在音乐活动中通过想象活动在头脑中再造出具体的、个性化的、有思想的、有情感的和有画面的情景,这样的心理经历(如动作、语言、创作)就是想象活动过程。在这个产生了对音乐作品的认知(感受、体验、理解)、情感体验(欢乐、悲哀、愤怒)、动作描绘(肢体表现、语言表达)等,就是对音乐作品想象活动的表征。

在音乐想象中,听觉表象是最主要的特征。音乐听觉表象是在曾经感受过的音乐音响消失的时候,在主体头脑中仍然能唤起音高、音响、音色等要素的听觉表征,并能重塑听觉形象。由于音乐本身是时间的艺术,它具有瞬间流逝的性质,因此,其表象的形象性表现出确定性不足而变化性有余的特征,使人感到不具体又多赋动感,显得飘逸朦胧、灵活空幻。也正是由于音乐的这一特质,其表象的概括性则表现为有较高的抽象性。但同时也是有规律可循的。音乐往往以一定的节奏赋予其表象以速度和力量的骨架,以旋律不同的进行方式,例如上行、下行、级进、大跳、小跳等,赋予其表象以某种地域、民族、时代等情绪、精神和灵魂,使表象更加明晰和丰富。

作为教师,当我们把握了想象与音乐作品理解的关系,认识到音乐的感知、学习、表现过程中想象活动的表征,以及这些表征与音乐作品的内在关系,便能够根据音乐教学的目标,从学生心理年龄特征出发,充分调动这些想象活动的表征,来达成我们最优化的音乐教学。

二、引发音乐想象力的教学探索

音乐艺术是以声音作为材料,以人的情感作为主要的表现内容,并根据审美规律组织声音材料,以产生主观化对象化声音组合,即音响化的音乐作品。在这个解释中,产生主观化对象化声音组合,被看作是人类音乐艺术实践活动至关重要的环节。在音乐中,这一环节被称为"表演"。先于表演环节的阶段,可谓之"创作",通常,我们称"创作"为"一度创作","表演"为"二度创作",而音乐的欣赏活动则为"第三度创作"。音乐活动的整个过程都具有创造性的特征。

在音乐教学活动中3个维度的音乐创作都有不同程度的体现,如何做到创造性的最大化,想象力的激发与引导要贯穿始终。

(一)把握音乐创作模仿性特征引发想象

"艺术源于生活,高于生活",很多优秀音乐是作曲家对生活、对自然的模仿描绘,在教材中有大量的这样的作品。

如日本作曲家小山清茂的《伐木歌》,音乐中弦乐器运用不和谐音程,琴弓摩擦琴弦的演奏方式模仿出了钢锯伐木的音响。笔者指导教师在教学中,从学生熟悉的日本民谣《拉网小调》导入,让学生了解日本人民的传统的劳作方式,再让学生听《伐木歌》的音乐片段进行想象,在教师有效的引导下,学生充分发挥想象,踊跃发言,还积极的尝试用身边的物品制造音响来模仿想象中的劳动情景,课堂气氛热烈而活跃,同学们思维的积极性充分调动起来了。

在捷克作曲家斯美塔那的交响诗套曲《我的祖国》中的《沃尔塔瓦河》的教学中,音乐也对这条作者深爱的母亲河有形象性的描绘,在乐曲的引子里,长笛和单簧管的两种不同的流动音型,形象地再现了黎明时分沃尔塔瓦河源头的潺潺淙淙的山泉。小提琴清脆的拨弦和竖琴晶莹剔透的泛音不时出现,犹如清泉涌出的浪花飞溅,闪烁着点点银辉……笔者指导教师让学生观看影像资料,了解涓涓细流汇聚成大江的壮美,在这样的铺垫下,学生的基于经验的想象就显得丰满和扎实,对于理解音乐作了很好的铺垫。

(二) 把握音乐语言表情性特征启发想象

音乐也是人类的语言之一,是表达人类主体情感的一种特殊符号形式。音乐语言是传达主体审美情感的手段与媒介,它由节奏、旋律、音色、和声和复调等组成,按照一定组合运动的规律构成音乐的外部形式,音乐的结构也可划分为最基本的乐汇、乐句、乐段和乐章。笔者曾为非音乐专业教师介绍贝多芬《第九交响曲》。笔者在导赏时,有机地将乐章、宣叙调、动机、主题、变奏、发展、速度、节奏、旋律等音乐语汇渗透介绍,帮助老师们理解音乐的深刻情感内涵,在理解的基础上,生发出了结合自身文化背景的审美想象体验,很多老师流下了热泪。

在《瑶族舞曲》教学中,笔者指导教师从音乐的速度、节拍、旋律、音色、韵律等音乐要素出发,在听赏、演唱、律动等音乐实践活动中,启发学生对瑶族山寨美好夜晚的想象,最后师生在音乐中载歌载舞,仿佛教室已化为那个遥远的山寨了……

例如歌曲《黄河颂》的旋律有张有弛、有徐有疾、先慢后快、疏密相间、回旋反复,既是抒情的、哀怨的,又是悲愤的、抗争的。它表现了中华民族的国破家亡之痛和驱逐日寇、还我河山的爱国呼声。在教学过程中,教师从"对旋律的感受""歌词的理解""描绘的情境"等表征,引导学生想象活动,就能达成预期的教学效果。

鉴于此,在教学中教师应努力让学生掌握相关音乐知识,了解音乐要素塑造的音乐表情性特征,这样启发音乐审美想象才有了坚实的基础。

(三) 把握音乐象征暗示性特征生发想象

音乐可以象征音乐以外的现象或事物。如用轻敲弱奏定音鼓象征平静的大海,用铜管乐或小号象征部队行军和英雄凯旋。

在舒伯特《军队进行曲》教学中,教师把握音乐这一特征,根据音乐内容,引导同学想象创设情境，同学随着音乐变换着角色，一会儿是威武的皇家士兵，迈着整齐的步伐行进；一会儿又是欢乐的人群欢迎士兵凯旋，同学们在热烈的气氛中感受理解音乐的同时，发挥想象而成为音乐中的主角。

同时音乐还具有暗示寓意的特征。在《图画展览会》《两个犹太人》中，音乐形象地描绘了一个穷人、一个富人，惟妙惟肖地展现了两个截然不同的形象，在傲慢与卑微之间，尽显世态炎凉。教学中教师往往注重形式上的热闹，最常见的教学形式，是让一个同学扮演穷人，另一个同学扮演富人，两人跟着音乐即兴发挥，往往是引得同学哈哈大笑，随后就一笑了之。显然对音乐内涵的挖掘和体验显得适得其反。笔者建议可以充分发挥同学想象力，通过故事演绎推进，让同学结合自身的已有经验和认知，引发对社会现象的思考，同时教师也可抓住契机，将主流价值观无痕渗透，使学科育人思想融会贯通其中。

（四）把握音乐表象流动性特征丰富想象

无论从创作表演还是从欣赏接受的角度，音乐艺术的审美效果，只有在不断变化、连续流动的运动过程中才能表现出来，因此，相对于其他艺术，音乐是运动性最强的艺术。

我们在教学过程中深刻领会到音乐的这一审美特征，如何在音乐的运动中，让学生捕捉到审美瞬间，这是教学的难点。笔者指导教师尝试边聆听、边记录的方法，把捕捉到的音乐审美感受经过想象、联想，通过绘画的方式表现。这是一个易于操作的一个教学方式，通过绘画想象理解画面感较强的音乐，有着很好的教学效果。

在九年级《多姿的线条》一课中教学中，教师就将美术中简笔画艺术融入教学中，同学在欣赏格里格的钢琴曲《蝴蝶》时，用手中的画笔，捕捉音乐旋律中的起伏波动勾画着线条，体会感悟蝴蝶翩翩起舞的优美的姿态和灵动，在教学过程中，教师注意到了艺术之间的各种关系和内在的自然联系，使之相互联通、相互对话，激发孩子的全面的艺术想象空间，激发出学生艺术的智慧。

三、拓展音乐想象力的教学思考

在音乐课堂教学想象力引导教学中，还存在着一些共性的问题，笔者认为，教学中应关注以下3个方面：

（一）音乐想象力的引导要从音乐本体出发

教师在启发学生音乐想象的教学过程中，相关的知识的铺垫是有一定的必要的，如历史、地理、哲学、相关综合艺术等，但如果深陷其中不能自拔而远离了音乐,教学效果就会事倍功半,同时也偏离了音乐课程的教学要求和目标。在课堂教学中,教师要从音乐作品出发,抓住音乐本体的语汇激发学生的音乐想象,适当运用相关知识铺垫,切忌用其他形式代替想象,预设想象。

（二）音乐想象力的表达要有多种形式

学生想象力的表达,在课堂教学中常用的方法,往往是用语言表述,这个方法便捷、高效,但如果仅限于此,学生也会产生想象兴趣淡漠的状况,教师在教学中要开阔思维,发挥创造,引导鼓励学生运用多种形式表达想象,可以用语言、绘画,也可以运用肢体、表演等以及学生想象到的一切可以表达的方式。切忌形成思维定式,这就违背了音乐想象力激发的初衷。但是形式是为内容而设定的,主次不能颠倒。

（三）要注意开掘学生想象的深度和广度

在课堂教学中音乐想象力的引导,是在对音乐作品内涵的把握的基础上进行的。教师要注意拓展引导的空间,努力开掘学生想象的深度和广度。如果仅仅流于对音乐浅层次的想象,往往会显得浅薄、雷同。因此,教师本身对音乐的理解水平对学生想象力的培养有直接的关联。

想象是一切音乐学习活动的基本前提。以审美为核心的音乐教育,必须先发展学生的想象力。所以,音乐教学过程中,如何有效地激发和引导学生的想象活动,是值得我们音乐教师在教学实践中不断地进行探索的课题。

第二辑 科研视窗

基于问题探究的高中艺术学科开放性学习的实践探究

上海市延安中学　孙丹青

一、课题的研究动因

（一）问题探究的诞生背景

"基于问题的学习"（Problem-based Learning，简称PBL）的核心是鼓励和支持学习者积极探究和合作解决问题，改变学习者消极被动的学习方式，强调学习者知识和技能形成过程，发展学习者综合素养。1969年，加拿大的McMaster大学医学院首先创设"基于问题的学习"课程模式，开始了课程形式的"基于问题的学习"的实践和实证研究。实践者们根据"基于问题的学习"理论的经验主义和建构主义哲学基础，研究了经典的"基于问题的学习"的课程模型、实施步骤、影响因素及学习评价，研究结果反过来又不断促进了"基于问题的学习"课程的理论和实施的完善。很快，"基于问题的学习"发展到多学科领域、多种教育阶段、多国度文化的学科教学中，教育理论与实践者关于"基于问题的学习"的研究热情与日俱增，研究内容和方式更加多层次、多方位，越来越多的国家将教育研究的目光转向该领域。

（二）问题探究的重要意义

问题探究应用于基础教育始于20世纪末21世纪初世纪之交的新课程改革，它是一种行为，更是一种方法。大量教学行为以及用此方法进行的课堂教学例子证明，问题探究是检测学生对知识理解程度的秤杆，是实现师生沟通的途径，也是师生间信息交流与情感交流的重要桥梁。通过问题探究，不仅可以反馈教学效果、有针对性地指导学生，还能集中学生的注意力、启发学生的思维力、提高学生的实践力，因为问题探究是以问题为载体来贯穿教学过程的，在这个过程中，学生因问题会萌生学习的动机和欲望，进而养成自主探究与合作学习的习惯,并随着问题的一波三折而不断优化学习方法,提高学习能力,因此,问题探究是知识圣殿的敲门砖,是"教""学"赖以顺畅进行的链接纽带,更是培养学生创新精神和实践能力的重要法宝,优秀的教师无不尝试问题探究来实施教学的,问题探究法也早已成为大小学科教师们所共同推崇的有效教学法。

《艺术》是高中阶段的一门必修学科。作为审美艺术,它以优美的视听,让学生体验喜怒哀乐的艺术情感、陶冶志趣盎然的高雅淑性;作为文化艺术,它以博雅的底蕴,让学生了解世界各国的艺术文化、提高自身的文化修养,可见《艺术》是一门极具美学气息和人文气息的鉴赏学科。同时,高中生是一个思维较活跃、知识较完善、阅历较丰富的知识群体,他们对文化现象已经拥有自己独到的理解,对争鸣文化更有一种先天的辩驳意识,因此,《艺术》又常常是一门充满人性的学科。艺术鉴赏中的这种情感性、人文性与人本性告诉我们:高中艺术应该跳出初级阶段的唱奏舞画的内容,更多地要去关注艺术文化,而文化的学习,重要的实践行为是思维,亦即问题探究,有效的艺术学习和其他人文学科一样,问题探究是择一不二的。

(三)问题探究的现实状况

当今的学科理论,问题探究的提法早已为教育界所熟知,问题探究的意识也已逐步深入教师们心中,一些思维学科,如数理化学科常以问题作为驱动,来训练学生的逻辑思维,甚至还有专门的问题教学法的学术闪亮于教坛。通过问题教学法,学习的效能和学生的学历无疑都大大提升。然而,不可否认的是,问题探究更多的还是停留于一些考试科目,艺体等非考试科目则以"实践性"学科特点的理由回避着它、淡化着它,艺术学科就一直因为其实践性特点,被错误地认为是技能课,问题探究当然也就一直被边缘化了,具体而言:在认识上,很多艺术老师认为艺术更多的是视听艺术,因此问题探究被狭隘地认为是欣赏时的课堂提问,更有甚者认为艺术是以唱奏跳画为其主职的,因此一些声乐不是作为欣赏作品而是作为歌唱曲目来对待的;在行为上,由于缺少对"问题"的深层次理解,仅有的课堂提问缺少深度和有效度,甚至无效问题比比皆是,或干脆以唱、奏、舞、画的本位表演来取代问题探究;在效能上,因为缺少师生之间的问题对话,学生的创新精神和实践能力被极大地弱化,艺术学科所培养出来的学生只会唱唱跳跳、涂涂画画,而文化涵养则少之又少。

以上所述可知,艺术教育没能挖掘其文化内涵、没能提升其实践品味,它不仅与艺术"课标"中"体现多元文化""发展多元智能""塑造健全人格"的"综合素养"要求相去甚远,还大大削弱了艺术学科的先进价值。深究其因,我们很多教师还是没有看到高中艺术的人文性的内核。教学内容是与教学方法并蒂共存的,艺术人文的学习内容一旦丢失,问题探究的学习方法当然就荡然无存了,学生的艺术创新精神和艺术实践能力的培养就更是纸上谈兵了。

现代科技与文化发展有两个共同特点,一是整体化和综合化趋势进一步加强;二是科学精神和人文精神进一步汇合交融,这两个特点要求艺术教育必须注重创新、注重文化、注重实践、注重素养。当今艺术教育在世界主要哲学流派的思想引领下,已有重构"审美、人文、实践"三位一体的核心价值的趋势,三者的关系可以被理解成:审美是基础,人文是提升,实践是途径。就因为这样一种关系,艺术学科的教学内容才不是简单的唱奏跳画,应该是艺术审美与艺术人文相渗透的研究性学习——问题探究,而这种学习和探究和其他学科一样,是需要一种契合的学习方式去支持它、实现它。为此,课题组尝试以开放性学习的形式,引导学生进行问题研究,以此来彰显学科的价值、体现学习的有效性、提高学生的综合素养。

当然,艺术学科领域里的问题探究的真正内涵是什么?开放性学习的内涵又是什么?基于问题探究的艺术学科开放性学习的内容和形式是怎样的?这一系列问题,是需要做深入的实践和研究才能显示其科学性而应用于教育教学,为此,艺术组意欲组建音美分科的课题小组,旨在通过课题研究,找到问题探究的思路,提高教学的有效性而为学生的终身发展服务。

二、关键词界定

问题探究:是指在课堂教学中,教师启发学生以"发现问题—探究问题—解决问题"的"实践"行径来获取知识、提升能力的一种教学方法。它通过学生的质疑和释疑,可以让学生创造性地积累经验、掌握知识,从而提升学力、提高能力,是被当今教育界所广泛推崇的一种教学方法。

问题探究存在于各学科领域,艺术学科因其人文因素,必定需要运用问题探究法,并且由于其实践性的特点,这种问题探究有着比其他学科更明显的实践特征、更重要的研究价值。

开放性学习:是指突破课堂教学的藩篱而进行的学习行为,具体表现在:学习目标是非一致性的,追求的是不同的层次的学生能在各自的起点上获得最优发展;学习内容不一定是教材规定的,而是学生自己所选择的,或是教师根据学生需要而定的;学习的空间可以走出教室、走出学校,或是走进网络的虚拟世界;学习方法是以自主探究、实践体验、问题讨论等多种方法进行;评价方式采用多元激励评价,重过程,轻结果。

三、研究目标

以《上海市中长期教育改革和发展规划纲要》为指引,以市教委体卫艺科处的艺教精神为指南,以学校艺术课改为契机,探索艺术学科领域中,基于问题探究的开放性学习的途径、策略、方法,以此培养学生的自主学习能力、实践探究能力,并在能力提高的同时,提升学生的综合素养、完善学生的人文品格。

四、研究内容与实施情况

(一)有关问题探究及其开放性学习的内涵研究

问题探究是研究型学习的必经阶段,它可以激发学生探究学习的内在动力,引导学生朝着问题解决的方向行动,具有真实性、具体性和解决的可能性等3个特征。问题探究可从活动所引起的问题情境中形成。

为此,课题组从问题探究的学校大课题背景的需求出发,开发了艺术课堂的匹配学法——开放性学习,并深刻认识到:艺术的开放性学习是关乎教师的"教"与学生的"学"的全方位开放,它包括开放师生关系,使教学气氛民主化;开放教学过程,使师生双方合作化;开放教学空间,使知识学习探究化;开放教学评价,使个性能力最大化。

基于这样的理解,我们的艺术教师力求实现课堂内教学方法、教学内容、教学手段的全开放,在以学生为主体的前提下,不断改变自己的教法、帮助他们形成主动探求知识,并重视解决实际问题的积极的学习方式。

(二)有关开放性学习的调查研究

开放性学习一不是散养式学习,二不能闭门造车、主观臆造,科学调查是课题研究的前提。围绕开放的多元性,课题组在实施阶段的初期,对学生进行了抽样调查,调查内容主要围绕艺术教材、教学内容的开放意向;课程结构、教学板块的开放意向;教学模式、教学方法的开放意向;教学过程、教学评价的开放意向。其中既有封闭性选择题、又有开放性自答题。我们采用的是随机取样的方法,即在9个平行班里随机抽取4个程度相同、背景相似的班级(150个高一学生),进行了问卷调查。以下是我们从中精选出的问卷精华(见表1)。

表 1　开放性学习调查

问题	意向结果			
你喜欢哪一类知识结构？	音乐审美 48%	音乐文化 43%	音乐技能 9%	
你喜欢哪一类作品风格？	经典作品 14%	通俗作品 26%	综合风格的现代作品 45%	
你对持有教材的态度是？	有教材，边看教材边听讲 49%	无教材，自己查阅加听讲 44%		
你对新课改的教材内容的要求是？	音乐为本，凸显专业 43%	普及为本，注重基础 55%		
艺术教学的主要环节是哪一个？	拓展与选择 7%	探讨与研究 7%	欣赏与感受 77%	实践与创造 5%
你希望艺术教学的方法是？	单向授受 25%	双向交流 71%		
你更倾向哪一种教学策略？	引导感受体验 54%	重视实践创造 13%	提倡合作交流 23%	鼓励自主探究 13%
你认为高中音乐的评价指标应侧重哪一项？	唱奏跳演等技能 42%	回答问题 11%	PPT制作与演讲 40%	

从表中我们可以发现：高中的学生由于生理、心理的因素，普遍对具有内涵并能反映人的素养的音乐文化与音乐审美有超过技能的喜好；对于作品风格，学生一如既往地希望接触具有现代气息的艺术形式；由于课堂上越来越强调自主学习，因此学生普遍不满足于已有的教材；对于教材的内容与学习环节的安排，学生非常理智地选择了普及性的欣赏；在教学策略与评价指标上，学生一方面希望有教师的引领指导；另一方面也希望有自身的演讲与技能展示，这是希望师生互动的不自觉的心理流露。调查结果表明：学生对艺术的学习内容渴望突破一期课改时的"双基"内容；学生对艺术的学习方法则希望突破传统的"一言堂"，而能在教师引领下争取自己应有的发言权；而对于评价的问题，学生希望既有音乐性又有文化性，既注重传统考核、又注重人性化的学习过程。其中，"音乐文化"的知识结构、"综合风格"的作品内容、"普及为本"的

教材要求、"欣赏感受"的主体环节、"双向交流"的教学方法以及"才艺演讲"的多元评价等项目都与二期课改的理念不谋而合,它体现了学生希望突破传统的艺术教学的桎梏、希望对未来的艺术教学有创新性举措,因此问卷调查对于课题组后阶段的工作提供了很好的研究思路。比如,我们对已经做到的"知识结构的调整与双向教学的方法"保持了原先的优势,对如何做到既有文化、又有审美,如何调整经典与现代的比例,如何加大学生交流的比重,如何更人性化地设定评价指标等问题做了开放性的改革。

(三)有关问题探究与开放性学习之间的关系研究

课题组一致认为:所谓问题探究,是指在课堂教学中,教师启发学生以"发现问题—探究问题—解决问题"的"实践"途径来获取知识、提升能力的一种教学方法。艺术学科从人文的角度说就是文化学习,它和其他学科一样,不仅仅是唱奏跳画的体验,更是审美文化和音乐史学的学习。既然是文化学习,开放性的问题探究应该就是它与其他学科的共性学法,因为探究学习的特点就是问题性、实践性、主体性、开放性,这样一种学习行为所要求的学习方式必然不是封闭式课堂上的你问我答,而是一种突破传统的创造性思维、超越时空的开放式学习。

不仅如此,课题组还认为:基于问题探究的开放性学习还能成为学生实践能力提高的形成因子,因为问题探究是以问题为载体来贯穿教学过程的,在这个过程中,学生因设问和释问会萌生学习的动机和欲望,进而养成自主探究与合作学习的习惯,并随着问题的一波三折而不断优化学习方法,提高学习能力。

问题探究、开放性学习、实践能力,这是一连串连带关系的行为,厘清这些概念与相互关系可以方便找到开放性学习的切入点,更好地推进课题的研究。

(四)有关开放性学习的模式研究

基于问题探究的开放性学习以问题为驱动、以审美和人文探究为目的,其亦文亦艺的内容形式决定了它与其他人文学科求同存异的独特教法。课题组从问题探究的形式、内核、方法等方面进行了全方位研究,找到了开放性学习的技术操作,开发了一个把问题探究与开放性学习紧紧捆绑的行为模式"置疑—说疑—释疑"的进阶:

1. 置疑——问题的生成

含义与作用:"置疑"不同于"质疑"。质疑是对已有成果提出疑问,置疑是对未知事物设置疑问,这里是指学生对所选课题进行问题设计。艺术人文的质疑置是"实践能力"之"始""创造能力"之"端"。

类型与方略：艺术人文的置疑包括艺术基础知识、艺术发展历史、艺术美学思想以及艺术创演理论等类型，它们最终可以归结为文化与审美两大类。前者或可针对人文主题而置疑、或可针对作品背景而置疑，两者是"一般"和"个别"的关系；后者纯粹是针对作品的艺术本位而进行的置疑。置疑的方法取决于置疑的类型，以校本教材《音乐文化交响》中的《音乐与戏剧——音乐剧〈猫〉》为例，其操作可以参考表2。

表 2　艺术人文的置疑类型

文 化 类		审 美 类
人文主题的问题	作品背景的问题	艺术本位的问题
什么是戏剧？它包含哪些体裁？ 音乐剧是怎样的一种戏剧体裁？ 音乐剧的发展脉动如何？ 音乐与戏剧有什么关系？ 怎样打造我们自己的音乐剧？	简述《猫》的故事情节？ 你了解作者吗？ 作品是怎么诞生的？ ……	《猫》剧在音乐、舞蹈、服装、化妆、发型、表演和舞美等方面有何艺术特征？

2. 说疑——问题的探究

含义与作用：此处的"说疑"是指把思"疑"的情况与同伴进行沟通，以此展示自己研究成果的一种实践行为。说疑为学生的探究行为搭建了展示交流的平台，在这个平台上，学生可以研讨、借鉴乃至分享研究成果。

类型与方略："说疑"兼容作品的演绎和文化的演讲。"说疑"的方法取决于内容的表现形式，其操作可从表3获取参考性建议。

表 3　说疑兼容演绎与演讲

作品的演绎(才艺表演)		文化的演讲(语言交流)	
描绘性音乐	故事、小品、舞蹈、绘画……	内容	具有问题的上下从属关系、具有问题的前后发展逻辑
^	^	形式	声情并茂的演讲＋图文并茂的PPT（更完美的是配有真人秀才艺表演来帮助理解严肃的音乐文化）
非描绘性音乐	演唱、演奏、朗诵	操作	人文主题——作品范例的演绎法；视听为先——人文演讲的归纳法

3. 释疑——问题的解决

含义与作用："释疑"是学生对研究的问题归纳出一个自圆其说的结果，而教师则将其结果上升至一个主题认识的环节。"释疑"是"说疑"的交代、"置疑"的归宿,它既是"学生主体、教师主导"的理念体现,也是探究之"造因得果"的需要。

类型与方略: 作为学生认知与教师观点的碰撞,"释疑"可以分为实践活动的评判和人文主题的提升两种类型。"释疑"的方法主要是综合学生与教师的观点,以学生的探究结果嫁接教师的讲课观点,其操作可以参考表4。

表 4　释疑的类型

实践活动的评判		人文主题的提升	
置疑内容的组织	作品的审美层 人文的开挖度	主题的归纳	众多问题的逻辑排练 支流主题的共性聚焦
说疑方法的选择	实践的展示法	人文的提炼	作品案例的典型剖析 人文主题的提炼上升

(五)有关开放性学习的途径研究

学习上的疑问不仅存在于课堂教学,一切与学校教育有关的学习活动都可能有疑问的存在,有疑问即有开放,有开放即有实践,它们是存在于包括艺术在内的学科教学的"同素异形体"。

1. 以校园文化为环境,进行开放性学习

● 开拓综合的艺术实践渠道:

(1)相约大剧院、高雅艺术进校园;(2)世博会等艺术展演;(3)外事活动、文化交流等。

艺术是校园文化的基石,艺术实践之路的开拓当然需要校园文化的烘托。渠道之一是"走出去"的"相约大剧院"与"请进来"的"高雅艺术进校园",通过"艺术讲坛"与"艺术表演"等活动,创造性地开拓了艺术课堂的途径、延伸了艺术课堂的空间、改革了艺术学习的方法,京剧、芭蕾、交响乐这些高雅艺术不再居高临下、孤芳自赏,"问题"与"解疑"找到了最佳契合点;渠道之二是"艺术展演",通过比赛与表演,鼓励学生走出校门、踏上社会,如举世瞩目的世博舞台是群星会聚之地,在这样的舞台上演出,可谓是机会好、影响大。上海市延安中学民乐团凭借自己的实力赢得了这样的好机会,它是向世界级艺术团队学习和向世人展示自己才艺的极佳平台。又如,全国中小学艺术展演,这是全国最高规格的演出,通过各路精英的艺技展示,学生不仅开阔了艺术信息的视野,也极大地激发了学生艺术创新的欲望,而这一切均是开放性学习的良好途径,为学生的文化积淀铺设了金光大道;渠道之三是"外事交流",利用延安中学与国外城市学校结对的优势,鼓励学生走出国门,融入国际。学校民乐团先后出访日本、澳大利亚、法国等国家以及中国香港、台湾等地区,通过与多种文化的交流性演出,同学们采集与了解了世界各民族的艺术精华,可谓在交往中开放、在实践中顿悟。

● 宣传名人的艺术实践精神:
(1) 世界艺术名人的创新精神:如爱因斯坦等。
(2) 中国名人的实践精神:如钱学森等。

每一个成功人士的背后都有其问题探究的精神闪烁,名人也是如此。我们努力挖掘教材中的文化内涵,宣传与这些文化相关的科学家的创新,如爱迪生与留声机的发明、钱学森怎样将艺术的形象思维运用到科学创造中等事例,我们甚至借助于"延安讲坛"把艺术名人亲自请进校园来宣讲艺术的实践,比如请了上海的作曲家陈钢专门讲了上海音乐学院的一批年轻人曾经怎样解决西洋音乐与民族音乐融合的两难问题,最后怎样催生了一部"交响音乐民族化"的巨作——小提琴协奏《梁山伯与祝英台》。科学的创举、生动的事例,无疑在学生心中埋下了探究问题的种子,成了创新实践与开放性学习的催化剂。

● 挖掘学校的艺术实践底蕴:
(1) 社团活动的蓬勃开展。
(2) 艺术社团的品牌打造。

延安中学具有自己的校情特色和艺术特色,也积淀了自己的艺术创新文化,总结我们的艺术文化底蕴,第一源于课外活动的开展,第二源于这些活动的创新开展。

首先,社团活动营造了宽松的文化环境,因而成为满足学生情志、达成创新素质的重要载体。随着信息产业的发展,学校艺术社团与时俱进、新颖时尚,"iPad 乐社""新民乐""前沿文化社"……一个个艺术社团,"广场音乐会""寝室文化擂台""Do it yourself"……一方方开阔舞台。由于从课内拓展到课外,活动又体现了策划者的创意,因此从不同的维度进行了开放性学习,也不同程度地提高了学生自己解决问题的能力。

其次,根据上海市"两规一计"文件精神,学校艺术活动应以"三团一队"的建设管理为主要抓手,再结合区域文化和校本、师本、生本的特色,将社团活动重点化、精品化，形成赋有个性的品牌艺术，"延安"的民乐队和健美操队皆因独创的创办思路和管理经验而取得成功，如民乐团的训练配备"视唱练耳"的拓展课程；健美操队的生源走自产化道路（不搞特招）等，这些鲜活的艺体团队所取得的成绩闪耀出了创新智慧的光芒，也体现了学校"发现问题—思考问题—解决问题"的开放式教学成功的生动例子。

2. 以教育实践为途径，进行开放性学习

（1）以课堂教学为主渠道，驱动开放性学习的任务

① 教材的二度开发

在原有校本教材的基础上，增加问题元素，形成"思考题—探究题"的问题库与教学链。

在一纲多本理念的指导下，延安中学开发了体现艺术文化的校本教材《音乐文化交响》，这是一本为提高学生艺术文化涵养而量身定制的教材。4个栏目中有2个是针对问题教学的，如《音乐教室》在学习中外音乐文化时设置了"思考题"；《音乐茶座》通过两个虚拟人物的访谈挑起文化的争鸣话题，所有这一切皆为了提高学生的问题意识与解决问题的能力。

② 教法的改革开放

教材只是开放性学习的蓝本，课堂教学的方法才是开放性学习的关键。传统的教学模式因为个性化的缺失，既不能调动学生的学习兴趣，更不适应创新人才的培养。而开放性课堂教学则是以"体验""合作""探究""创造"这些民主化行为为前提的，以此进行人性化的教学设计，使学生的兴趣得以满足、观点得以交流、才能得以显示、成绩得以肯定。课题组运用已有的科研成果"实践·示导"双板块教学模式和"四环节"教学流程，为学生的开放性学习注入了活力，如双板块教学模式中的"实践"板块成了学生自主学习、互相交流、个性展示、合作共享的舞台，是学生创新思维和实践能力发挥作用的空间。再如"四环节"流程串联起了"认知—拓展—实践—研讨"的环节与步骤，使得"认知"成为学生学习艺术知识的"音乐教室"、使得"拓展"成为学生了解音乐文化的"音乐超市"、使得"实践"成为学生展示音乐才能的"音乐舞台"、使得"研讨"成为学生交流音乐观点的"音乐茶室"。由于递进式的教学流程和板块符合了学生实践能力的培育特点，学生在音乐课上的表现欲望大大激发、实践与创造能力也迅速提升。而美术学科的课前合作学习、课中合作交流以及教学设计中的"学习单""文艺沙龙"等板块毫无疑问也是教师开放性教学、学生开放性

学习的集中体现。

除了基础性课程,拓展性课程与研究性课程同样要求在教学内容与教学方法上赋予问题意识与创新意识。为此,课题组先后开出了富有创新内容的"手绘鞋""服装设计""电脑绘画""陶艺""版画"等拓展课程,同时,利用我们教研组集科技、艺术于一体的优势,我们开出了"单片机乐曲编程""艺术产品设计"等综合艺术课程,并且在理念先行的基础上,赋予这些课程以民主开放的作坊式学习,把理念上升至行为实践,通过操作形成创造能力。以上课程、教法之新颖独创、成果之丰富有趣,令学生们趋之若鹜,科技艺术组因此成为拓展课领域的大户和大赢家。

至于研究性课程,利用高中每个学生都要完成一项"研究性课题"的契机,课题组引导学生开展了音乐方向的选题研究,并帮助学生一起对音乐课题进行主动探究。比如,我们在问卷调查时有很多学生在开放性的建议栏留下了对"课程、教材、教学、评价"的想法,如希望在课堂上多讲些流行音乐,希望在音乐课上进行音乐创作。而事实上教材须有导向,作品应以经典为主;音乐创作也只能是面向多数的基础性创作(非专业创作)。如何解决这样的两难,教师利用研究性课程,帮助学生将这些疑惑形成了课题,让学生进行开放性的理性思考。

以上三大课程板块的教学内容与教学方法,使得艺术教学能在方式上综合运用灵感法、类比法、设问法、引答法、信息交合法、自由联想法等;方法上交叉提高学生发散思维、想象思维、直接思维、聚众思维、求异思维等,形成了"教学内容的拓宽—教学方法的开放—教学效果的提升"的进阶效果。

(2) 以课外活动为舞台,展示开放性学习的成效

以学校的三团一队(民乐团、合唱团、舞蹈队)的建设管理为主要抓手,我们设计了形式各异的、富有创意的课外艺术活动,既体现策划者的开放思维,又能展现参与者的实践能力。如"金秋文艺会演""新年音乐会""广场音乐会""五四歌会""延安讲坛""书画比拼""寝室文化擂台""Do it yourself"等,鼓励学生弘扬创新的志气、追求卓越的勇气、树立坚韧的底气。

(3) 以信息技术为平台,支持开放性学习的行为

众所周知,信息技术能提供丰富多彩的形象情境,这非常有助于学生的想象思维的开展;信息技术还能创设丰富多彩的问题情境,这对启发学生的问题质疑、发展他们的假设推断能力是大有作用的。课题组利用现代化信息技术,

让学生通过获取信息、选择信息、分析信息、应用信息,通过发散与聚合思维的过程,来验证答案、培养探究思维能力,如基础课上,我们以主题包形式让学生上网查阅资料、梳理材料,并制成具有艺术欣赏价值的 PPT 进行学习交流与资源共享;拓展课上我们运用 overture、CuteMIDI、Nodal 等软件进行电脑作曲,利用 Artweaver、Painter、CorelDraw 等软件进行电脑绘画等,特别是在科技、艺术备课组的强强合作下,学生运用编程软件和单片机技术,制作了具有创造意识和科技含量的电子琴,这样的以具有科技创新的自制乐器来弹奏具有艺术想象的音乐作品的举措,是艺术与创新的最好结合,其创新思维和创造能力可以达到登峰造极的境地。

(六)有关开放性学习的策略研究

以课堂教学为主渠道,在课程、教材、教法上下大力、下重力。做到整合高中艺术教材的综合内容,实行超越艺术领域的"音乐与人文、科学、社会"的大综合;运用高中校本教材的授课策略,采取教师范例剖析、学生综合实践的互动方法。通过开放性的内容与方法,力求使学生的知识结构进一步完善、实践能力进一步提高、人格品性进一步健全而逐渐成为具有综合文化素养的创新型人才。梳理前面所讲到的几个研究内容,我们总结出了体现开放性学习的若干策略:树立问题意识、加强问题指导;开设实践课程、搭建开放平台;编撰艺术教材、提供问题蓝本;尊重认知规律、激发求异兴趣;鼓励学生质疑、改革教学模式;应用现代信息、促进开放教学;构建评价体系、完善激励机制;整合科技艺术、提升实践活动。

五、特色创新

(一)利用"科技艺术教研组"的双重学科特点,进行科技与艺术的开放性结合

通过对艺术产品的研发,提高学生的问题意识和解决问题的能力。

(二)大胆提出艺术即人文,人文需探究的理念

突破问题探究之于理科或考试科目的领域应用,并赋予问题探究以开放性学习的平台,嫁接了艺术的开放性,提升了艺术的文化品格。

六、研究成果与成效

(一)研究成果

1. 以艺术即人文为理念,树立了基于问题探究的开放性学习的观点

以艺术课标为理论导航,课题组通过课题研究,加深了对艺术学科的内涵理解,我们一致认为:音乐、美术不仅表现为本位的艺术,其本身就是一种文

化,而且这种文化的气息是随着学段的提高而增加的。因此艺术教学应该突破唱唱跳跳、涂涂画画,突破封闭的课堂传授,而应该让学生因为艺术的文化气息而变得深沉起来。为了提高对艺术文化的认知,要让学生学会走出课堂去进行主动的文化探究,因为文化从来不是课堂里老师说了算。

2. 以基础型课程为主渠道,研发了艺术课堂开放性学习的模式

所谓开放,是指教学内容、教学方法与教学评价的全方位开放,它主要是针对基础型课程的课堂教学的。本课题在二期课改先进理念的引领下,总结了课题组10多年艺术课堂的教学经验,生成了"置疑—说疑—释疑"的基于问题探究的艺术学科开放性学习的模式,取得了非常有效的教学成果,其理论性的阐述在全国艺术教育峰会上进行了交流,得到了教育部专家的高度肯定。

3. 以教材建设为根本,提供了艺术学科开放性学习的蓝本

教材是依据课程标准编制的、系统反映学科内容的教学用书。教材既是完成课程目标的载体,也是学校文化建设的体现。课题组立足文化、提倡开放,凝聚10年心血,倾情奉献《音乐文化交响》巨作作为校本教材。教材以文化为根基、以问题为激趣手段、以活动为开放手段,为基于问题探究的开放性学习提供了十分匹配的蓝本。

4. 以校园文化为主阵地,打造了艺术学科开放性学习的途径

校园文化建设是进行开放性学习的广阔阵地,课题组在主攻了课堂教学的开放模式之后,将工作重心放到课外活动的途径打造。在保持学校传统特色的基础上,我们梳理了学校艺术教育的条块、打通了艺术活动的途径,使得开放性学习延伸到校园的各个角落,纵览学校艺术教育,清晰可见以下途径。

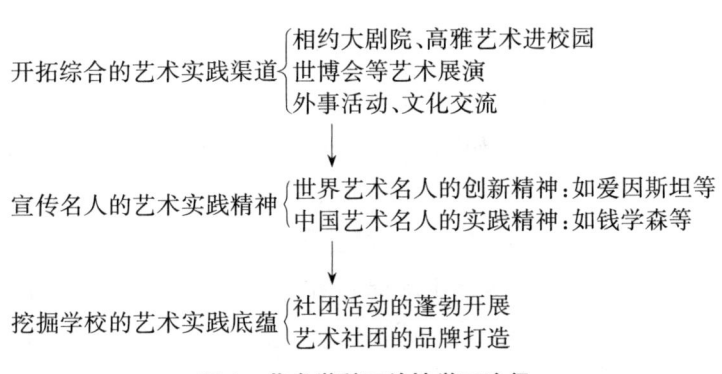

开拓综合的艺术实践渠道 { 相约大剧院、高雅艺术进校园 / 世博会等艺术展演 / 外事活动、文化交流

宣传名人的艺术实践精神 { 世界艺术名人的创新精神:如爱因斯坦等 / 中国艺术名人的实践精神:如钱学森等

挖掘学校的艺术实践底蕴 { 社团活动的蓬勃开展 / 艺术社团的品牌打造

图1 艺术学科开放性学习途径

5. 以多元手段为载体，出台了艺术学科开放性学习的策略

课程改革涵盖课程、教材与课程教材的实施，相对于前面两者，课程的实施最具有一线教师可以操作的灵活性。课程实施是包含教学手段在内的各种教学操作。开放性的教学操作是开放性学习的重要保障。通过研究，课题组总结出了从理念树立—课程开设—教材编写—教学方法—信息支撑—学业评价—学科整合的有关开放性学习的全方位实施策略，保障了艺术的开放性学习。

（1）树立问题意识，加强问题指导。

（2）开设实践课程，搭建开放平台。

（3）编撰艺术教材，提供问题蓝本。

（4）尊重认知规律，激发求异兴趣。

（5）鼓励学生质疑，改革教学模式。

（6）应用现代信息，促进开放教学。

（7）构建评价体系，完善激励机制。

（8）整合科技艺术，提升实践活动。

（二）工作成果

1. 物化成果

问题探究与开放性学习所带来的是学习行为与研究行为的跟进，随着研究进程的不断推进，课题组收获了一系列实实在在、有目共睹的研究成果。

（1）开发了融艺术与科技于一体的创新产品

借助于开放性拓展课"单片机乐曲编程"，我校师生共同研发了土电子琴（单片机电子琴）；借助于科艺教研组的综合优势，组内教师共同研发了机械式可控色彩合成器的教具；借助于"创意陶艺"的美术拓展课，师生又共同研制了既是陶器又是乐器的产品——陶埙。

（2）积累了大量开放性学习的研究资料

在开放性教学模式影响下，在形成性评价的作用下，学生搜集、撰写与制作了大量艺术学科的学习资料(包含摘录的书面文字资料、下载的视听音像资料、制作的多媒体演示文稿)，资料的获取过程不仅仅让学生了解了艺术创新的文化知识，更可贵的是，通过艺术学习过程的参与，不少学生已对音乐、美术发生了浓厚的兴趣，他们不仅能主动撰写相关的音乐随笔，更有一部分同学在研究型课程中选择了音乐作为研究对象，大大培养了学生的创新精神。这些学习资料目前已被执教老师分批次、分班次、分主题地保存在电脑里作为全校

音乐学习的共享资料;而这些课题的开题报告、情报资料、调查问卷、研究计划、实施过程以及结题报告,则全部上传到了研究性学习平台上,成为生生合作、校校合作的共享资源。

(3) 形成了研究性学习的案例集(见附件:专著《音乐教学漫步》)

新近出版的教学专著,针对高中艺术课堂的人文性,选编了数十个研究性学习的个案,真实地再现了"置疑—说疑—释疑"的问题探究模式的影子,它们不仅成了课题研究的成果,也为研究性学习提供了很好的范本与经验。

2. 比赛成果

在学校各级领导的关心下,在学校艺术部门的努力下,学校音乐与艺术硕果累累,艺术课堂教学与艺术社团在各级各类比赛活动中捷报频传,艺术科研也拾级而上。课题组成立以来,仅音乐备课组就获得以下佳绩。

表5 艺术比赛获奖情况

上海市和全国第四届中小学艺术展演民乐专场	一等奖
指导学生参加上海市学生艺术单项比赛(声乐)	银奖
长宁区学生艺术单项比赛(声乐)	一等奖
上海市艺术单项比赛(声乐)	二等奖
上海市学生戏剧节原创剧本大赛	二等奖
长宁区学生戏剧节比赛	一等奖
长宁区学生艺术单项比赛(钢琴)	一等奖
长宁区艺术单项比赛(声乐)	二等奖
长宁区学生艺术展演暨音乐节(声乐)专场	一等奖
长宁区学生艺术展演暨音乐节(戏剧)专场	二等奖
指导学生参加长宁区艺术征文比赛	三等奖
组织指导民乐团参加全国中小学艺术展演	一等奖
指导参加第八届长三角民乐展演	最佳演出奖
指导学生参加长宁区艺术单项比赛(民乐)	一、三等奖
指导学生参加长宁区艺术单项比赛(民乐)	一、二、三等奖
长宁区音乐教师五项全能	一等奖
第十一届长三角民乐展演	最佳演奏奖
上海市首届艺术教师基本功大赛音乐五项全能比赛,合唱指挥比赛	一等奖第一名
首届上海市基础教育"爱岗敬业"比赛综合组	三等奖
第七届全国中小学音乐教师基本功比赛五项全能比赛,音乐理论与鉴赏单项比赛	二等奖、一等奖

表 6　课堂教学成果

长教杯拓展型课程教学评优一等奖	《三四成群的沪语形容词》
青浦支教示范课	《乘着"蝴蝶"的翅膀，寻访越剧的足迹》
区教研	芭蕾欣赏
长教杯一等奖	梨园传情《牡丹亭》
区教研	梨园传情《牡丹亭》
市艺术样板课	昆曲悠扬，牡丹飘香
长宁区第十一届德育精品课一等奖	昆曲《牡丹亭》

表 7　教育科研成果

《音乐文化交响》	上海音乐出版社
《谱写教师成长的新乐章》	上海远东出版社
《寒假生活（音乐）》	上海教育出版社
《欧美金曲听唱》	上海远东出版社
《中学艺术课程小班化教学刍议》	《中小学音乐教育》
《中学艺术课程小班化教学策略探讨》	《上海教育》《现代基础教育研究》
《"雌孔雀怎么会开屏呢？"——艺术课面对突发问题的教师智慧》	"长教杯"论文案例评比一等奖
《基于问题探究的学生艺术实践能力培养的艺术性实践》	《青浦教育》 长宁区艺术论文评比一等奖
《基于问题探究的中学生艺术实践能力培养》	《中小学音乐教育》
《引领学生寻访越剧的足迹——高一年级〈戏剧传情演绎人生〉教学设计》	《现代教学》
《定位"最近发展区、迈步辉煌成才路"——人人皆可成才的认识与实践》	《青浦实验》
《从"艺术综合"到"综合艺术"——试析"综合艺术"教学的异化和回归》	《现代基础教育研究》
《"艺术人才一体化培养"之核心价值与实践效能刍议》	《上海教育》
《音乐学科教师资格考试之面试状况及解决对策》	《中小学音乐教育》
《最美艺术书香气》	《长宁教育》
《流动的建筑凝固的音韵》	《现代教学》
《高中音乐专项化课程的建设构想——基于2017版〈普通高中音乐课程标准〉的思考》	《中小学音乐教育》

表8　荣誉成果

长宁区领军人物	中学音乐项目获区域优秀项目奖
长宁区拔尖人才	上海市特级教师
长宁区优秀学科带头人	第四期优青导师
长宁区科研、艺术先进个人	长宁区教育系统优秀共产党员

学校则在艺术组全体老师的努力下，续获了"全国文明单位""上海市艺术教育示范学校""上海市艺术特色学校""上海市百家优秀乐队""长宁区艺术教育特色学校"等殊荣，校园文化欣欣向荣！

（三）研究成效

1. 以艺术课标精神为导向，全员树立了"开放教学"的理念

《上海市中学艺术课程标准》在"教学建议"中给出了"扩大空间、丰富手段"的建议，在"课标"精神的指引下，在校行政部门的课程领导下，在音乐艺术课程的有效执行下，学校师生对艺术人文与开放学习有了高度一致的认识，大家认为：高中艺术就是人文教育，并且教师在实施教学中要"打破课堂的界限，运用各种途径来丰富艺术教学手段……创造一种以课堂教学为主，延伸到课外的交互式的艺术学习方式"。

2. 以学生的学习兴趣为出发，改变了艺术学科的学习态度

高中学段的学生因为生理与认知的原因，对艺术技能的学习有些倦怠，而对艺术文化有种进取性质的追求。为此，我们以课题研究为任务驱动，注重开掘艺术人文、注重教学方法的开放，一段时间下来，学生的艺术价值观发生了明显的变化，他们开始像喜欢音乐一样地喜欢音乐课。这种认识转变可从调查问卷的部分答案中得以发现：

表9　学生艺术价值观调查

问题	答案比例			
你喜爱音乐的原因是什么？	旋律含蓄 33%，21%	有文化内涵 53%，61%	朴实易懂 11%，9%	音色独特 46%，36%
在音乐学习中，你希望获得什么方面的知识？	民乐知识 32%，11%	民族文化 60%，74%	民乐技能 47%，34%	

(续表)

问题	答案比例			
你认为音乐与哪些文化最有关联?	宗教 14%,17%	民俗 92%,90%	文史哲 23%,25%	其他 0,0
你认为音乐学习对你提高文化素养有关系吗?	很有关系 37%,59%	有点关系 51%,44%	没有关系 3%,2%	

两次调查(前一个百分比为第一次调查数据,后一个为第二次调查数据)所得的数据虽然在有些地方差别不大,但有一点却可以肯定,那就是他们对音乐的文化价值体现有着较正确的理解,这种理解是与我们的艺术人文教育分不开的。

3. 以学校社团活动为抓手,推动了校园文化的建设进程

一所拥有良好课堂文化教育的学校,其校园文化的形成是必然的。在"数学特色、理科见长、人文相济、和谐发展"的办学理念下,在主渠道艺术课堂开放性教学的影响下,我校的艺术实践广开思路。艺术社团雨后春笋般地涌现、艺术活动轰轰烈烈地开展,学校还先后发起了书画展览、茶艺展示、烹饪比武、体操比拼、钢琴沙龙等一系列体现创意的艺术活动。曾有一项校园民意调查:在学校开设的几十门拓展课中,艺术拓展课的支持率位居所有拓展课的前三名(仅次于语文课与信息课),艺术领衔的校园文化蔚然成风。

初中学校"吴越文化"评弹课程建设的行动探索

上海市姚连生中学　戴　玮

一、研究背景及意义

（一）时代文化的根基

党的十八届三中全会通过的《中共中央关于全面深化改革若干重大问题的决定》提出"以立德树人"为导向，全面创新育人模式，加强社会主义核心价值体系教育，完善中华优秀传统文化教育。《决定》首次要求："改进美育教学，提高学生审美和人文素养"。学校艺术教育是美育的主要途径，要同校园文化、社区文化建设相衔接，同传承创新中华文化、借鉴吸收人类文明成果相结合。

习近平总书记在中国共产党第十九次全国代表大会上的报告中指出"中国特色社会主义文化，源自中华民族五千多年文明历史所孕育的中华优秀传统文化，熔铸于党领导人民在革命、建设、改革中创造的革命文化和社会主义先进文化，植根于中国特色社会主义伟大实践。""深入挖掘中华优秀传统文化蕴含的思想观念、人文精神、道德规范，结合时代要求继承创新，让中华文化展现出永久魅力和时代风采。"

评弹文化是一种经过甄别和筛选的中国优秀文化之一，本课题致力认识和发掘"评弹文化"内涵和精华所在，以"评弹文化"来涵育学生人文素养，达到文化育人的效果。

（二）课程改革的需求

教育部《完善中华优秀传统文化教育指导纲要》中提出"鼓励各地各学校充分挖掘和利用本地中华优秀传统文化教育资源，开设专题的地方课程和校本课程。""初中阶段，以增强学生对中华优秀传统文化的理解力为重点，提高对中华优秀传统文化的认同度，引导学生认识我国统一多民族国家的文化传统和基本国情。"

传统文化是一个民族的根,是一个民族发展过程中精神的内在动力。中小学阶段是进行民族传统文化教育的最佳时期、关键时期。让他们耳闻目睹无处不在的民族传统文化的魅力,从小自然而然地接受优秀的传统文化熏陶,产生认同的情感和共鸣,从而得到身心健康发展,并上升为一种民族的精神。

课程改革,要求以适应社会和时代的发展,调整和改革基础教育的课程体系、结构、内容,构建符合素质教育要求的新的基础教育课程体系。中小学的艺术课程对于提高学生的艺术水平,丰富学生的生活,陶冶学生的情操,发展学生的形象思维,培养学生的创造力和想象力,整体提高学生的素质,具有重要意义。

"评弹文化"校本课程是学校拓展型课程的重要补充。它着眼于继承和传播吴越地域文化,以丰富而具体的教学内容,使学生在感受、理解和体验的过程中提高文化素养,形成探究意识、陶冶审美情趣。在此基础上,培养学生的文化自觉意识,产生对传统文化的认同感和自豪感。

(三) 个性化发展的需要

在当今知识经济和市场经济的大潮中,普遍存在着重技能、轻修养,功利心重的现象,学生对中国传统文化提不起兴趣,传统文化素养不够;获取知识的方式以及了解程度都需要进一步加强。找到一个适合学生需求、适合学生接受的途径和方法,焕发学生学习中华传统文化的热情,激发兴趣是当前迫切需要的。每个学生都有自己的个性特点、生活经历和文化背景,开发以评弹文化为代表的区域文化校本课程,让其感到学习贴近他们的生活。在文献资料中发现:学生、教师对"评弹文化"研究少;对"评弹文化"涵育学生人文素养的研究罕见;对"评弹文化"涵育初中学生人文素养的研究没有。开发和实施"评弹文化"校本课程,将丰富学生的精神生活,陶冶学生的高尚情操,发展学生的美育能力,具有高尚的乐趣和情操。这对提高学生人文素养、促进学生的全面发展也具有深远的意义。

(四) 学校发展的追求

学校历经十几年,从"传统的评弹特色"发展为"以评弹为龙头的上海市艺术特色学校",到"全国中小学中华优秀文化艺术传承学校"。为达到"培养健康、明理、文明、好学,具有国际视野和民族情怀的合格初中生"的育人目标,为学生终身发展,我们感到原有的以评弹为龙头的社团建设已不能满足学生需求,要改变学生参与面不够广,课程内容、形式相对狭窄的现状,将学校特色文化与涵育学生素养紧密联系,提高育人效果,建设以中国优秀传统文化——"评弹文化"为核心的校本课程体系,加快学校内涵建设,全面提升学校校园文化的水平是我校迫切的需要。

很多教师对评弹文化了解缺乏,传承意识欠缺。教师的校本课程开发过程,其实就是自己不断深入学习,上升理性认识,完善知识结构,提升自己人文素养的过程。教师人文素养的养成,不是一蹴而就的,这是一项长期的系统工程。如何将教师的知识积淀内化为教师的文化内涵、人文意识和自觉行为;如何通过文化熏陶,涵养为教师的人文精神、人文情怀,并转化为教师教书育人的能力,特别是教师的育德能力,正是本课题所迫切关注的。

二、研究概况

（一）关键词的界定

1. 评弹文化

吴越地区文化的简称,泛指吴越古今物质文明和精神文明的所有成果,是汉文明的重要组成部分,也是江浙的地域文化。评弹文化地域空间主要在上海、浙江、江苏南部及皖南赣东北的小部分。评弹文化是中国传统文化精粹之一。

2. 评弹校本课程

评弹校本课程指以学校为本位的课程,是以学校为主体,自主开发与实施的课程。

（二）研究目标与内容

1. 研究目标

本课题是在十八大、十九大精神指导下,根据课程管理和课程设置要求,针对中学生的兴趣和需要,结合学校的传统和优势,创建以"评弹文化"为主题的校本课程,并探索校本课程建设的途径与方法,发挥文化育人功能,提升学校水平,形成校园文化品牌。

2. 研究内容

（1）评弹文化校本课程的创建研究

在现有初中教材中挖掘具有"评弹文化"因素的人和事,作家和作品。优化已有相关课程内容,加强参与度,真正体验传统文化所蕴含的永恒的社会价值和道德价值。

（2）评弹文化校本课程的体系研究

开发并实施"评弹文化"校本课程，按照学生特点和需求，分年级分层次开设，有普及、有提高、有专业训练，促进学生对传统文化的了解、认同，提高学生的文化修养，提升综合素质。学校根据自身的特点，深入挖掘校内外的课程资源，研究课程设置，开发实施"评弹文化"校本课程，进一步提升学校传统文化建设的有效性。

（3）评弹文化校本课程的活动研究

以学校评弹特色为龙头，以点带面，广泛开展艺术教育活动。充分利用各种文化艺术场地资源，创造开展中华传统文化教育教学和实践活动。开展丰富多彩的德育活动系列主题教育活动，坚持"评弹文化"优秀传统文化与德育相互渗透。

（4）评弹文化校本课程的评价研究

在校本课程开发过程中，对学生的需求进行合理的评估，要突出以学生发展为目标的评价原则，评价要注重过程评价与差异评价。评估课程的实际使用效果，发现在实施方案过程中存在的问题与不足，为校本课程的后续开发提供建议。

（三）研究方法与过程

1. 研究方法

（1）行动研究法

边实践、边探索、边反思，在实践中反思、在行动中研究，并根据反馈进行及时调整，逐步完善研究目标，提高课题研究质量。

（2）文献研究法

应用文献资料研究，对有关"评弹文化"传承途径、方法、运行机制等研究成果进行检索并予以分析、借鉴已有的理论成果；学习领会国家、地区相关文件精神，加强认知，支撑和构建本课题的研究设想，便于对课题进行理论与实践的研究。

（3）调查研究法

用问卷调查与深度访谈等参与式调查的方式，了解教师的教学与研修的现状，以及教师自身发展与教师专业发展的内在需求，获取的内环境资料，为课题研究提供有效的依据。

（4）经验总结法

用经验总结法对课题实施取得的成果进行总结。

（5）案例研究法

把教育教学过程中发生的这样或那样的事件用案例的形式表现出来，并对此进行分析、研究、探讨。

2. 研究过程（2018年12月—2021年12月）

（1）准备阶段：（2018年12月—2019年2月）

筹建课题组，确定项目组。根据建设方案，分配任务。

立项初期，对全体学生开展了"评弹文化知多少"的调查问卷，了解学生特点，摸清校外资源，汇总、筛选、归纳、整理调查信息，确定课题指向。在搜集分析资料、调研的基础上确定课题、起草开题报告，邀请专家咨询、访谈、小组讨论，修正开题报告。

（2）实施阶段：（2019年2月—2021年10月）

校园环境布置。利用学校改扩建的契机，创设浓郁的"评弹文化"氛围，设立"评弹文化体验馆"。

开展"评弹文化"校本课程编撰，研究建设"评弹文化"校本课程体系。

聘请课题指导专家走近进课堂听校本课、评课交流，教师反思完善校本课程实施。

选择师生最感兴趣、最具代表性、最吸引人的文化选题，邀请专家、学者进行深入评说，开设"评弹文化"系列讲座。

以评弹团为龙头，以点带面，广泛开展艺术教育活动。充分利用各种文化艺术场地资源，创造开展"评弹文化"教育教学和实践活动。

创新"评弹文化"社团建设，请校内外师资力量提供较为专业指导。

开展丰富多彩的德育活动系列主题教育活动，坚持传统文化艺术教育与德育相互渗透。

加强与香港姊妹学校合作与交流、学校与社会艺术团体及社区建立合作交流关系，学校与区级共建学校交流。

子课题展示阶段成果，各部门形成经验总结。

完成中期总结与汇报，展示中期科研成果。

（3）总结阶段：（2021年11月—2021年12月）

组织对相关材料进行汇总分析，并形成相应的研究成果（校本课程、研究案例）。

完成子课题结题，整理课题附件。

三、研究实施与推进

（一）深化了对评弹文化的认识

1. 坚定了弘扬评弹文化的信念

习近平总书记在十九大报告中指出"培育和践行社会主义核心价值观，要深入挖掘中华优秀传统文化蕴含的思想观念、人文精神、道德规范"。这就使我们进一步认识到中华优秀传统文化是社会主义核心价值观的源头，践行核心价值观，应该弘扬中华优秀传统文化。评弹文化作为中国传统文化之一，蕴含着丰富的人文主义精神，具有重要的时代价值和可借鉴的现代价值。其蕴含的内涵是进取和励志，如培养爱国热情的"天下兴亡，匹夫有责"，树立理想信念的"自强不息"，博爱精神的"故人不独亲其亲"，提倡和谐相处的"立己达人"思想等。这些优秀的传统文化蕴涵着深刻的人文精神，为培养中学生人文素养提供了资源，并得到了社会的广泛认可，因此在培养人文素养的方式中，弘扬评弹文化是极为重要的且切实可行的。

2. 认识了评弹文化的内在价值

习近平总书记指出："实现我们的梦想，靠我们这一代，更靠下一代。"实现高度的文化自信，必须让学生认同和信任我国优秀的传统文化和坚定社会主义核心价值观。而做到这一点，就需要重视评弹文化的价值，提升学生的文化鉴赏能力，从而让青年养成文化自觉的良好习惯。初中生拥有活跃的思维方式，对所需文化的选择也更具多样性，既可以选择接受优秀文化陶冶，也可能会被低俗文化所影响，文化育人就在这个时候起着关键性的教化和引导作用。评弹文化校本课程实施的价值在于引导广大师生树立对优秀文化的敬畏之心，提升良好的文化鉴赏能力，树立文化自信。

（二）创编了评弹文化课程的校本教材

1. 编写原则

（1）重视人文性

评弹文化一方面跟随时代不断调整更新文化内涵和机制；另一方面又在始终保持特色和传统的基础上，不断融会其他文化的优秀成分，创造出新质文化因素，从而对中华文明做出了多方面的贡献。

（2）展现特色性

梳理评弹文化的特征（见表1）

表 1　评弹文化的特征

特　征	说　明	指　向
水乡泽国	依托自然地理景色	景色优美,"饭稻羹鱼"
丽质秀色	塑造民间高雅品行	苏绣、园林世界闻名
务实求真	弘扬崇真向善诚信	崇真诚信,淳朴平实
敢为人先	勇于超越开拓创新	更新融会,创出新质

①"水乡泽国"的地理特征

评弹文化生存的地区滨海临江,河湖众多,水网密布,草木繁茂,由此形成了评弹文化"饭稻羹鱼"的经济结构和饮食习惯,并形成了善驾舟、鸟崇拜、干栏式建筑、"文身断发"习俗、尚绿、灵动、情感细腻等文化特征。

②"丽质秀色"的品性

玉器、瓷器、丝绸既是中华先民的独创,又是中国对世界人民的非凡的贡献,追根溯源,它们均起自长江下游的吴越地区,评弹文化的地位于此可见一斑。

③"务实求真"的精神

吴越之地商品经济率先起步,务实个性和平民风格是评弹文化包括海派文化中不可或缺的内容。大力弘扬崇真向善、淳朴平实、诚信守份的精神,正是核心价值体系建设面临的重任。

④"敢为人先"的秉性

善于创造、勇于创新是评弹文化、海派文化所共同的秉性,也是这一区域文化充满生机与活力的内在动力。

评弹文化中与重视学术、崇尚读书的风气相辅助的还有勇于突破生活已有规范,以顺应时代变迁的特性。

(3) 扎根校本性

在如今经济价值至上的社会中,在主流媒体的导向下,中学生对传统文化的认知普遍缺失,再加上家庭教育又只注重学习知识,忽视文化素质培养,很多中学生都出现人文素养的缺失。在课题实施前,通过对我校 3 个年级的学生调查来看,对传统文化的认知水平不容乐观。在调查对于自己生长地文化的了解程度上,很了解的占 8.7%,比较了解占 35%,了解一点点的占 50%,完全不了解的占 6.3%。有一半以上学生对家乡的传统文化知之甚少,作为"全国中小学中华优秀传统文化艺术传承学校",对学生的传统文化教育迫在眉睫。

在校本教材的资源选取和编写的过程中以人本主义理论和建构主义心理学为理论基础。发现"评弹文化"在校本课程建设中具有教育价值的文化元素,实现地域文化——"评弹文化"与学校课程文化的和谐融合,拓展学生学习的知识视野,培养学生的文化自觉意识,产生对评弹文化的认同感和自豪感,进而热爱中华优秀传统文化。

(4)注重科学性

校本教材编写需要符合学生的学习基础,激发学生的学习兴趣,引导学生以自己的已有知识和经验为基础主动进行新知识体系的建构活动,所以在教材编写时要特别注重所选内容和编排体例要突出教材的实用性和适应性,发展学生的自主性、能动性和创造性,突出能力本位意识,强化学生的艺术文化素养和提高学生的民族文化意识。

2. 编写内容

评弹文化内容分类

"评弹文化"是一种经过甄别和筛选的中国优秀文化之一,"评弹文化"校本课程是学校基础型、拓展型课程、探究型课程的重要补充。课题深入挖掘校内外的课程资源,研究课程设置,开发实施"评弹文化"校本课程,让学生系统地了解评弹文化,感受评弹文化。

评弹文化内容涵盖中华民族长江流域上下五千年,吴越地区呈现的人和事、情和志,文化特征。学校在编写校本课程时根据本校学生的学情,符合"了解—理解—体验"的学习需求。

3. 编写方法

(1)课程编写注重"三个结合"

① 文化理论与学校实践相结合

"评弹文化"作为一种地域文化,其亲缘性、地域性特点使其更容易被身处江南的学生和家长所理解认同。然而有关于这方面的教材并不多,课题组成员广泛地查阅资料,努力挖掘评弹文化资源,有目的地删选,选择适合的材料并有效整合多种课程资源,把联系生活、贴近生活、适应时代气息和学校实践需要的内容选进教学内容中来,编写了系列校本课程。

"以课程建设和校园文化建设为载体,以文化涵育为方向,提高学生人文素养,加快学校内涵建设,形成学校文化特色"的理念逐步植入教师心田;编写课程时,教师关注学生"得"的设计,不以理论知识的传授为主,重视学生的获得,有体验、有感悟、有提升为要;在课程建设中,与学校的办学目标和学生的培养目标有机结合,做到在传承中发展,与时俱进地发展学校办学特色。

② 传统艺术与现代文化相结合

评弹文化作为中国传统文化的重要组成部分,是这一地区人民数千年的智慧结晶,几千年的文化发展历程留下了无数的物质文化和精神文化的财富,教师编写评弹校本教材时选择师生最感兴趣、最具代表性、最吸引人的文化选题,展现吴越地区的文化、艺术、人文等古今发展状况,并通过联系社会热点话题,力求在展示吴越古文化独特魅力的同时保持前卫的思想个性,不断弘扬人文精神,传播中华文化。

③ 静态资料与动态活动相结合

在普通课堂具备的讲授型传播形式以外,评弹校本课程可以与德育结合,通过形式多样的校园文化活动,体验传统文化。相比较枯燥、单调的课堂教育,组织有针对性的主题活动,并设计有层次的活动,让不同年级学生体验和感受不同的传统文化教育。同时,学生对体验式的教育往往兴趣更大,在体验中学到的传统文化精髓也更深刻,利于人文素养的培养。

突破书本知识的桎梏,寻求学生个体对知识的建构,重视学生个体的理解、想象和创造,这为学生的经验进入课堂开了方便之门;倡导学生将知识转变为自己的智慧,产生对知识的发现与创新,教师不再是"教教材",而是与学生一起探索"学生正在经验到的一切"。学校开展丰富多彩的"评弹文化之名人篇、诗词篇、人文篇"、艺术节以及针对"谦、勤、诚、礼"的校训全面诠释等德育综合实践活动课程就是亮点之一,改变了单一的理论资料学习,克服课程内容知识化倾向,不把评弹传统文化教育变成教授、空洞的说教,优化评弹文化教育的教学效果。

(2) 课程编写注重"合适规范"

① 合适——内容上适合,方法上适应

评弹文化博大精深,择选内容,取其精华,去其糟粕,涉及范围都基于本校学生基础,适合初中生心理、生理发展特征。激发学生学习兴趣,培养其探索精神,既有知识传授,又有活动体验及文化熏陶。为了支持学生多视角了解体验,老师们在编写教材统一规范,按"概述""特征""链接""活动"主题进行课程设计,活动环节中尝试运用"学一学""唱一唱""演一演""做一做"等活动设计,有清晰的主题目标、链接内容、操作活动、练习等,既保证学生知识的把握,更设计学生参与体验并创造,满足学生进一步提升和发展的需要,这无不体现教师的智慧、学生的灵动。

② 规范——按主题板块推进模式框架

学校采用"主题式推进"模式规范评弹文化课程,集合教育资源,系统、有序地开展活动。以"吴越之魅"为主题,结合德育设计评弹系列课程,每月一项目标活动,引导学生了解—理解—演绎。团队的10分钟队会,开展"评弹文化"的系列活动。学生从预备到初二年级,经历一个感受评弹文化、了解评弹文化、感悟评弹文化的过程,从而从整体上提高学生对评弹文化的价值认同。

(三) 架构了评弹文化校本课程的推进机制

1．评弹文化育人的践行方略

(1) 拓展型课程引领拓展,注重体验式感悟

——把控好"赏、议、动、悟"四要领

在各种类型的课程实施中,教师最大限度地使学生处于主体激活状态,形成"多维互动"的教学氛围,有小组合作成员分工、有效互动适度探究、适度求异引导发展;学生听一听、说一说、演一演,动口、动手、动眼、动耳、动脑,在体验中让学生主动思考、查找资料、处理信息、合作交流。

聂翼老师在讲授校本课程时,选题"评弹与海派文化",在演绎评弹传统曲目《珍珠塔》片段时,先清唱后配三弦、琵琶,让学生品味其中的韵味,随后设计一个环节:还可以用什么乐器演绎?其中一个学生建议用爵士乐,于是现场演绎高潮迭起,传统文化与海派文化碰撞产生了火花,学生能够体会到,传统曲艺不仅仅可以是老一辈人所钟爱的,还可以注入新的生命力,代代言传。积累"评弹文化"知识,丰富自己的想象力,提高自己的鉴赏水平,在拓展课程中通过体验式感悟引领学生树立正确的审美观念,培养深厚的民族情感,激发想象力和创新意识,从而促进学生的全面发展和健康成长。

(2) 探究性课程开放设计,注意深化课程内涵

——形成了"DDPS"四步骤

"DDPS"指的是 Design(设计)、Discover(调查)、Production(成品)、Show

（展示）四步骤。学校首先设计"吴越小课题"，围绕评弹文化开展的德育活动、主题活动、校本课程中选择一个话题，以小队的形式，分工合作、运用调查问卷、访谈、文献资料搜集等方法，确立课题，明确课题的背景、价值，对数据或文字进行分析调查，得出结论、建议或意见。学生担任一个角色，或编辑文字或设计问卷或摄影或撰稿，共同完成的小课题和PPT形成成品，在开学做展示，掀起一轮研讨，并评出优秀进行最后"秀一秀"展示。在小课题研究中，学生初步运用科学的方法介入研究，利用团队合作乃至家长社区资源，深入挖掘"评弹文化"的内容。

小课题研究的目的是指导学生运用一些研究手段，诸如调查问卷、文献资料搜集整理、实地考察等手段，使学生尝试透过数据、文字的背后得出结论或话题而展开思考，获得亲身参与、置身其中的体验，将课程得以延续，课程的功效扩大。

2. 评弹文化育人的推进策略

(1) 情境融入法

姚连生中学历经10多年，从"传统的评弹特色"发展为"以评弹为龙头的上海市艺术特色学校"，到"全国中小学中华优秀文化艺术传承学校"。将学校特色文化与人文素养涵育紧密联系，提高育人效果，全面提升学校校园文化的水平是我校迫切的需要。

学校利用改扩建的契机，结合江南文化元素，营造评弹文化氛围。走进新建的"评弹文化体验馆"，让每一位参观者、执教者、听课者置身于江南特有灵动婉约、创新包容的特质中，大气中不乏精巧，儒雅中不乏豁达，从而产生强健的自豪感和求知欲。这样的环境，这样的展示，这样的研究，演绎着中华民族之吴越地区独特的人文神韵，让学生们勾起了对民族文化无限的热爱和探知，吸引着莘莘学子不尽的爱国热忱。

(2) 传递接受法

这一方式使学生比较快速有效地掌握更多的信息量。该模式强调教师的指导作用，认为知识是教师到学生的一种单向传递的作用，非常注重教师的权威性。学校不仅开设校本课程，还聘请各界相关权威人士来校做相关讲座，至今开设评弹文化讲坛7次（见表2），每一次讲坛，专家精心准备，学生获益匪浅。

表 2　评弹文化讲座

讲次	名称	讲课人	职务	对象
第一讲	《魅力乡音》	吴新伯	上海市曲艺家协会副主席	全体师生
第二讲	《评弹与当代社会的缘》	高博文	上海评弹团副团长、国家一级演员	全体师生
第三讲	《苏州评弹与生活》	周红	上海评弹团国家一级演员	全体老师
第四讲	寻找传统文化在当今社会的文化认同	吴新伯	上海曲协副主席	全体师生
第五讲	咚格里格咚——评弹与少年	高博文	上海评弹团国家一级演员	全体师生

（3）榜样示范法

每个学生都有自己的个性特点、生活经历和文化背景，开发以区域文化为主的校本课程，为学生提供了更多的与自身相适应的课程内容，让其感到学习贴近他们的生活，有机会探寻了解本地杰出人才。榜样的力量是无穷的，了解名人，引导学生树立正确健康的偶像观是教育的重大责任。

（4）体验感悟法

传统文化教育的一个有效途径就是组织形式多样、内容丰富的文化体验活动。学校德育课程和专题活动基于学校育人目标以及学生的兴趣、爱好、需求，德育课程和活动实施方式适合初中生的年龄特点和学校特色。对于传统技艺，主要采用"模仿—操作"的方式，以达到能够实际操作的程度；对于文化知识，主要采用"活动—体验—认知"的方式，以感悟文化知识的实际内涵。

（四）形成了评弹文化的育人方式

1. 评弹文化课程育人

中学的各学科可以充分挖掘吴越传统文化中的育人价值。语文、政治、地理和历史等课程完全可以结合实际，以常态的课堂教学渗透评弹文化，并进行现代意义的诠释，从不同角度去培养学生的人文素养。而德育校本课程更可以根据学校的实际情况和学生的认知特点，构建符合校情的评弹文化教育。例如我们以"山川之美"来培育学生对祖国大好河山的热爱与自豪之情；以名人事例激发学生发奋图强、励志奋进之心；以《梁祝》《白蛇传》等经典作品，感受古典作品的高雅情趣，人物的风貌。

2. 评弹文化活动育人

评弹文化课程的活动方式除了讲授型传播形式以外，可以通过形式多样的校园文化活动,体验传统文化。相比较枯燥、单调的课堂教育,组织有针对性的主题活动,并设计有层次的活动,让不同年级学生体验和感受不同的传统文化教育。同时,学生对体验式的教育往往兴趣更大,在体验中学到的传统文化精髓也更深刻,利于人文素养的培养。

3. 评弹文化熏陶育人

评弹文化校本课程通过"学校—家庭—社会"三位一体的模式开展传统文化教育。传统文化是需要社会、学校和家庭共同推进的。社会上有很多传统文化资源,但在主流媒体中并不是"宠儿",往往容易被忽视,学校配合德育校本课程的特点需要,挖掘相应的社会资源,引导学生以社会实践的方式在社会课堂中学习。

(五)确立了评弹文化校本课程的评价机制

1. 评弹文化校本课程的效应评价

(1)课程目标评价

课程设计的意义,开设课程的必要性、现实性和可能性,通过该课程希望达到什么样的目标,这些课程目标与学校教育理念的一致程度。课程计划评价,课程计划是否具备科学性、适用性、时代性,有无完整的教学设计与教学安排。

(2)课程资源评价

教师个人的知识准备、教学资料的准备、教学组织与教学安排、实验参观调查等。以课程计划、教学设计、教案等课程资源为主要评价依据。

(3)课程过程评价

主要是对课程教学过程的评价,包括对教师的评价和对学生的评价。教师评价侧重了解教师的教学态度、教学方法、教学水平,对学生的评价侧重了解学生的兴趣、学生的感受及收获等。主要搜集信息的手段是学校评审小组组织相关教师听课,对学生进行随堂问卷调查等。

(4)课程效果评价

主要是了解课程实施以后是否达到了原来设计的教学目标。搜集信息的主要途径是对学生进行效果问卷调查,征询专家、教师等的意见。

2. 评弹文化校本课程的育人评价

(1)多元智能评价

长期以来,我们对学生的评价主要存在的问题表现为局限于语言智能和数理逻辑智能两方面，这就使得一部分语言或数理逻辑智能表现不好的学生失去了学习的兴趣和自信，而我们运用多元智能理论的评价旨在发现每个人的智能潜力，为学生的个性化发展提供帮助。因此，在设计课程评价时，我们不仅评价学生最后的学习成果，同时也评价在课程中的参与度以及在不同环节，如表演、实验、听赏等不同方面的反馈，最后给出综合性的评价。每个学生都有其独特的智能结构。因此，每个学生的学习兴趣和学习方式都不尽相同，在校本课程的教学中，由于没有考核的压力，教师可以有更多的时间和精力来观察学生。尤其是那些在传统学科上学习成绩较弱的学生，教师应该摒弃成见，挖掘其智能强项，帮助他们树立自信，扬长避短，从而带动起滞后智能，运用于其他学科学习中，从而实现更全面的发展。在评弹文化的德育校本课程实施中，每个阶段的课程都有评价机制。其中，"找一找""说一说"阶段的课程是在班级内完成的，所以由各班班主任对学生搜集的材料、制作的多媒体作品和演讲进行评价，"写一写"阶段难度稍高，基本由小队合作完成，各剧本的评价由学校评价小组完成，评价小组成员包括语文老师、艺术组老师、年级组长和德育中心组的各位老师，因此更客观、公正。评价较高的剧本再进入评弹文化周的"演一演"阶段。表演阶段不仅面向全校师生，更请来了上海戏剧学院的专业老师作为评委。

（2）采用"学生自评"和"生生互评"与教师评价相结合的评价方式

以免给学生造成一种导向性评价，以此来鼓励学生给自己和同伴一个公正客观的评价，让学生的个性在学习中得到肯定，收获自信。校方针对每次课程活动设计了评价手册：参与过的体验活动通过敲章形式呈现；自评栏是学生针对参与校本课程学习、活动的体验与感悟；互评栏是学生合作探究时，发挥集体的教育力量。师评对学生起到一定的导向作用，引导学生正确对待问题，更是对学生自评、互评的有效补充。多方位的评价手段，充分发挥了不同评价方式的优势，同时还顾及学生的差异。通过多样化的评价，我们把学生放置在一个宽松、和谐、积极的环境中进行评价。

四、研究成果与成效

（一）研究成果

1. 创建了评弹文化校本课程的编写体系

评弹文化是作为中国优秀文化之一，对"评弹文化"校本课程的探索目前涉及甚少，在课程理念、课程内容以及课堂教学等方面课题组团队进行了大胆的探索和实践,创设浓郁的评弹文化气息的校本课程,让学生欣赏、感悟传统文化的韵味。课程团队依据学校特色明确了评弹文化课程的编写宗旨,确立了评弹文化的编写原则,确定了评弹文化课程的编写内容,优化了评弹文化课程的教学方法,落实了评弹文化课程的编写保障,最终初步形成了评弹文化课程教材的编写体系。

2. 架构了评弹文化的推进机制

(1) 构成了推进评弹文化的践行方略

评弹文化课程实施过程中,把"体验"作为教学的根本原则。在各种类型的课程实施中,教师最大限度地使学生处于主体激活状态,形成"多维互动"的教学氛围。基础型课程以点带面,注意融入学科内容,把控好"学、做、演、练"四要领;拓展型课程引领拓展,注重体验式感悟,把控好"赏、议、动、悟"四要领;探究性课程开放设计,注意深化课程内涵,形成 Design(设计)、Discover(调查)、Production(成品)、Show(展示)四步骤。

(2) 形成了评弹文化育人的推进策略

课程团队研发特色校本课程,创设"评弹文化"教育情境,改变课程形式,从文化育人角度提出了以"评弹文化"为主题,采用情境融入、传递接受、榜样示范、体验感悟、交流提升多种策略引导学生,打开了培养学生人文素养、提升文化自信和创新学校品牌的新视角。

3. 编写出了评弹文化课程教材

吴越地域文化是校本课程开发的宝贵资源。学校成立了由校长、副校长为课题组正副组长的课题领导小组及以各年级组长、教研组长和骨干教师为组长的编写小组,成立了编辑委员会,领导小组主要负责校本教材开发和实施的领导工作,并明确责任到编写小组。编写小组则采取分工合作的方式,明确编写目标,制订出详细的教材编写方案,并要做好需求分析和资源分析、参考教材的选定及校本教材的编写等工作。评弹文化校本课程全体成员在历经两年多专家引领,团队反复研讨、反思、总结、实践、交流的磨合过程,"唐宋吴韵"评弹文化课程成熟成册。

4. 促进了学校的整体发展

(1) 学校整体建设成果

近年来,学校经历了改扩建,面临的是搬迁,过渡校区的简陋设施,回迁的过程漫长等种种难题,然而姚连生中学能在这样艰难的教学条件下从一所普通的初级中学发展成为一所上海市新优质学校,从"传统的评弹特色"发展为"以评弹为龙头的上海市艺术特色学校",是评弹文化"务真求实"的精神,继承发扬传统文化的信念激励着全校师生,促使大家以越发饱满的热情投入教育学习中,发掘潜力,整合以"评弹文化"资源为主线,实现文化引领是关键。评弹文化校本课程开发作为一项研究性活动,为学生发展提供了优秀的教育资源,通过课程实施,学校荣获"上海市艺术教育特色学校""长宁区非物质文化遗产进校园示范学校",学校的德育、教学各项工作取得了累累硕果,迈上了一个新台阶。

(2) 凸显社团活动特色

围绕评弹文化课程的开发,作为市级学生艺术团队的评弹社团担任起在全校范围内评弹知识的普及、江南民谣的创作、传唱的职责。

社团近几年来在社会上取得较大知名度,如屡获全国少儿曲艺大赛、历届上海市少儿曲艺大赛优秀奖项,"上海市学生戏剧节"市级学生艺术团优秀展演一等奖等。

5. 提升了教师评弹文化的育人能力

学校聘请资深科研专家全程指导,过程中,请课程专家、学科专家专项指导。充分利用校外专家的力量、发挥校内领导积极影响,为提升学校"评弹课程"建设的实施提供有力的保障。3年多来,学校领导经常深入课程建设第一线,通过听(聆听教师交流)、观(观摩课堂教学实践)、审(审阅教师编写的教材、备课教案)、谈(与学生、教师座谈,反馈),准确把握课程建设中教师的专业需求,不断优化教学管理,创新机制,营造有利于促进学校长足发展的环境和氛围,使更多教师积极主动投身于校本课程研发建设工作。学校领导的课程执行力、教科研水平也有明显提升。

评弹文化校本课程建设让每一位参与的教师用其所长,给教师搭设舞台,"教师成就项目,项目提升教师",这种项目与教师的有机整合,便是课程质量不断提升的源泉所在。校本课程团队按时开展教学研究活动,不断探索开发校本课程规律,努力提高校本课程教师的理论与教学水平,在搞好教研活动的同时,积极组织教师参加培训学习、外出参观考察等活动,创建了一支素质高、信心足、热心参与校本课程开发的教师队伍。课程开发赋予了教师一定的自主权,为教师提供了发挥创造性的空间。教师不仅是课程的实施者,更是课程的设计者。参与研究的几位教师编写出的校本教材内容图文并茂,有介绍、有欣赏、有讲解、有操作,有理论的支撑,有方法的指导,具有很强的适用性,满足了学生发展和应用的需要。

（二）研究成效

1. 思想认识提升

评弹文化兼容并蓄,务实求真的特色在课程实施过程中明显体现。本校教师对评弹文化从初始的知之甚少,到主动汲取评弹文化的思想精华和道德精髓,将优秀传统文化的核心思想理念、传统美德转化为自身坚定的信念。学校搭建起文化名人与教师共同参与的活动平台,使广大师生感受优秀传统文化魅力,珍视优秀传统文化,增强文化自信和文化自觉,同时在潜移默化、润物无声中提高学生素养,使教师成为优秀传统文化的传承者、文化基因的弘扬者、文化自信的践行者。

2. 教学理念转变

本课题的研究让教师走出知识传授的传统教学模式,树立"文化育人"的教育理念。建立了有学科依托、有校本课程支撑的特色平台,着力引导师生接受中华优秀传统文化滋养,以文化滋养心灵,文化涵育德行,在文化传承创新中增强文化自信。

3. 教学方法变革

评弹文化校本课程建设促进教师转变教学方式,促进教师提高教学潜力,通过评弹文化特色熏陶学生,评弹文化精髓感染学生,以静态的课程资料和动态的活动课程整合,实现教学方式由注重结论的"传承式、灌输式"转变为注重过程的"探究式、互动式"。基础型课程以点带面,注意融入学科内容;拓展型课程引领拓展,注重体验式感悟;探究型课程开放设计,注意深化课程内涵。教师们尝试改变了传统的教学方法,选择更能贴近学生身心特点,更能贴近评弹文化内涵,更能贴近教材内容的方式引领学生学习。

4. 教师能力提高

"评弹文化"课程建设为教师能力提升搭建了平台。教师们实现从初期课程内容搜集、筛选、整理、编撰材料的过程中,资料的缺乏、内容的或分散或零星或繁杂,不够系统,编写的前后逻辑关系难以理顺等困难重重,到初步具备编写吴越教材的能力;从课堂学生的喜好、接受程度的不同,课程评价的瓶颈等诸多问题需要解决,到教师具备执教评弹文化课程、在课堂中拓展评弹文化的能力;从初步感知评弹文化,到将文化内化为个人素养,提升评弹文化鉴赏能力的转变。教师们编撰校本教材的能力，对传统文化的鉴赏能力，教学实践的执行力都有了提升。

5. 教学效果优化

（1）深化学生认识评弹文化的感悟

将评弹文化海纳百川、聪慧机敏、经世致用、敢为人先这些特色融入课程，促进学生对评弹文化的了解、认同，提高学生的文化修养，提升综合素质。我校毕业的杨潭飞同学，自幼对传统文化有浓厚的兴趣爱好，在古诗词阅读上有丰富的积累，学校开设的评弹文化课程更是让他如鱼得水，对传统文化有进一步的拓展，从课程内容的拓展学习，到小课题的组织探究，能看到他不断地成长，成为"上海市红领巾理事会理事""上海市第四届志愿者协会理事""长宁区红领巾理事会副主席"。

（2）丰富学生投入评弹文化的情感

"评弹文化"校本课程的建设提供了一个适合学生需求、适合学生接受的途径和方法，焕发学生学习中华传统文化的热情。开发和实施"评弹文化"校本课程，丰富了学生的精神生活，增强了对评弹文化的情感，这对提高学生人文素养、促进学生的全面发展也具有深远的意义。如我校郭同学在刚进入初中学习时，各项行为习惯明显存在缺陷，是名副其实的问题学生，班主任发现他在接触体验式的评弹文化校本课程时，兴趣浓厚，有意识地引领他去阅读吴越名人的事迹，让他有机会站上舞台演唱评弹作品，随着4年的熏陶培养，初三时他已经成为师生心目中明理有能力的一名学生。近年来学校学生增强了对评弹文化的情感，集体荣誉感明显提升，行为规范化，班集体获得多项市区级荣誉。

学生们在参与评弹文化课程中，充分发挥了主观能动性，学习经历不断丰富。有时会为了一则故事、一个选题而争论；有时会为某个话题的火花闪现而欢欣；有时也会为了展示某个技能而各献绝技，展示自己的思维方式。这样一些实践活动，造就了一批寻觅者、探究者，学生从初期的懵懂而纯粹的模仿，到后来的大胆而创新的创作，同学们在学习中传承评弹文化。

（3）培育创新评弹文化的新型人才

评弹文化走进课堂，通过对评弹文化的接触、学习、研讨为创新做铺垫。通过培养思辨思维，让学生在学习传统文化时吸收其精髓，剔除其糟粕；吸收借鉴优秀传统文化，为创新奠定扎实的基础；营造生动活泼的文化氛围，培育新型人才。

6. 成效辐射影响

本课程发挥"沪港交流"优势，让评弹文化走出地域限制。我校创设"姚中学生有机会赴香港交流"的条件，每年组织师生赴香港交流并接待香港姚连生中学师生来访。当传统评弹文化结合时代特色发挥魅力时，沪港两地的学生都被传统文化内涵所深深吸引，知识早已突破地域限制的围墙，浸润到每个想要学习的学生心中。姚连生中学代表团赴香港，带着中国梦，带着评弹文化，成为传播的使者。

姚连生中学开展以传播评弹文化为核心的宣传活动，通过网络平台、移动终端、数字媒体平台等充分展示优秀课程资源。经过区教育局推荐选拔，一年一度的教育博览会，学校电视宣传片，市区各级竞赛、社区活动组织都能看到姚中师生的身影。"唐宋吴韵"评弹校本课程，由上海评弹团推广到全国表演，评弹文化课程不仅得到学生、家长的认同肯定，也获得社会的认可与赞扬。

五、创新之处

在项目的创新方面做了努力的开拓。以"评弹"为龙头，扩展成为"吴越文化"的课题研究，开展了丰富多彩的系列性主题教育活动，例如在语文古诗词的学习中用评弹的曲调演唱，吴侬软语与古诗蕴意相结合；用评弹旋律创作校歌，既传播古典传统文化，又使评弹的演唱有了新意，不局限于传统唱段。

本课题的研究打开了新时代学校传承中华文化的新视角，拓展了学校弘扬中华文化的新思路；形成了以评弹文化为载体创建校本课程的机制与路径；编制了充分体现以中华文化为精髓，以评弹文化为内涵的校本教材；构建了以评弹文化为核心的育人方式。在培养具有爱国情操、民族精神的一代新人方面有了重要突破，为培养初中生的核心素养，早日成才打下重要的基础。

课题以评弹文化为载体，弘扬了中华优秀文化的精神；课题以校本课程为基础，传递了民族文化；课题以校园文化为氛围，深入了育人树魂。这样的研究思路、路径、策略、操作、评价具有极大的创新性，具有实施的可操作性，具有重要的价值。

分层理念下多渠道艺术学习体验的评价思考

上海市天山初级中学　汪　微

一、研究概况

（一）研究的背景

1. 目前我国艺术学科评价片面，未成系统

（1）由于应试教育的影响，艺术学科作为非考试类学科，与学生的升学无关，因此并没有得到师生的重视。

（2）艺术教师在学习评价的内容和方法上存在着随意性、单向性等不科学的评价方式和手段，不能科学而全面地反映学生的真实水平。

（3）学生的艺术学习潜力并没有得到充分挖掘，艺术体验渠道单一。

2. 国家对艺术学习评价提出更高要求

（1）2014年国家教育部出台的《教育部关于推进学校艺术教育发展的若干意见》中提出，要建立中小学学生艺术素质评价制度。

（2）依据普通中小学艺术课程标准和中等职业学校公共艺术课程教学大纲，组织力量研制学生艺术素质评价标准、测评指标和操作办法，2015年开始对中小学校和中等职业学校学生进行艺术素质测评。

3. 国内在初中生艺术学习多元评价方面的研究较为薄弱

（1）目前国内在初中生艺术学习多元评价的方面的研究几乎处在空白阶段，仅有少量关于美术、音乐学科方面的评价著作。

（2）对本课题研究具有很强参考价值的仅有华东师范大学艺术学院教育硕士卢琰《初中生音乐学习多元评价模式的实践研究》和罗杰林《新课标下的音乐评价》。

（二）概念界定

分层理念：指基于学生学情、个体个性、能力水平而确立的具有针对性的观点。

多渠道：指多种形式、多样平台。

艺术学习体验：指感受、参与艺术的各类活动展示竞赛等。

（三）研究目标

在校内创设多角度的艺术实践体验学习平台，培养学生对艺术学习的兴趣；对于学习能力不同的学生采用激励性的分层评价模式，以发展的眼光为学生量身定制评价标准，激发学生的艺术学习内驱力；出台学生校内艺术学习体验评价表，关注学生日常艺术学习动态。

（四）研究内容

把开展艺术学习的渠道延展至课外，通过社团展示、拓展课程、媒介宣传、校园节日、各类竞赛、艺术观摩活动等为学生创设多渠道的学习体验平台，从而在潜移默化中提升学生对艺术学习的兴趣，加大其艺术学习的内驱力。

1. 研读课标，形成艺术学科过程性评价指南，形成分年级评价标准。
2. 针对学生参与艺术活动的态度与频率，开展激励性评价活动。
3. 针对学生的不同艺术特长及兴趣，创设个性化的展示平台。

（五）研究方法

1. 行动研究法：不仅立足日常的艺术课堂，而且把开展多元评价的渠道延展至课外，为学生创设多元的艺术学习体验平台。
2. 经验总结法：在实践的过程中，不断总结经验、提炼方法，形成较为全面而科学的艺术学习体验评价表。
3. 案例研究法：选择有代表性的、有实效的案例，进行研究和推广，积累经验和探求规律。

（六）研究过程

1. 明确任务，落实分工，达成共识

为了能更有效地开展课题研究，我们课题组落实了分工，明确了任务，达成了共识，完善了研究计划，形成了以编撰艺术评价指南及艺术学习评价的案例为主要方向的研究。

2. 专家指引，理论检索，提高认识

为了牢牢把握住课题研究的方向，有效扎实地推进课题研究，课题组与校教科室紧密联系，通过骨干学习班、组内研修、教职工学习、聘请资深专家等形式提升研究团队老师们对开展初中生艺术学习评价的理性认识和研究水平。

3. 同伴互助，实践探索，提高效能

为提高课题研究的效能，集思广益，我们经常与区学科带头人项目组一起,进行理性的探讨、手法的切磋、教学的研讨等,探索具有一定艺术育人价值目标的评价的具体内容和方式方法。同时通过跨区交流学习,吸收他人的先进经验,提升整个研究团队的学术理念和研究能力。

二、研究成果

(一)针对学生的不同学习能力,形成艺术学科学业过程性评价指南、分年级评价标准

教学评价是教学活动的一个重要环节,为打破以往艺术考试内容与形式的单一,提升学生对学习艺术的兴趣,纵向、多元、多角度地评价学生,为学生的终身发展奠定基础,本组基于课程标准,从"学习兴趣""学习习惯""学习策略"和"学业成果"等4个维度设计评价内容和观察点。

1. 评价理念

强调实践、注重能力、着眼整体、重视发展、承认差异、切实可行;在评价方式上注重过程,采用自评、互评等多种评价方式,以培养学生自信心,挖掘学生内在潜力为主要目的。

(1)全面了解学生学习的过程,帮助学生认识自己在艺术学习上的长处和不足。

(2)用发展的眼光,把握学生的进步和发展,真实地反映学生学习的成就和进步,激励和促进学生的艺术学习。

(3)使学生形成正确的学习预期,形成对学习知识的积极态度、情感反应和价值观,帮助学生认识自我、树立信心。

2. 评价框架

(1)感知与鉴赏

能够认真学习艺术学科的基础知识,有欣赏艺术的兴趣,能专心聆听,积极思考,勇于表达。

表1 模块学生学业过程性评价框架(一)

评价维度	评价要素	评价内容	观察点
学习兴趣	指向性	懂得分享 正确审美	乐于与他人分享自己喜爱的艺术作品
	情绪性		喜欢上艺术课,自觉主动做好课前准备(学具携带情况良好)
	动力性		有主动探寻各类艺术欣赏途径的意识(例如:视觉、听觉艺术活动与展览)

(续表)

评价维度	评价要素	评价内容	观察点
学习策略	认知策略	倾听与理解	听讲专注,善于独立思考,领会作品内涵
	资源管理策略	时间管理	善于灵活利用碎片时间
		寻求支持策略	善于向同伴学习,勇于向老师请教
学习习惯	课前	发现美的习惯	留心观察日常生活,挖掘各类视觉听觉艺术元素
	课中	感受美的习惯	视觉上观察细致,听觉上感知敏锐,勇于表达自己的观点
	课后	分析美的习惯	有较强的旋律感、节奏感、音乐色彩感;理解视觉要素的构成规律
学业成果	过程性成果	艺术经历	课内外积极主动参与各类艺术活动,并怀有多元心态
	终结性成果	辨识审美	有独立的审美态度,形成批判性的审美思维
	自主拓展成果	主动分享	学会用各类技术手段主动学习,并积极分享

(2) 表现与创造

有表现的欲望与积极性,善于与他人合作,能运用所学的艺术知识健康个性地表达。

表2 模块学生学业过程性评价框架(二)

评价维度	评价要素	评价内容	观察点
学习兴趣	指向性	善于合作勇于展示	积极参与课堂艺术实践与展示
	情绪性		喜欢上艺术课,按时用心完成作业
	动力性		乐于参加课内外艺术实践活动,敢于尝试各类艺术表现形式,积累多元体验
学习策略	认知策略	模仿与再现	听讲专注,把握艺术学科语言,对听觉、视觉艺术作品的再现具备一定准确度
	资源管理策略	时间管理	善于灵活利用碎片时间
		寻求支持策略	善于向同伴学习,勇于向老师请教

(续表)

评价维度	评价要素	评价内容	观 察 点
学习习惯	课前	记录美的习惯	能结合所学多看、多画、多听、多唱……增加艺术知识储备
	课中	实践美的习惯	能够按照教师要求用心完成各类艺术实践（例如：模画、创作、模唱、改编……）
	课后	应用美的习惯	运用艺术的学科语言，能够准确地将自己的想法健康准确地进行艺术表达
学业成果	过程性成果	学习态度	按教师要求携带学具，作业按时保质完成
	终结性成果	作品呈现	作业中艺术学科语言运用得当，勇于展示
	自主拓展成果	深入延展	校内外各类艺术竞赛获奖、多渠道社会舞台展示交流

3. 评价实施建议

（1）评价目标和内容

六年级：侧重于学习习惯的培养。要培养学生学会静心、听讲专注、勇于尝试。

表3　六年级艺术学科学生学业过程评价表　　任课教师：_____

评价维度	观察点	学生自评	学生互评	教师评价	家长评价
学习兴趣	喜欢上艺术课				
	上课积极主动举手发言				
	主动参与交流讨论				
学习策略	静心学习				
	勇于尝试				
	遇到困难能主动向老师请教				
学习习惯	按教师要求携带艺术学具				
	练习主动				
	听讲专注，反馈积极				

(续表)

评价维度	观察点	学生自评	学生互评	教师评价	家长评价
学业成果	作业完成情况及学期检测				
	参与校内外艺术类竞赛获奖				
	参与校内外艺术活动展示经历				

七年级：侧重于独立思考能力的培养。初步掌握艺术学科语言，能选用个性化艺术用具，善于与同伴分享艺术知识。

表4　七年级艺术学科学生学业过程性评价表　任课教师：_____

评价维度	观察点	学生自评	学生互评	教师评价	家长评价
学习兴趣	喜欢上艺术课				
	参与课堂讨论积极				
	初步形成主动探寻各类艺术欣赏途径的意识				
学习策略	具备独立思考能力				
	在老师的引导下，初步把握艺术学科语言				
	善于和同伴学习分享艺术知识				
学习习惯	能够按照教师要求认真完成各类艺术实践（例如：模画、创作、模唱、改编……）				
	能个性化选用艺术学具				
	勇于表达自己的审美观点				
学业成果	作业完成情况及期末检测				
	参与校内外艺术类竞赛获奖				
	参与校内外艺术活动展示经历				

八年级:侧重于加强主动探寻艺术的意识。培养学生在生活中积累艺术素材,并且能够灵活运用,能够主动寻求不同的途径进行艺术的学习。

表 5　八年级艺术学科学生学业过程性评价表　任课教师:_____

评价维度	观察点	学生自评	学生互评	教师评价	家长评价
学习兴趣	喜欢上艺术课				
	能够深入课堂讨论				
	主动探寻各类艺术欣赏途径的意识增强				
	乐于参加课内外艺术实践活动				
学习策略	善于灵活运用碎片时间,把握艺术学科语言				
	对听觉、视觉艺术作品的再现具备一定精准度				
	乐于和同伴分享与互相学习				
学习习惯	在日常生活中,善于积累艺术素材				
	自我提升旋律感、节奏感、音乐色彩感				
	灵活应用视觉要素的构成规律				
学业成果	作业完成情况及期末检测				
	参与校内外艺术类竞赛获奖				
	参与校内外艺术活动展示经历				

九年级:侧重于健康审美的树立。不仅要敢于尝试不同的艺术表现,还要学会健康准确地表达。

表6　九年级艺术学科学生学业过程性评价表　任课教师：_____

评价维度	观察点	学生自评	学生互评	教师评价	家长评价
学习兴趣	喜欢上艺术课				
	按时用心完成作业				
	敢于尝试各类艺术表现形式				
	积累多元体验				
学习策略	能恰当地把握艺术学科语言				
	善于积累,有自己的学习方法				
	对听觉、视觉艺术作品的再现准确度高				
学习习惯	视觉上观察细致				
	听觉上感知敏锐				
	运用艺术的学科语言,努力将自己的想法健康准确地进行艺术表达				
学业成果	作业完成情况及期末检测				
	参与校内外艺术类竞赛获奖				
	参与校内外艺术活动展示经历				

(2) 评价方式

根据各年级的具体情况采用教师点评、学生自评互评、家长参与过程性评价。

目前,我校已经开始实施过程性评价工作,通过学生的自我评价、同伴的互相肯定、家长的督促与期望、老师的鼓励与支持,学生的艺术学习积极性大大提高,由于评价针对性强,且学生是站在自己角度纵向对比自己,能够明显地感受到自己的点滴进步,于是自信心也开始逐步建立起来,为他们今后的终身艺术学习奠定了基础。

(二) 针对学生参与艺术活动的态度与频率,开展艺术学科项目活动

为了加强校园文化建设,促进学校艺术教育的发展,旨在丰富学生的课

余文化生活,提高学生艺术素养和整体素质,"着眼于学生一生的发展",培养学生学会审美、学会做人、学会做事,让学生在活动中体现参与、合作、自主及创造性的意识和过程,用丰富、多元、高雅的活动提升学校的艺术教育水平,让每一位学生成为艺术活动的主人,我们艺术组每学年都会设计一个活动项目,让学生参与其中,旨在让更多的孩子能够在多元的艺术活动中长见识、增素养。

2015 年主题——艺术大咖秀

- 校园歌手专场

    细则:参加初赛的选手,每人准备一分钟的清唱,由三位音乐教师对参赛者的音准、节奏、舞台表现力等做综合评判。如三位评委中有两位以上包括两位给予选手通过,则选手进入决赛。决赛选手需自选一首歌,完整演绎。参加决赛的歌手需自行下载伴奏音乐,也可以由石嘉、刘炯两位老师进行伴奏。在决赛中胜出的歌手将由艺术组进行重组和包装,结合"六一"活动,向全校师生进行展示。

- 海报宣传专场

    细则:各班组建 2~4 人的海报宣传团队。首先于 3 月 30 日中午参加海报设计讲座,而后各班分头设计制作以"校园歌手"为主题的海报,宣传本年级、本班级的参赛选手。于 4 月 6 日—4 月 30 日期间张贴于教学楼底楼大厅,由艺术组三位评委评选出最佳海报设计。

- 卡通人物设计

    细则:经决赛后,学校将诞生校园金牌歌手若干,学校将对这些歌手进行重组和包装,由学校动漫社的同学设计校园金牌歌手的卡通人物形象,在全校范围内进行推广和宣传。

- "六一"展示

    形式:结合"六一"开展文艺汇演。

- 活动评价

    校园金牌歌手会演及颁奖。

    各专场根据实际情况设定等级奖或专项奖。如:最佳设计、最佳色彩、最佳创意等。

    通过校报、校园网、校园展板、午餐文化等媒介为优秀艺术作品搭建展示平台。

2016年主题——艺术创意秀

● 合唱专场

　　细则：每班选择两首齐唱或合唱曲目。要求内容健康活泼，能够反映青少年积极向上精神风貌的歌曲。充分利用艺术课的时间进行学习和排练，各班艺术任课教师负责指导。

● 口风琴乐队专场

　　细则：每班演奏两首口风琴吹奏曲目，可以加入小型打击乐器及其他乐器进行衬托与辅助。指导教师充分利用艺术课时间进行辅导与排练。

● 创作抽象画专场

　　细则：在美术教师指导下，各班同学完成规定尺寸的抽象画创作。在各班合唱或口风琴曲目确定后，根据所选曲目主题，每人创作一小幅抽象画，最终将班级所有成员的抽象画拼成一大幅抽象作品，放在大厅展览。

● 活动评价

　　各专场根据实际情况设定等级奖或专项奖。如：最佳演唱、最佳吹奏、最佳设计、最佳色彩、最佳创意等。

　　通过校报、校园网、校园展板、午餐文化等媒介为优秀艺术作品搭建展示平台。

2017年主题——做最独特的自己

● 自画像专场

　　细则：在美术老师的指导下，全校学生在艺术课上以漫画的形式完成6厘米×6厘米自画像。之后配上统一大小的画框，张贴在底楼大厅。

● 拍摄最美笑容照片

　　细则：利用摄影拓展课程，抓拍同伴的笑脸。

● 音乐教师原创校园歌曲

　　细则：根据学生的所思所想，由教师原创校园歌曲，在全校推广。

● 信息处制作微笑主题短片

　　细则：根据学生抓拍的笑脸照片，制作成微笑主题短片，背景音乐为教师的原创校园歌曲。

● 活动评价

　　把学生自己的艺术作品在校园底楼展出；把微笑主题短片导入校园数字媒体中，循环播放。

这些多姿多彩的艺术项目活动，全部是由我校艺术组 6 位老师群策群力构思设计出来的。既有个体项目，又有群体项目；既有视觉艺术，又有听觉艺术；既有校内展示，又有媒体推送；既有传统项目，又有创新内容，每一次焕然一新的活动设计都让学生欢欣雀跃。因为多元的展示平台让他们找到了更多的自信与快乐。而我们的评价也是如此多元，点燃了孩子们艺术学习的热情。

（三）以课程为核心，针对学生的不同艺术特长及兴趣，创设个性化展示平台

我校的办学理念为"健康第一，发展为本"。以健康理念引领，走学校优质发展之路，致力于培养学生成为"身心健康、品德优良、学力扎实、志趣尚美"的现代社会合格人才，培育学生健康人格，为学生的成人成才奠定基础。学校将健康理念融入课程建设，开发基于学校实际和学校办学特色的校本课程，以基础型课程为基点，形成以学科核心价值为统整的具有学校特征的拓展型课程和探究型课程，形成既有个性又有核心价值统一的课程体系。

学校有效利用现有教育资源，同时依靠本校教师、专家、领导与家长共同开发的原则，开发具有天山初中特色的校本拓展课程，以体现个体差异，全面育人的开发宗旨。目前形成了社会人文、数理科技、艺术生活、运动健康四大版块，共计 30 多门拓展型课程。这些校本化课程实施是实现学校办学理念和培养目标、发展办学特色的有效途径；校本化课程的实施更好地满足了学生的兴趣和需要，促进学生的个性发展；校本化课程的实施有效提高了教师的专业能力和课程开发水平。

其中，艺术生活版块课程是以引导学生感知美、表现美、创造美，形成包容的审美态度、提高艺术审美品位为目标的。基于音乐、美术、艺术、劳技这几门基础课程，挖掘教师个性特长，我校开设了"CG 绘画""舞蹈表演""电声乐队""软陶制作"等课程，为学生创设多样的艺术生活体验舞台，锻炼他们的动手能力、提升其欣赏艺术的水准，从而培养学生热爱生活的优秀品质。

以上，所列的 3 个课程"枫叶电声乐队""POP 美术字""CG 绘画"都是我校艺术类拓展课程，此外，还有"舞蹈表演""动漫创作""软陶制作""管弦乐团""艺术摄影""合唱艺术""口风琴吹奏"等艺术类课程，这些课程均是在基础课程的基础上加大了兴趣培养、技能训练的力度与强度，由于更加针对性的辅导，学生艺术素养提升更快。

图1 校艺术节活动剪影

在艺术节的舞台上,各个社团轮番闪亮登场,再加上基础课程中的艺术成果呈现,整个艺术节的舞台上,全校的四分之一的学生都作为演员在舞台上闪亮登场,赢得了台下一阵阵热烈的掌声。我们艺术组设计了最佳节目评选活动,共有5个节目当选为最佳节目,我们根据每个节目的特色,设定了电声乐团为人气乐队奖；舞蹈《青春剪影》获活力舞团奖；健美操《活力天山》获动感韵律奖；舞蹈《时间去哪儿了》获触动心弦奖；口风琴演奏《天空之城》获唯美和声奖。同时，我们也给每个演员设计了一张限量版的纪念卡，肯定他们的付出及在舞台上的出色表现。上面还有校长及总导演、舞美设计老师的签名，非常具有纪念意义，其实也是对学生演员的一种肯定与鼓励。这是特别而温暖的评价方式。

三、研究成效

在开展多元评价课题的过程中，我校出台了《学生学业过程性评价手册》，通过学生自评、互评、家长评价与教师评价4个版块，以每学期3次的频率给予学生鼓励性、针对性、基于学生自身进步成长的过程性评价。各年级均召开了家长会，解读了我校新出台的评价工作，获得了一致认可。此外，我们艺术组教师在开展过程性评价的过程中也进行了案例研究，其中刘炯老师写的关于舞蹈课程评价的案例《我为什么得了"良"》获得了市艺术科研论文一等奖；石嘉老师撰写的《从音乐"本本"族到"枫叶乐队的变迁"》获得了区"希望杯"叙事论文的三等奖；杨怡静老师撰写的《"讨论评价法"在美术教学中的实践探索》也在校报上刊登。值得一提的是，这3篇文章均发表在了《长宁教育》期刊上。此外，何晓骏老师和刘炯老师都在课题实施过程中参与了"长教杯"拓展课程的教学评比，均获得了一等奖的佳绩。在校本教材的编撰工作中，"软陶制作""数码摄影""CG绘画"等一系列艺术类拓展课程学材也应运而生。当

图2　学生学业过程性评价研究与实践

然,这只是我们一个阶段的研究成果——评价这个课题是应该动态地根据被评价者的改变而变化的——是一个值得持续深入研究的课题。

四、反思与展望

(一)教师工作压力与评价频率

过程性评价重点在于过程,就要求教师时刻关注学生,了解学生。如何在不过重加压的情况下,让老师们增加对学生评价的次数,值得我们下一步继续思考与实践。

(二)技术的改进与科学性

我们已经关注到了多元性的问题,也关注到了纵向评比的问题,如何把信息技术更好地融入评价课题,让评价更有实效、操作更便捷就成为下一阶段的目标。

第三辑 教育论坛

艺术教育"一条龙"项目建设之我见

上海市延安中学　孙丹青

2018年年底以来，国务院办公厅、上海市人民政府办公厅、上海市教委等机构相继出台《关于全面加强和改进新时代学校美育工作的意见》《关于加强本市中小学体育艺术工作的指导意见》《上海市中小学艺术工作管理办法》等文件，创造性地提出了《艺术教育"一条龙"项目建设的规划》。

文件规定，上海市每区必须将声乐、器乐（西乐和民乐）、舞蹈、戏剧（戏曲）及书画等5个项目建设成"一条龙"格局，由1所市实验性示范性高中作为"龙头"，2~3所初中组成"龙身"，4~6所小学组成"龙尾"，来整体布局艺术教育。每个区应建立3~5所龙头高中，每个龙头高中在规定的5个艺术项目内选择1~2个项目进行重点发展。

为此，艺术"一条龙"项目布局有很多使命：骨干招生、师资配备、课程建设、艺术实践、艺术评价、艺术团管理、场地建设、机制保障等，每一个触角都是一项课题，亟待我们去探索研究。这里笔者想撷取其中几项谈谈自己的想法。

一、关于艺术特色项目

"一条龙"项目建设实际上是特色项目建设，它既可以是课堂的特色课程（比如专项化课程），也可以是课外的特色项目。因为有特色，所以有龙头的责任担当。特色项目建设本是校园经营行为，但"一条龙"政策使校园的社团特色打造和区域的文化品牌创建融为一体。

在这样的革新举措与高阶思维下，笔者认为，首先，每一所艺术特色学校、市区实验性示范性学校以及有条件的学校都应该积极申报龙头学校，并且为了龙头项目的可持续发展，已经获批的龙头学校应该拥有包括骨干招生、师资配备、艺术实践、机制保障等各方面的系统的管理方法与运作模式，来展示龙头学校的艺术风范，并在市级比赛中保持持久的优秀。

其次,"一条龙"不仅要打造自身的项目品牌,更重要的是引领区域整体水平的提高。以前你只要管好自身,现在你要关注"龙身"与"龙尾",要进行资源的整合与师资的共享,让整条龙腾跃起来。比如上海市延安中学是民乐"龙头",因为历史悠久、成绩卓著(连续3年获得全国中小学艺术展演一等奖),被冠以"艺术特色学校""艺术特色项目"等众多荣誉,但这只是延安中学的荣耀,"一条龙"政策出台以后,延安中学要的就不仅仅是"延安"的这份荣誉,而是整个区域的荣耀,即一讲到"长宁",就跳出民乐的身影,使得长宁成为民乐的孵化基地,使得民乐成为长宁的艺术之花。这才是"一条龙"项目建设的终极目标和意义所在。

二、关于艺术课程

当今艺术教育越来越注重课堂与课外的融合,如果课堂教学是素质教育的主渠道的话,那么课外活动就是素质教育的主阵地。艺术教育"一条龙"显然是与艺术课程息息相关的,其项目布局不是横空出世的。早在2018年,市教委体卫艺科处就以"彩虹行动计划"之名,进行了包括舞蹈、影视、戏剧、戏曲等在内的上海市中小学艺术课程的项目改革,建立了大中小学美育协同的育人机制,并且酝酿了小学至高中"5+X"的"一条龙"结构布局。也就是说,从那时,教委领导已经在规划这场艺术革命了,并且将"一条龙"挂靠艺术课程改革项目。既然是课程,笔者认为:

首先,在承前启后、二期深入时期,龙头学校要着眼于新课改的选择理念,了解音乐、美术、艺术三位一体的新课程体系,根据区域环境与学校特色,来确定学校艺术课程。要领悟音乐、美术、艺术学科的课程性质与课程理念、核心素养与课程目标、课程结构与课程内容。这三门课程好比是戴在我们头上的一顶帽子,是最上位的课程。

其次,根据全国音乐、美术、艺术的必修课程的设置以及上海市艺术活动项目的设置,中小学可以根据学校特色与师资结构,架构以音乐、美术、艺术为主,舞蹈、影视、戏剧等为辅的美育课程体系、建设艺术专项课程。专项课程可以是音乐领域的音乐鉴赏、歌唱、演奏、音乐创编、音乐与舞蹈、音乐与戏剧,以及美术领域的"造型·表现""设计·应用""欣赏·评述""综合·探索"等专项或模块。各课程群力求靠近"一条龙"项目,以取得基本知识与基本技能的互相融合,体现以"审美感知、创意表达、审美体现、文化理解"的大艺术高度,达成"以审美和人文培养为核心"的课程目标。

由此可见,"一条龙"项目不仅仅是活动,它本身就是一门课程,即所谓的活动课程化。因此它也应该有与课堂工程一样的课程方案,注重课程目标的确立、课程内容的架构以及教学方法的设计。说具体点,特色项目应该以"艺术课程标准"为理论导航、以学校授课的要求为行为准绳,形成从"课程方案—教学指南—学科教本—授课教案"的纵贯式工作轨迹,唯有这样,才能体现"一条龙"项目建设的严谨与规范。这里,笔者不由得想起一篇材料,那是杨浦区少年宫的《上海市校外教育民乐项目课程指南》,写得真好!它几乎就是校外艺术教育的课程标准(当然,这项活动应该也是体卫艺科处的统一部署)。笔者想:杨浦的民乐搞得那么好,不就是因为他们不仅把民乐当活动在搞,而且还把民乐作为课程在建设。反观我们的"一条龙"项目,不也是如出一辙吗?

三、关于师资队伍

新的艺术课程体系或"一条龙"项目布局时需要新的师资队伍结构的。

首先,面对开设的艺术课程群与艺术专项化,学校要配齐配足师资力量,这句话以往听得很多,对它的理解往往是编制内的师资配给。而实际上"一条龙"的师资建设,我们可以做得更丰富到位。比如,可以在进编的同时,也可引进编外教师;可以是跨界教学,也可以跨校指导;可以是"龙头""龙身""龙尾"之间的师资运转,也可以是"龙身"外的专家援助。一句话,利用资源整合、优势互补等策略,来进行多元化、全方位的课程师资覆盖。

其次,面对课程群带来的大容量的知识与技能,市和区域应该加强师资培训,通过龙头学校总辅导员培训以及市级 8 个人文基地的实训,拓宽艺术教师的艺术认知、提高艺术教师的艺术技能,更好地为艺术基础教育服务,上海市首批龙头学校艺术总辅导员的培训就是市教委高屋建瓴的师资培训大动作。

再次,龙头学校应该有明确的培养艺术教师的目标与方向、要求与举措、绩效与评估,应该架构从艺术分管领导—艺术教研组—艺术教师的人才梯队。校领导要有培养人才的高阶视野;教研组要有利用数据解读教师、定身教师的责任;教师自己则要有生涯发展规划,努力锻造自己成为学科带头人或名优教师,在各级领导的关心下,他们不仅要拥有项目课题,还要拥有艺术工作室,更好地为"一条龙"项目服务。

关于"一条龙"的话题还有很多,如社团训练研究、教材编写研究、"一条龙"运作机制研究、评价方法研究等,2019 年上海市教委体卫艺科处发起的艺术科研项目申报活动,就有大批来自基层学校的"一条龙"课题,原因就是2018年年底,"一条龙"的龙头工作已经开始伸向全市各区,很多艺术特色学校闻风而动、纷纷响应。这绝对是一件大好事,说明大家第一,嗅觉灵敏;第二,行动自觉;第三,拥有基础;第四,祈盼发展。如今,这些课题从字面上虽然已经结题,但是笔者要说的是,我们的工作才刚刚开始,很多问题都可以形成课题,继续开挖、深入研究,直至水落石出、问题解决,到那时,上海各区将显现一派龙飞凤舞、龙跃凤鸣的艺术盛景!

最后,因为市教委在《关于开展中小学校艺术教育特色项目管理办法的通知》中提到,"一条龙"学校应由各区结合学区化、集团化办学的情况进行统筹安排。没错,剖析"一条龙"项目布局,就是"龙头"高中凭借艺术特色的高阶优势,携手区域同类项目的"龙身""龙尾"学校共同发展,它所带来的最大化效益就是区域艺术特色项目的整体提升,是我们长宁教育综改所提出均衡教育("抬底")与特色打造("攀高")在艺术教育领域的实践体现。

所以笔者想借用长宁区教育局熊秋菊局长的一句话,发挥性地展望一下我们的艺术教育"一条龙"——让学区化集团化始于"校际联动",行于"资源整合",成于"学生发展"。

基于初中生艺术素养学业评价的实践探索

上海市复旦初级中学　王世明

根据《教育部关于推进学校艺术教育发展的若干意见》，2018年3月上海市教委印发的《上海市进一步推进高中阶段学校考试招生制度改革实施意见》的通知中明确，为引导学生认真学习每一门课程，避免过度偏科，将艺术（包括音乐和美术）等科目，纳入初中学业水平考试。

教育部印发的关于《中小学生艺术素质测评办法》等3个文件的通知中要求：学生艺术素质测评应遵循艺术教育规律，坚持科学的教育质量观，既关注学生艺术课程学习水平，也关注学生参与艺术实践活动的经历；既关注学生的学习成果，也关注学生的学习态度；既关注对学生的基本要求，也关注对学生的特长激励。

一、初中生艺术素养学业评价的内容架构

艺术素养是关于艺术的认知、体验与创造的素质和修养，它包括艺术的兴趣、态度以及日常生活中参与艺术的程度；具有的基本艺术常识和对艺术的认识和理解；对艺术的欣赏体验程度、对艺术的批评能力、艺术创作的能力等。

根据学教育部关于《中小学生艺术素质测评办法》《上海市中学艺术课程标准（征求意见稿）》《上海市初中艺术学科教学基本要求》等精神，初中阶段的学生艺术素养学业评价应从情感态度、学科学业、实践能力等三方面，构成具有校本化指导意义的评价内容体系。即：

（一）从学生艺术学习的行为习惯、学习态度、学习参与、学习任务完成等方面落实情感态度方面的指标。

（二）从学生艺术学科学习的艺术语言、审美实践、艺术文化的积淀等方面落实具体的学科学业方面的指标。

（三）从学生自主参加校内外拓展性艺术学习、群体艺术实践活动的参

与、校内外艺术实践活动及个性特长等方面,落实实践能力方面的指标。

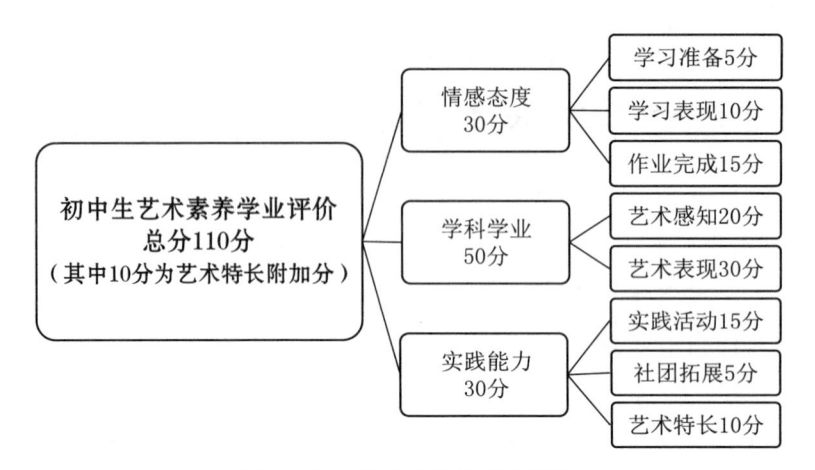

```
                                        ┌─ 学习准备5分
                          ┌─ 情感态度30分 ├─ 学习表现10分
                          │              └─ 作业完成15分
初中生艺术素养学业评价       │              ┌─ 艺术感知20分
总分110分                 ├─ 学科学业50分 └─ 艺术表现30分
(其中10分为艺术特长附加分) │              ┌─ 实践活动15分
                          └─ 实践能力30分 ├─ 社团拓展5分
                                        └─ 艺术特长10分
```

图1　初中生艺术素养学业评价

依据教育部《中小学生艺术素质测评办法》《上海市进一步推进高中阶段学校考试招生制度改革实施意见》等要求,艺术(音乐、美术)等学科以"优秀、良好、合格、不合格"4个等第,由学校根据本市课程标准要求和学生平时表现,综合评定其考试成绩予以呈现。其90分以上为优秀,75～89分为良好,60～74分为合格,60分以下为不合格。其中优秀率控制在15%～20%,良好率为50%左右,合格率为30%左右,不合格率控制在5%以内。

二、初中生艺术素养学业评价的实践探索

(一)基于初中生艺术素养"情感态度"维度评价的实践

艺术学习中的情感态度,指的是日常学习过程中的表现、所取得的成绩以及所反映出的情感、态度、策略等。

初中生"情感态度"维度评价,笔者认为可以从以下几个观察点进行考察。

1. 学具的准备

由于上海市初中艺术教材用的是循环教材,因此学具准备可以根据艺术学习"内容与要求"中所建议的课堂中用到的小乐器的携戴情况、美术设计用到的笔等工具,观察他们的学习准备情况,以形成良好的学习行为和习惯。

2. 学习表现

主要从学生上课积极参与互动等方面进行观察。比如上课能回答问题、能积极举手问题,回答的问题又能比较切题,单元学习活动的参与度等,对于负面的,有影响大家学习的,要提出改进的措施,以形成良好的学习态度。

3. 作业完成

主要从单元作业的完成情况、参与度等方面观察。作业可以是个体性的,如演奏、演唱、美术设计等,也可以小组合作完成的作业,如问题的探究,合作性艺术表演,合作性美术设计等,以检测学生对所学内容的巩固、运用、拓展和教学目标的达成结果。

具体操作中,笔者觉得采用"过程性艺术学习评价表"比较方便实用,即采用一班一档案袋,一组一表、一人一列,由小组长记录的形式,呈现过程性评价。

表1 初二艺术学习小组评价表

2017学年第一学期初二( )　艺术学习小组过程性艺术学习评价表

姓名　学号　姓名　学号　姓名　学号　姓名　学号　姓名　学号

单元	周	课	学习准备	学习表现	作业完成	学习准备	学习表现	作业完成	学习准备	学习表现	作业完成	学习准备	学习表现	作业完成	学习准备	学习表现	作业完成	备注
社会——第一单元滋养艺术的沃土	1	第一课 历史画卷																2-23—2-24
	2																	2-26—3-2
	3																	3-5—3-9
	4																	3-12—3-16
	5	第二课 劳动礼赞																3-19—3-23
	6																	3-26—3-30
	7																	4-2—4-6
	8	第三课 民族摇篮																4-9—4-13
	9																	4-16—4-20
	10																	4-23—4-27
……																		

说明:学习准备用√或/表示,　其他都用:A、B、C、D。

实践中笔者也尝试了"班级优化大师"记录呈现"情感态度"维度评价,感觉效果也不错。

"班级优化大师"是针对学生课堂行为管理的软件,专注K12阶段课堂教育,提供高效班级管理策略,创建积极活跃课堂氛围。它可以调动班级的学习氛围,并带来游戏化的师生互动教学体验;还能通过加减分进行角色升级,让孩子爱上课堂;多元化评价,捕捉学生闪光点;报表自动生成,课堂表现一目了然。

(二)基于初中生艺术素养"学科学业"维度评价的实践

艺术课程是面向全体学生的基础型课程,因此,对学生"学科学业"的评价是学生综合艺术素养评价内容的重要方面。

依据《上海市初中艺术学科教学基本要求》，笔者认为对学生"学科学业"的评价可以从"感受与鉴赏""理解与掌握""表现与创作""合作与分享"4个角度进行观察，即围绕掌握艺术要素、形式结构、流派和风格特点等基本知识，体会各门类艺术的共性和个性特征，掌握门类艺术的基本技能与技法，并能综合运用等方面，并就单元学习与评价方面的内容所达到的水平程度，单元活动的设计、单元作业的设计与开发进行建构。

学生"学科学业"中的"艺术表现"评价的观察点，笔者认为可以从艺术学科的单元活动、单元作业及学生完成实际任务如艺术表演、艺术创作等方面进行考察，即单元活动的参与度、单元作业的完成度、艺术表现的成就度等。

为了把握学生对艺术语言、艺术人文的感知、理解、掌握度，采用测试的方法，检测学生的艺术感知度。比如通过信息技术，如"网班技术""问卷星"等，设计有效的问卷测试，进行考察。

实践中曾尝试运用"网班技术"，设计了在"线微课/测验"（见图2），觉得这种办法有效可取，操作简单，方便统计。

图 2　线微课/测验二维码

（三）基于初中生艺术素养"实践能力"维度评价的实践

审美实践能力是构成中学艺术学科素养的核心能力。社会艺术实践是艺术课堂教学的重要延伸及拓展，是整个艺术教育教学的重要组成部分，具有其他任何教学形式所不能替代的功能和作用，是提高学生艺术素养，增强艺术实践能力的一个重要环节；同时也是指导学生理论联系实际，培养学生综合素质与创新意识的重要途径。

笔者认为，学生艺术"实践能力"的评价可以从学生艺术类拓展型课程、艺术社团活及学校搭建的各种艺术实践活动的参与度等方面进行考察。

这就需要学校充分利用现有有效的教育资源，依靠本校教师、校外艺术教学专家、家长等，开发具有学校特色的校本艺术类拓展型课程，以体现个体差异，尽可能满足学生个性发展的需求。

同时学校应依托艺术课程的内容,在视、听、画、演、创等过程中,精心组织多样化的校园艺术实践活动,丰富学生艺术实践的经历。

笔者认为,校园艺术实践活动应既有个体项目,又有群体项目;既有表演艺术,又有造型艺术;既有校内展示,又有媒体推送;既有传统项目,又有创新内容,因为多元的实践展示平台能让学生找到了更多的自信与快乐,点燃孩子们艺术学习的热情。

三、初中生艺术素养学业评价的实践成效

通过近几年来对初中生艺术学习多元评价的实践研究,笔者感到,学生的艺术素养有了明显的提升,很好地达成了艺术学科学业的目标。

(一)学生艺术学习"情感态度"的改变

初中生艺术学习多元评价"过程性艺术学习评价表",尤其"班级优化大师"的推出,改变了学生以往的学习态度,学生艺术学习的行为习惯、学习态度都有了明显的改善,表现为学生们都能很好地携戴好学习用具,上课举手发言踊跃,单元教学活动中主动参与度增强,单元学习作业也能及时很好地完成。

(二)学生艺术"学科学业"的重视

艺术"学科学业"纳入学业考试,提升了学生对艺术"学科学业"重视度,同时在"互联网+教育"这样一个的现代教育教学的理念下,基于"网班教育技术"平台下开发的艺术学习与测试微课程,提升了学生艺术学习的兴奋点,激发了学生艺术学习的兴趣,学生对艺术的感知能力大大提升,表现为学生能调动多感官积极参与艺术感受,能用艺术语言描述自己的艺术感受。

(三)学生艺术"实践能力"的提高

将学生艺术"实践能力"纳入学生艺术综合评价,学生群体艺术实践活动的主动参与性高了,参与面广了;群体艺术实践活动中的层层展评,使得学生艺术表现与创作的能力得到了充分的发挥;无论是基础型课程还是拓展型课程,通过阶段性的评价,促进了学生个性化演唱、演奏、美术创作设计水平的提高。

笔者认为,以发展的眼光评价学生,是艺术学习评价的核心。因此,我们对学生艺术学习的评价,既关注了学生掌握艺术知识技能的情况,又关注了学生的学习兴趣、学习习惯、学习方法和观察、思维、想象、联想的能力,更重要的是,重视了对学生的独立自主性、自觉能动性、积极创造性等方面的评价。在评价中我们强化了评价的诊断、发展功能及内在激励作用,弱化了评价的甄别与选拔,学生的综合艺术素养由此得到了很好的培育。

"GKJE"软件综合应用的音乐教学方法初探

上海市天山初级中学　汪　微

"GKJE"是 4 款分别由 GoldWave、360 软件、字节跳动、一唯科技出品的音频视频编辑软件。"G"代表 GoldWave 软件、"K"代表快剪辑软件、"J"代表剪映软件、"E"代表 EV 录屏软件。整合这 4 款软件并应用于教学可以凸显课堂的直观、生动、高效的优势。本文就音乐课综合应用 4 款软件提供了可借鉴的操作方法,可有效提高音乐课堂的学习质量。

一、空中课堂

突如其来的疫情把课堂从线下搬到了线上,空中课堂由此应运而生。本人也有幸参与了音乐学科空中课堂的录制。在前期备课磨课的过程中,深刻体会到要在电视上呈现一堂优质的课,教师除了要有良好的音乐素养、清晰的教学逻辑外,现代信息技术的掌握非常必要。特别是音频视频的编辑能力已然成了音乐教师的必备能力。

二、课标要求

音乐课程标准提到,音乐课的基本价值在于通过以聆听音乐、表现音乐和音乐创造活动为主的审美活动,使学生充分体验蕴涵于音乐音响形式中的美和丰富的情感……为其终身热爱音乐、热爱艺术、热爱生活打下良好的基础。而充分利用现代信息技术,精心设计课堂审美活动,让学生为音乐所表达的真善美理想境界所吸引,并与之产生强烈的情感共鸣就是一种行之有效的教学策略。

三、教学现状

目前,还是有很多线下音乐课堂存在着重难点不突出、教学素材陈旧、教学方法单一、课堂容量小等不尽如人意的现象。其实,这些不足完全可以通过一定的信息技术来解决。通过音频视频的下载编辑,让课堂呈现与时俱进、精练生动、高效的景象。

四、认识

为了呈现更精彩的课堂,各类编辑软件走进了教师视野。在多元的选择面前,经本人实践,GoldWave、快剪辑、剪映、EV 录屏这 4 款软件(简称"GKJE")的综合运用基本可以达成课堂所需,完成所有的音频视频的下载剪辑功能。整合这 4 款软件并应用于教学可以凸显课堂的直观、生动、高效等优势。在选择软件时,首先要考虑以下 3 个原则。

(一)针对性原则

对于软件的选择,教师最先考虑的是其针对性。要处理音频则用音频编辑软件,要剪辑视频则用视频编辑软件,要下载相关素材则用录屏软件,目标要明确。

(二)功能性原则

选择软件要考虑其功能性。比如软件中除了基本的剪辑外,有没有音频的转调、渐强减弱、视频的淡进淡出、加入字幕、呈现画中画等功能,使处理后音频视频更加生动、精炼、清晰。

(三)便捷性原则

另外,软件的选择要趋向其操作的便捷性。界面简洁一目了然,图标清晰易懂,操作简单一学就会才能被广大教师所认可。在多元的选择空间里,面对同样功能的软件,操作越简单越受大家欢迎。

五、策略

(一)"E"——EV 录屏软件实现了教学素材的多元选择

老师们在搜索相关视频、音频素材的时候,一般先打开浏览器,输入关键词。然后逐条点开筛选。好不容易遇到合适的影音素材想要下载时,往往会

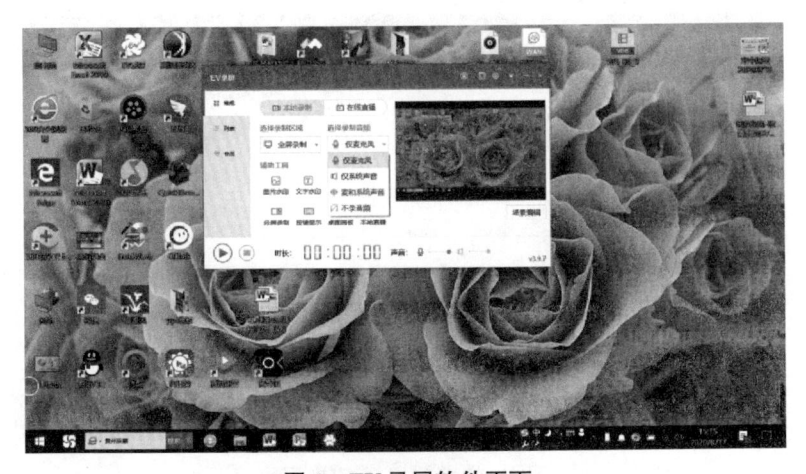

图 1　EV 录屏软件页面

跳出收费页面，或提示你下载专门的 APP。的确，各个网站都有其独家精选影音资源，你不可能在一个网站上搜索到所有你需要的资源。但是，下载那么多的 APP 既费时也费力，常常还需要转格式才能插入 PPT 中。其实，EV 录屏软件就可以把所有的难题都解决。如果老师觉得某个素材好，可以在浏览时，把录屏软件打开，那么整个影音素材就可以录制下来。而且下载后格式也不需要转码，非常实用。

（二）"GK"——GoldWave 和快剪辑实现了教学重难点的有效凸显

一节音乐课的容量非常有限，要突出重难点必须精选内容，要把课上学习的作品截成若干主题片段进行详尽地分析。本人常用的音频剪辑软件就是 GoldWave。打开软件后，把所需要处理的音频直接拖入处理框，然后通过

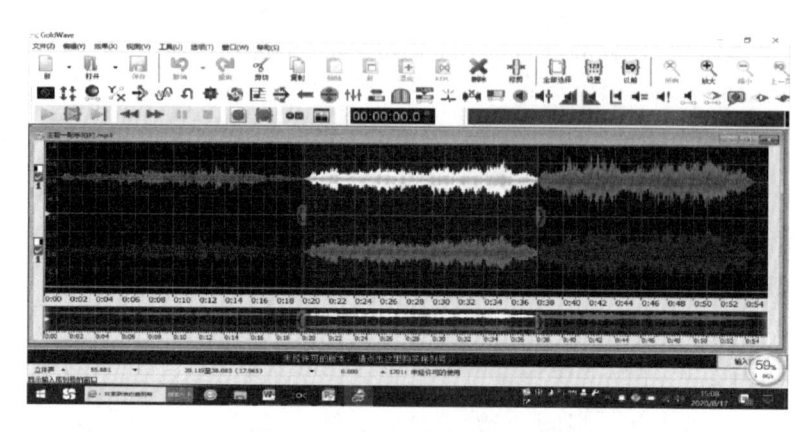

图 2　GoldWave 音频剪辑页面

图 3　快剪辑视频剪辑页面

放大细节、反复试听就可以精准剪辑片段。这款软件还有放大音量、调性升降、降噪处理、速度调节等功能优势，非常实用。而视频的剪辑本人常用的是"快剪辑"软件，这款软件操作简单，剪辑视频就如同裁缝拿起剪刀裁剪布料一般，只要把不需要的部分剪掉即可。同时软件还含有打马赛克、插入图画、音量调节、添加转场等功能，给了老师很多个性化的操作空间。如此一来，音乐课堂实现了知识点聚焦、重难点突出、课堂容量大、效率高的特质。

（三）"J"——剪映软件的画中画功能呈现多声部合作的预设效果

音乐课不仅要关注对学生情操的陶冶，更要着重于对其综合能力的培养。比如正确审美能力、演奏演唱能力、声部协作能力等。为了增强课堂的趣味性，顾及学生的能力差异，培养学生多声部的音响概念，老师常常会把学生分成若干个小组。先开展独立的声部练习，然后再进行多声部合作。但是即时的声部合作往往是有瑕疵的，一是由于学生练习时间短，熟练度不够，节奏把握不稳；二是由于学生和声概念薄弱，也不清楚到底多声部合成的最终效果如何，且互相配合协作的意识不强。因此，课堂的即时合作成功率不高。如果老师在上课时，把多声部合成效果直接呈现给学生，使学生在进行声部合作之前有一个直观的印象，那么学生在意识上会目标明晰地往这个方向靠拢，在声部均衡、节奏稳定方面有所改进。基于同一速度下拍摄的单声部的演绎视频，可在剪映软件的支持下实现画中画同步进行功能。在课堂上不同声部的学生均可以在多屏课件中找到自己的声部演奏示范，只要跟着示范平稳进行即可在课堂上较为默契地与其他声部完成合作。而老师也就不用过于忙碌地辗转于各声部进行指挥，顾此失彼的情况得以改善。

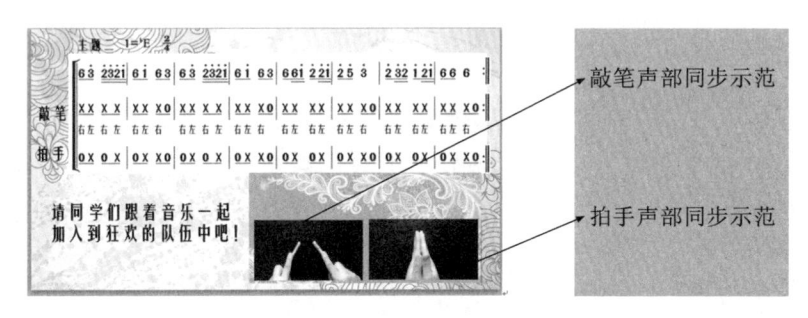

图4　多声部合作效果

（四）"K"——快剪辑的字幕功能解决了欣赏与解析同步干扰的难题

在带领学生完整欣赏交响乐或者舞剧等作品时，由于学生的理解能力有限,老师的常规做法是做即时的讲解或者听完再讲解。第一种做法往往会破坏作品的美感,打断欣赏思维。第二种做法又犹如马后炮,导致学生共情性差,理解不深刻。如果让学生完整欣赏一部作品,最佳的做法就是让他们全身心沉浸在作品中,思绪跟着音乐、画面一起波动,任何讲解、暂停都是对作品的破坏和干扰。因此,在不干扰学生听觉的情况下,老师可以在屏幕下方打上滚动的讲解字幕,如此一来学生对于作品的理解就会深入透彻,思维也会从感性走向理性。教师可利用快剪辑软件把视频导入,之后选择插入字幕功能,并且调整字幕出现的时间段即可完成欣赏与分析同步,操作便捷,课堂高效。

1. 打开快剪辑软件　　　　　　2. 导入视频

3. 选择"添加字幕"功能　　　　4. 选择时间段并添加字幕

图 5　字幕功能

4 款软件独立存在各有所长,但更多的时候,我们要学会综合运用。本人在筹备空中课堂期间,常常为了做好一个教学视频,先用录屏软件下载音频、视频,再用编辑软件剪辑,最后加上各种效果。通过 4 款软件彼此相辅相成的功能制作出最理想的教学素材。

六、价值

随着时代的发展,掌握一定的信息技术应用于课堂,对于教师而言显得尤为重要。实践证明,灵活应用技术丰富课件,对活跃课堂气氛、激发学生兴趣、突破教学难点、培养学生创新能力、提高教学效率等都有着极为重要的作用。

（一）主题突出

通过编辑，删减次要内容，把重难点凸显出来反复分析强调能加深学生的印象、促进理解，从而使学生牢固掌握知识点。

（二）内容生动

运用强大的网络，通过技术手段实现教学素材与时俱进并融会学生的兴趣热点，此举能够激发学生的学习兴趣，活跃课堂氛围。

（三）课堂高效

短暂的 40 分钟课堂，时间要用在刀刃上。剪辑音频、优化视频、多声部同屏、赏析一体，明显增大了一堂课的教学容量，学生审美体验、表现创造的机会增多，课堂走向高效。

1. 开阔视野

由于教学素材及课堂活动的丰富，学生在课堂上接收到的信息呈现多元化，从而大大开阔了学生的艺术视野，提升了其综合素养。

2. 充满个性

软件的个性化使用，使得教学呈现百花争艳之势。同样的教学内容，运用不同的素材、选取不同的段落、加上不同的特效、贴上不同的字幕……音乐课堂的个性得以彰显。

总之，为师者要不断学习充实自己，不仅要在专业技能上吸引住学生，同时也要在信息技术层面不断进步，优化课堂，让学生在音乐课堂趣学、乐学、有收获。

京剧活动中表象学习的原因、对策与思考

上海市娄山中学　王莉雯

一、京剧活动中表象学习研究的背景

（一）京剧学习的重要性

习近平总书记指出，提高国家文化软实力，要努力展示中华文化独特魅力，要把继承传统优秀文化又弘扬时代精神，立足本国又面向世界的当代中国文化创新成果传播出去。在 2008 年，教育部办公厅下发的《开展京剧进中小学课堂试点工作通知》，将京剧纳入九年义务教育阶段音乐课程中。于是，在中国的各大中小学校园中兴起了一股传承国粹艺术的热潮。对于京剧的传承，我们应该从弘扬民族优秀文化传统和社会主义精神文明的大文化背景下进行思考。京剧的兴衰在一定意义上影响着民族优秀的文化传统的命运，对京剧的命运给予密切关注，并为京剧的普及做出贡献是教育义不容辞的责任。任何文化艺术，只要不是当下流行的，要想让它有丰厚的土壤，认为它有价值，需要被保护和传承，都需要教育来完成。对于京剧的振兴，需要继承和创新发展。

对于京剧来说，京剧演员的日渐匮乏，京剧观众的日渐减少，仅仅依靠舞台和剧场来维系它的生存是远远不够的。只有当它真正进入人的生活，进入学校教育，京剧教育从少年儿童抓起，随着京剧知识的普及，使人们懂得京剧、接受京剧、进而欣赏京剧，京剧的传承、振兴才有希望。这不仅是在培养潜在的观众，对于京剧人才的选拔、培养也能水到渠成。京剧作为国粹有着辉煌的历史，它的艺术魅力在国外也得到了认可——以梅兰芳命名的京剧表演体系，被视为东方戏剧表演体系的代表——在中国与世界沟通时，京剧能起到很好的桥梁作用，具有深远的文化价值。京剧作为中国戏剧的代表剧种进入中小学生课堂，有利于民族文化的传承，国家文化形象的确立。教育部也正是为了

传承京剧艺术,让"京剧走进课堂",使它成为九年义务教育的内容。

(二)京剧学习的现状

随着社会生活节奏的加快,在物质至上的时代,影视、网络等新媒体的发展对京剧艺术的生存造成巨大的冲击。青年观众不愿接受,演出上座率低,甚至有人认为京剧是不合时宜的过时艺术,断言它的衰亡。京剧艺术面临不可否认的危机。我在每一年预备班进行拓展课招生的过程当中总会问这样一个问题:你知道什么是京剧吗?很多同学都摇摇头。这让我感到很难受。可见,同学们对国粹基本上是一无所知。通过我的一番介绍,想要参加到我们拓展小组的同学越来越多。从表面上来看,这是一个好现象:主动报名的孩子们一定会主观态度上放正自己的位置,积极投身京剧活动的学习中去。但是,实际情况却并非如此。基本上人是来了,参加也参加了,不过只停留在表象上。

(三)京剧活动中出现的表象

在学校京剧活动的开展中,学生往往会出现以下几种学习的表象:

1. 身在曹营心在汉。身体是到达专用教室进行学习了,但实际上没有聚精会神地听讲。整个人处于放空的状态。完全不知道自己身在何处,来的目的是什么。

2. 变身"小喜鹊"。在京剧学习过程中,和关系较好的同学一直窃窃私语,似乎把课堂当成了茶室、咖啡厅,完全没有学习状态。

3. 本人认为第三种表象最为常见,那就是机械化学习。拨一拨则动一动。表面上看起来置身于课堂,但是没有学习目标,老师叫我做什么就做什么。我只要做了就可以。至于做得好不好,质量如何则不得而知了。

4. 第四种是前三种表象的共同点:坚持到点下课,就算完成任务。

二、京剧活动中的表象学习思路

(一)京剧艺术角度

中国京剧是在文学、音乐、舞蹈各种艺术成分都充分发展又相互兼容的基础上形成的用综合艺术手段表演人生故事的舞台样式。在京剧活动教学实践中,不能只是简单地局限在学唱京剧这个层面上,因此,从调动学生的感官着手,通过挖掘课程的人文性,引导学生在广泛的文化情境中认识京剧艺术,可以讲解京剧中曲词、道白的文学性或京剧的写意性,让孩子们沉浸于古典京剧优美的曲词、意境欣赏中;可以选择特定的剧目辅助教学,讲解京剧故事的历史背景，加深学生学习的印象，激发学生学习热情；还可以结合京剧的乐器、角色的扮相、服装、道具、脸谱、做功等讲解，让学生的动手动脑能力得到充分发展，这样让孩子们动静交替地参与到学习中去，既激发他们学习京剧的兴趣，又促进体能、智能协调发展。除了学科间的渗透，学校还可以举办专门京剧知识讲座和利用多媒体手段引导学生观赏京剧。对于京剧的欣赏，如果不了解京剧美在何处，学生自然不感兴趣，教会学生怎样看戏，是让学生主动走近京剧的重要因素。学生了解的知识越丰富，看到的、看懂的东西就越多，萌发学生学习京剧的欲望，引导学生从美学的视角审视京剧艺术，挖掘京剧艺术的文化内涵，培养学生的民族文化意识和情感，从而达到提高学生的审美能力，体现京剧艺术的美育作用。

（二）教师层面

1. 教师应该对学生的学情进行充分分析。掌握学生对京剧艺术的了解情况，并予以划分层次。这样有助于提高课堂的教学效率，对不同层次的学生进行分层教学，做到因材施教，让每个学生都有适合自己层次的京剧活动可以参与，避免破罐子破摔的情况，也可以更好地提高学生的兴趣。

2. 教学评价避免单一。以往传统的评价模式使得学生经常有一种临时抱佛脚也可以获得分数过关的错觉。这样急功近利的学习理念无疑是错误的。这就要求教师在教学的过程中对学生的过程性评价和总结性评价划分得非常细致。评分可以有以下几个模块：出勤率、课堂纪律、作业完成（每天课后训练）、上课参与度、校外京剧艺术实践活动以及专业技术能力等。促使学生积极主动地去过五关斩六将，取得更多的奖赏与成绩。

3. 教学方法选择准确。对儿童来讲，京剧距离他们生活相对比较远，舞台上反映古代的事件居多，如果直接从唱腔入手学习，孩子们就不容易听懂，变成表象学习的可能性就会增加。因此，在选择教学方法上可以从贴近孩子们生活的作品入手，比如现阶段比较流行但是又带有传统京剧韵味的流行歌曲介入，提升孩子们的兴趣，让他们感到京剧艺术并不那么陌生又遥远。

三、京剧活动中的表象学习策略

（一）提高对京剧学习的思想认识

从根本上让孩子们理解自己肩负的身份是国粹小传人，学好京剧艺术不仅仅是丰富自己的艺术修养，学会一门特长，更是做好中国传统文化的使者，在全球为中国代言。

（二）教学内容更贴近学生生活

京剧剧目以传统剧目为主，故事发生有点远离学生的现代生活。没有切身体会的孩子们很难理解透作品的含义和意义。因此，在教学内容的选择上以贴近学生的生活为主，让孩子更容易产生共鸣。例如，一些有影响力但具有京剧元素的流行音乐作品、影视作品等。

（三）建立活力课堂，改进评价方式

好的评价方式让孩子们能有效地知道自己到底应该做些什么。改变一贯现有的传统评价方式迫在眉睫。对孩子们的每一个过程性活动都给予一定的评价，及时给予反馈，定能大大促进学生在京剧活动中的参与度，降低表象学习的表现。

通过此次研究让本人对在传承京剧过程中出现的表象学习有了更深的认识，相信这种具有普遍性的研究对大家有一定的借鉴作用。任何表象都源于内因，找到了京剧活动中表象学习的内因，促使我们更好地培养一批又一批京剧小传人，这是我们义不容辞的责任。

初中艺术"互联网+"评价的实践探索

上海市泸定中学　李　晶

随着互联网深入人心和生活,互联网技术的快速发展,"互联网+"成为各工作领域争相引入,提升本领域效率的有效方式。探索初中艺术"互联网+"评价的评价标准、内容、方法及效能,利用现代互联网技术的交互性、传输性以及反馈、分析、判断信息功能,来研究初中艺术"互联网+"评价实施的相应策略,能更好地落实艺术课改的精神,促进学生艺术素养的提高。通过对初中艺术"互联网+"评价的现状进行调查,发现传统评价方式针对性不强、效率低下、学生接受度差等问题。对初中艺术"互联网+"评价进行了充分的理性思考,对初中艺术"互联网+"评价内容进行了全面梳理。从基础指标、学业指标、发展指标构建总体评价体系,突出以学科为核心的艺术素养的评价,强调了对学生审美实践能力的评价。建立了较为完善的"互联网+"评价标准,依托云计算、物联网、大数据等新兴技术,构建智慧课堂教学和评价平台,实现教师课中、课后和学生的全方位互动。通过 APP、微信公众号、展示平台等多媒体手段,为学生提供了更多学习音乐、创作音乐、展示音乐才能的条件和手段,更有利于学生音乐能力和人文素养的提高。"互联网+"评价的因其先进性、优越性、科学性的特点,形成了一种更新型的音乐评价方式,能更高效地实现对学生课堂学习成效的评价。初中音乐"互联网+"评价标准的建立经过实践证明是可以实施,并且深受学生喜爱,具有明显效果的。在相应的硬件、软件设备的技术支持下,运用科学的研究方法,保障了课题研究的顺利开展。

一、研究目的

随着互联网快速发展,因为其便捷、信息量大、反馈及时,深受国民的喜爱,特别是青少年的推崇。为了更好地推进初中艺术教学的实效性,提高学生对艺术学习的兴趣,我们将"互联网+"引入初中艺术的评价体系中开展实践研究。艺术教学评价是对学生在感知与体验、创造与表现、反思与评价等方面的艺术能力大发展进行的整体判断。"互联网+"评价是借助于互联网媒体拓展、诞生课堂教学的时间与空间,由师生共同参与,互评与自评结合、并能及时得到反馈的多角度的评价方式。我们从初中艺术新课程理论和课堂教学中评价改革的价值取向出发,依据建构主义学习理论和多元智能理论,探索初中艺术"互联网+"评价的评价标准、内容、方法及效能,利用现代互联网技术的交互性、传输性以及反馈、分析、判断信息功能,来研究初中艺术"互联网+"评价实施的相应策略,从而更好地落实艺术课改的精神,促进学生艺术素养的提高。

实施初中艺术的"互联网+"评价能拓宽艺术课堂教学的空间,延伸艺术课堂教学的时间,也能为学生更好地学习艺术提供更多的条件。同时,在课内做不到的能在课外利用"互联网+"完成;在艺术课堂上认知受到了束缚,能在课外艺术"互联网+"平台上得到思路的拓展;而教师在课内无法及时反馈的,更能在艺术"互联网+"平台上对学生进行针对性的、个性化的评价反馈。在艺术"互联网+"平台上用评价的方式引领学生,树立正确的艺术审美情趣。

二、研究方法

(一)初中艺术"互联网+"评价的现状调查

1. 初中艺术"互联网+"评价可借鉴的资料

在寻找艺术"互联网+"评价的国内外相关文献资料时,我们发现在教学中有关"互联网+"评价的情报资料甚少,而有关艺术学科的更是很难找到。在实际教学中,很多学校也缺乏对艺术学科利用"互联网+"进行评价的重视,即使有部分评价成果,也没有形成系统的评价标准,这就很难用艺术评价来引领学生对艺术学习。

2. 传统评价方式问题

为更有效地开展《初中艺术"互联网+"评价的实践研究》,我们运用问卷星对八、九年级100多名学生就接受艺术学习的现状、艺术学习评价的现状、艺术学习评价的认同等方面,进行了"互联网+"化问卷调查。

从调查的结果和相应数据的统计中看到,70%的学生对艺术的学习表现出积极、主动。62%的学生认为,现在的老师不仅关注学生艺术知识与技能的提高和学生艺术学习兴趣的激发,更注重于学生艺术审美实践能力和艺术人文素养的综合提高。近75%的学生认为目前的艺术学习评价能有助于学生艺术素养和艺术能力的提高,22%的学生认为还有待完善。85%以上的学生觉得合理科学的艺术评价能促进学生艺术素养和艺术能力的提高。87%以上的学生对艺术学习实施评价，布置适量的作业，对平时的课业学习没有很大的妨碍，其中近41%的同学认为对艺术学习实施评价，布置适量的作业反而对其他课业的学习有促进作用。

调查中还看到，66%的学生对艺术学习评价倾向于多方面的综合评价，如学习态度、基本知识基本技能、审美实践能力以及个性特长等方面的评价。85%以上的学生希望采用自我评价、同伴评价、老师评价相结合的评价方法。

通过调查研究目前传统课堂评价方式存在的问题：

（1）学生艺术修养参差不齐，评价标准难设定，导致为评价而评价，失去了评价本身的意义。

（2）由于课堂时间有限，无法全面准确地对学生进行评价，导致评价缺失公允度，很容易挫伤学生学习艺术的积极性。

（3）评价内容过于宽泛，无法体现学生个性，很难激发学生在艺术学习上的个体化发展。

（4）评价对学生后续艺术素养提高指导意义不大等。

（二）初中艺术"互联网+"评价

正当我们紧锣密鼓地要开展课题研究的时候，教育部印发的关于《中小学生艺术素质测评办法》等3个文件的通知，于是我们认真学习了相关文件，领会了通知精神。初中艺术"互联网+"评价以文件为指导，遵循"艺术能力与人文素养的综合发展"的总目标要求，以发展的眼光评价学生为核心。评价的总体目标是促进学生的发展，因此我们在设计评价程序时主要把握两个关键：1.激励，它使学生对艺术学习满怀信心，让学生在充满爱和鼓励的艺术氛围中不断成长；2.促进，意在通过不同的途径和方式促进学生的艺术能力和人文素养的综合发展。在评价方法上我们主要采用质性评价方式：注重学生的探索过程；注重学生个性差异和发展差异；注重与教学活动的有机联系；注重艺术教育的即兴、变化、生成和跳跃的特点，注重综合能力的评价，将形成性评价与终结性评价相结合，对学生的进步做出评定并提出进一步发展的希望。

（三）初中艺术"互联网+"评价内容

艺术素养是关于艺术的认知、体验与创造的素质和修养，它包括艺术的兴趣、态度以及日常生活中参与艺术的程度，具有的基本艺术常识和对艺术的认识和理解，对艺术的欣赏体验程度、对艺术的批评能力、艺术创作的能力等。

依据相关艺术课程标准及《初中艺术"互联网＋"评价的实践研究》的相关内容，对初中艺术"互联网＋"评价内容进行了全面的梳理，形成了具有校本化意义的初中学生艺术素养与发展的评价体系，这套体系对全面落实对学生艺术素养与发展的评价，对课题研究的开展起到了一定的指导作用。

1. 从学生艺术学习的学习态度、学习参与、学习任务完成等方面落实基础指标。

2. 从学生艺术学科学习的艺术知识、艺术鉴赏、艺术表现的积淀等方面落实具体的学业指标。

3. 从学生自主参加校内外拓展性艺术学习、艺术实践及个性特长等方面落实发展指标。

这套体系突出了以学科为核心的艺术素养的评价，强调了对学生审美实践能力的评价，这套体系符合了国民艺术素养教育的理念，迎合了广大大学生的夙愿。

三、结果与分析

（一）初中艺术"互联网＋"评价标准的建立

表1　初中艺术"互联网＋"评价标准

评价项目			分值	评价标准	评价方式
艺术素养与发展评价（100分）	基础指标（30分）	学习态度	5	学习工具的佩戴情况，上课纪律	学生自评
		学习参与	10	学生艺术学习过程中的表现与参与情况	教师评价
		学习任务完成	15	单元学习中合作性探究性作业、个体化技术技能方面的作业如演唱、演奏、绘画、设计等完成情况	教师评价 学生互评
	学业指标（50分）	艺术知识	10	学期终结时艺术知识与运用能力的检测	教师评价
		艺术鉴赏	10	艺术学习过程中，就某一个经典作品的赏析	教师评价 学生互评
		艺术表现	30	指定艺术学习中，就相关艺术的表现与创作内容，进行艺术表现或展评，提倡小组合作性表现	教师评价 学生自评 学生互评
	发展指标（20分）	实践活动	15	由学校组织的群体艺术实践活动以及个别化、小组化校内外、社区等艺术实践活动的表现	教师评价 学生自评
		拓展社团	5	学校三团一队及艺术类拓展型课程的参与及表现	教师评价

（二）初中艺术"互联网＋"评价的技术

由于艺术课的特殊性，除了歌谱、乐谱、文字资料、图片外，还有大量的音频视频欣赏学习，课堂教学不可能面面俱道。我们认为学生的学习应该是课堂教学和课后拓展的互相交融，不应仅仅依托静态的教科书，更应不断拓展，形成动态的课程。在课堂授课的同时又能拓宽学生艺术学习的空间，丰富学生的课外学习，提升学生的艺术文化素养，便于学生不仅能熟练掌握课堂内知识要点，还能不断地跟踪了解自己的学习状况。我们运用"互联网＋"的技术和思维，通过多种途径的实践尝试，以 APP、微信公众服务号等方式，依托云计算、物联网、大数据等新兴技术，构建智慧课堂教学平台。通过平台实现教师课堂后和学生的文字、图片、语音的全方位沟通、互动。教师在平台上推送与课堂内教学内容相关的延伸学习内容及单元学生自我学习的内容及要求。学生课后利用平台进行继续学习，使用课堂内学会的方法技能进行自我再学习，创作练习及小组合作研究内容，并将成果上传到平台。教师进而对学生知识技能掌握的熟练、运用能力有准确的评价。学生也可以通过平台向教师进行提问，补充课堂教学内容，提升对艺术学习的兴趣。

（三）初中艺术"互联网＋"评价的策略

针对学生的课堂内学习和课后自主学习，我们分别运用以下 3 种方式开展"互联网＋"评价：

1. 依托"网班"APP 开展课堂内学习评价

在课内教学中我们引入"网班"APP。在这个平台上，教师可以用最简单的操作和低投入的方式建设先进的智慧教学课堂。利用"网班"这个创新教学平台，师生可以轻松实现课堂内的即时互动，在线答题，以及微课程的建设发布和移动学习。更进一步，网班平台的升级应用还能实现课堂教学环境（沉浸式教学环境）的移动端控制，以及进行学生学习习惯和学习状态（如体态、脑波等）的检测与记录，并形成对教学大数据的综合统计分析与展现，形成每位学生课堂内的评价结果。我们依据初步完善后的教材单元学习评价内容，尝试开发了初中艺术（艺术）八年级第一学期第一单元三课测试内容。

2. 借助于"Fourteen music club"推动自主评价

借助于"Fourteen music club"微信公众号，通过该平台上实现课堂后和学生的文字、图片、语音的全方位沟通、互动。教师在平台上推送与课堂内教学内容相关的延伸学习内容及单元学生自我学习的内容及要求。学生课后利用平台，使用课堂内学会的方法技能进行自我再学习，创作练习及小组合作研究内容，并将成果上传到平台。教师进而对学生知识技能掌握的熟练度、运用能力有准确的评价。学生也可以通过平台向教师进行提问，补充课堂教学内容，提升对艺术学习的兴趣。此外，教师还利用平台向学生推荐优秀的艺术作品及艺术会，引领学生走进高雅艺术的殿堂，有利于培养学生的审美意识，提高学生审美情趣，对于丰富学生的课余生活，拓展学生的视野具有潜移默化的作用。

因为是新媒体、新技术下诞生的 APP 课程，所以它极大地激发了学生对艺术课程的学习兴趣，受到了试点年级学生们的极大欢迎，得到试点年级家长们的认可，也使业内的老师们欣喜和向往，同时也获得了有关专家的肯定。

3. 搭建学生展示平台

由于艺术课程的特殊性，学生通过课堂内外的学习，完成了很多音频、视频作业，也取得了不少艺术学习成果。因此，我们为每一位同学建立了"艺术学习电子档案"，不仅汇集学生在某一学习阶段或基于任务的学习活动中几乎全部的学习成果和作品，而且可以使学生感受到进步、不断反思，在不断回顾作品的过程中获得发展。基于现代信息技术的"学生艺术学习电子档案"，具有数字化表达形式和开放性的特点，它是学生独立思考和创新学习活动的体现，具有学生自主性创作和创新性思维构思的特点，有利于学生成长为一个全面发展的人，具有明显的人文特征。把学习过程看成一个整体，把评价嵌入整个学习过程，也能使评价具有过程性的特点。"学生艺术学习电子档案"为学习评价提供了详细而真实的资料，使得评价具有真实性。这也能使学生将学习和反思相结合，更有利于学生艺术能力和人文素养的提高。

在初中艺术课程中实施"互联网＋"评价，因其先进性、优越性、科学性的特点，成了一种更新型的艺术评价方式。它提升了互联网平台的质量与效能，使互联网平台更好的为艺术教学服务。同时，通过"互联网＋"评价为学生拓展了学习和欣赏艺术的空间、时间，并为学生提供了更多学习艺术、创作艺术、展示艺术才能的条件。它的实施也为教师的教学打开了新天地，它不仅可以监控教学效果，更可以引领学生的艺术学习。在初中艺术课程中实施"互联网＋"评价方式引领下的互联网平台能更有利的落实新课程标准，为教育服务。在"互联网＋"的应用背景下，更高效地实现对学生课堂学习成效的评价。

1. 对研究目标的达成，我们觉得这项研究是顺应时代发展的，很有推广的价值。为了确保研究目标的顺利达成,是需要相应的硬件、软件设备的技术支持。

2. 我们按照计划,规范操作每一个研究方法,保障了我们课题研究的顺利开展。

3. 初中艺术"互联网+"评价标准的建立经过实践证明是可以实施,并且深受学生喜爱,具有明显效果的,它不仅对学生的艺术即得能力进行了及时的反馈和教育,并对学生艺术能力的发展提出了导向,也对学生的艺术学习信心进行了激励,促进了学生艺术能力的进一步提高。

初中音乐课程体验教学的实践初探

上海市泸定中学 李 晶

体验式教育由库尔特·哈恩开创,并由大卫·科尔布创建了完整的体验式教育理论体系,大卫·科尔布在1984年发表了体验式教育的扛鼎之作——《体验学习:让体验作为学习与发展的源泉》,在理论根基上宣告了体验式教育的正式确立,使体验教学真正为教育界所接受和认可。

一、体验教学的概念和应用价值

(一)体验教学的定义和特征

体验是主体通过亲身经历,通过实践来认识周围的事物,并由此产生丰富的联想和深刻的感悟。体验也是一种被激活了的经验,是主体心灵与外部世界沟通的一种知识场。在体验中,主体主要通过想象、移情、神思、感悟等多种心理活动的交融、撞击,激活已有的经验,并产生新的经验。最后,又使经验内化为自我的感悟,使感悟到的东西成为个性化的知识经验。按照教学对象的参与程度和感受度,体验教学具有亲历性、主体性、生命性、情感性、生活性等特征。

(二)体验教学在音乐课程的应用意义

《中小学音乐课程标准(2011年)》中指出"要强调音乐实践,在所有的音乐教学领域都应强调学生的艺术实践……通过音乐艺术实践,有效提高音乐素养,增强学生音乐表现的自信心,培养学生良好的合作意识和团队精神。"体验教学在各门学科中已经得到了充分验证,在音乐课程这种综合性更强、涉及面更广,需要学生高度参与才能得到更好课堂效果的课程来说,体验教学是贴合初中生全面发展的一种教学方式。

传统教学相较于体验教学已不适应现代初中生发展特点。现代化信息传媒多维度、多视角的传播方式,使学生对传统教学的方式方法产生了不同程度的质疑和抵触,在音乐课程中尤为突出。

1. 传统教学忽视了学生的自我体验,而过于注重知识的传授和技能的训练,弱化了与学生兴趣爱好的结合。

2. 传统教学中师生处于一种不对等关系,由此限制了学生自主发挥和自身体验。

3. 传统教学中教师无法真正了解到学生的学习需求,学生始终处于被动接受的地位。

(三)体验教学在音乐课程中的应用基础

体验教学在音乐课程中相较于其他类别的课程具有更好的发展前景和应用环境。

1. 学生对音乐课程的教学内容接受程度较高。音乐课程对学生的现实压力较小,学生在学习过程中会更多的从自身的兴趣爱好出发,对课程内容的学习意愿比较强,能更好地发挥学生主观能动性。

2. 音乐课程能为教师提供更为广阔的体验教学空间。音乐本身较为感性,在教学和学习中可以有较多的发散思维和关联,而且各艺术学科之间的关联性较大,加之各种艺术表现形式之间有其共性之处,可以在音乐教学中互相印证和运用。

3. 音乐课程可利用的外部资源较为丰富。自从有了人类就有了相应的音乐表现形式,音乐的历史最为悠远。在文字没有产生时,人类就用图画来记录事件;在语言没有形成时,人类用声音和肢体语言来进行意思表达。各种古今中外的文艺作品和音乐工具都能为教师在授课过程所用。

二、形成"点、片、面"层层递进的体验教学结构

任何学科都必须遵循一定的教学规律,要从学生的认知规律出发,教学内容由浅及深、由表及里,由点及面,在掌握基础的前提下,把握全局。音乐课程也不例外。体验教学作为一种教学理念、教学方式,就是要在遵循这一规律的前提下,突破传统教学方式的框框,把体验融汇到教学的每一个步骤中去,在教学的"点""片"和整体的过程中,让学生能在更短时间内,更高效地掌握教学的重点。如在《日出·印象》这个作品的欣赏中,教师可以通过引导学生辨识乐器音色、歌唱主题旋律、击打乐曲节奏、绘画音乐瞬间色彩、感受音乐情绪来体验作品中的每个音乐"点";再在此基础上启发学生体验对比每个片段在主奏乐器、情绪的变化,激发学生想象音乐的不同场景与"日出"过程中的不同时段,加深学生对"日出"音乐片段的理解;在"片"的基础上,通过完整欣赏乐曲,将学生零散的"点""片"体验整合起来形成对乐曲的完整印象。通过"点""片""面"的层层递进、逐步提升,将体验教学融入教学过程的每一个环节中,形成循序渐进,完整有效地体验教学基本结构。体验教学不仅降低了学习难度,提高了学生的学习兴趣,而且能帮助学生更加全面、细致、深层的理解音乐作品,提升学生的音乐素养和审美能力。

三、体验教学在音乐课程中的实践探索

（一）创设情境引领学生体验

情景模拟式的体验教学方式主要围绕课堂教学内容,设置一个恰当的情景,使学生从授课刚开始就有一个直观的体验,在学习的过程中体验到音乐课堂教学内在的乐趣,激发学生的求知欲望。传统音乐教学中受限于教具和设备的缺乏,往往是教师通过口述或简单的图片展示来告知学生一个情景,表现形式较为贫乏,学生对此只有抽象的概念。而构建一个真实环境来进行情景再现,可以使学生更直观的体验教学背景和内容。如器乐课《什锦菜》的教学中,在课程导入部分,教师用投影将美国乡村田园风光投在大屏上,同时穿上具有美国乡村特色的牛仔马甲,戴着宽檐帽,手抱吉他,自弹自唱,创建一个美国乡村、自娱自乐、悠闲欢乐的音乐场景,使学生在课程刚开始时对整节课的教学重点——美国乡村音乐,有了直观的体验和初步印象。情景模拟的构建,要能有效引导整节课的走向,牢牢吸引住学生的注意力,同时突出课程的教学重点。在之后的教学过程中,学生就能较为轻松地回答出美国乡村音乐的一些特点,在跟奏环节也能达到较好的教学效果。情景模拟式的教学通过构建一个适宜且能突出教学重点的直观情景,让学生从兴趣切入,到主动参与体验,以激发学生思维,从而理解掌握教学重点。使教学活动融实效性和趣味性于一体,达到教学效果。

（二）在情感交流中激发学生的体验

在初中时期,教师和学生并不是简单的师生关系。初中学生正处在生理和心理发育、转折和定型的关键阶段,他们对教师不仅有着敬畏之心,也有着希望得到教师认可的家长式情结,可以说教师在这阶段不仅承担着传道授业解惑的职责,也担负着关爱抚慰的家长式责任。因此教师要充分把握学生内心的情感需求,把教师与学生、学生与学生之间的情感交流和教学充分有机结合起来,激发学生的学习动机,推动学生主动参与学习,促进学

生的情感升华,提升教师的教学效果和学生的学习效果。在《音乐之声》的教学中,教师可以在教学过程中共同参与学生的体验活动,与学生合作完成教学环节。教师可以与学生共同来扮演《音乐之声》中的角色,教师通过自己的角色演绎,带动学生的情感投入,帮助学生更好、准确地理解角色形象,理解音乐,理解整个音乐剧。情感交流式的体验教学重点要立足学生的主动性,强调学生情感本身的培育,符合初中学生的特点。对处于青春期的学生还可以引导他们构建积极向上的心理情绪,逐步树立健康良好的世界观、价值观、人生观。

(三)通过想象拓展深化学生的体验

初中学生的思维方式尚未固定,还没有被一些思维定式所框住,在这一阶段正是充分培养学生想象力的黄金期。如果教师能在这一阶段的课程上多运用想象拓展式的体验教学方式来开展想象力训练,会收到事半功倍的教学效果。想象拓展式体验教学立足发掘学生思想潜力,突破现实的框框,激发学生的创造潜力,培养学生创造性思维和丰富的想象力。在"日出·印象"这节课中,教师可以在音乐体验的基础上,抛砖引玉,引导学生开拓艺术创作视野,用其他艺术形式表现"日出"景象,这不仅可以培养学生的艺术通感,激发学生的艺术想象,同时还可以通过学生的二次创作进一步加深学生之前的音乐体验。

(四)创新评价体系激励学生的体验

目前传统课堂评价由于多种原因,导致评价结果对后续教学的帮助不大,因此急需创新评价体系。准确、全面、及时、有效的评价,不仅能对学生既得的学习成果有科学的判断,更能激励学生自主进行再体验,还能对后续的教学提供有效的指导,帮助教师更好地、有效地引导学生体验音乐。随着科技的发展,"互联网+"的初中音乐评价方式更符合教学需求和学生的现实情况。教师可以运用"互联网+"的技术和思维,以APP、微信公众服务号等方式,依托云计算、物联网、大数据等新兴技术,构建智慧课堂教学平台。通过平台不仅可以实现教师课堂上和学生的全方位沟通、互动和评价,还能帮助教师推送与课堂内教学内容相关的延伸学习内容及单元学生自我学习的内容及要求,让学生课后利用平台进行继续体验学习,使用课堂内学会的方法技能进行自我再学习,并将成果上传至平台。教师则可以对学生课堂内外所有音乐知识、技能掌握的情况、运用能力形成全面、客观、及时、准确的评价。评价结果不仅可以激发学生的兴趣,更能激励学生不断体验、表现、创作,继而再体验。

体验教学是以学生为本的教学方式,它能充分调动学生的学习自主性,体现了"学生为本"的教学理念,由于是教师引导下的用"心"体会,不仅可以形成德艺双修的学习氛围、提高学生的综合素养,还能够从根本上符合核心素养的培育要求、达成音乐"立德树人"的培育目标,因此它是符合教育规律、顺应时代发展的大势所趋。

课堂歌舞剧对提升小学生音乐素养的实践探索

上海市长宁区天山第一小学　邢灵燕

一、背景与动因

《上海市中小学音乐课程标准》（以下简称《课标》）在"课程定位"中提出："音乐课程是以音乐艺术为载体、以审美教育为核心的基础教育。它对于提高艺术素养与审美能力，逐步形成健康的审美观，陶冶情操，健全人格，培养创新精神和实践能力，促使学生全面、和谐发展具有重要的作用。"显然，《课标》对于提高艺术素养和创新精神的指示十分明确。音乐教育应尝试一种更有效的教学方式培养和提升学生的音乐素养。

小学生由于大脑神经活动的兴奋水平较高，活泼、好动、爱模仿，现有的音乐课堂教学模式虽能让学生学会唱歌跳舞，但仅仅通过模仿进行的学习，对音乐素养的提升和创新能力的培养有一定的局限性。为了更好地贴近《课标》的要求，将我校现有的歌舞剧项目引入音乐课堂，结合学生本身特点，通过剧本的创编以及对角色的感悟而进行的二度创作能够有效地激发学生的创新意识，同时提升学生的音乐素养。

二、策略与方法

本次实践研究在以行动研究法为主要抓手的过程中，结合应用了经验总结法、案例研究法、文献资料法和调查研究法等方式同步进行。

行动研究法着重引领学生主动参与课堂歌舞剧的创编，并在活动中不断加以演练，在边创边演边修改边完善的过程中逐步提高学生的音乐素养，落实研究目标。

经验总结法主要是将歌舞剧项目中成功的经验与音乐课堂中的教材相结合，通过不断总结和反思，推进课堂歌舞剧的实践过程；案例研究法在实施过程中利用案例来佐证研究；文献资料法则通过查阅相关的文献和资料，有目的地采集文献中与本次实践研究相关的部分;调查研究法以学生参与音乐剧创编前后的过程性表现方式为调查主体,以便确认实践过程的有效性。

三、过程和分析

传统的歌舞剧的排演有 3 种模式:第一种由老师创编完整的剧本,学生参与排演;第二种由老师编创部分剧本,学生共同完成创编并排演;第三种由老师确定主题,学生自主编创并通过合作参与最终完成排演。从"创"的角度来看,第三种是最难的,但对于创新意识的培养却是最有效的。低年级的排演中老师引导的部分可以多一些,对高年级相对放手一点,但这个放手也要在教师有着充分预设和生成能力的基础上进行。虽然最后的演出效果可能会不那么完美,但在此过程中对学生"创"的培养是无可替代的。

本文以小学沪音版教材四年级下册第二单元《共同的朋友》为例,以帮助学生提升音乐素养为目标,展现歌舞剧与教材内容相结合的音乐课堂,引导学生从创编剧本到实施排演的全过程。

(一)起于剧本,形成创编的思路与策略

在课堂歌舞剧的创作初期,选择同一个单元中的 1 首或几首歌曲,不仅能鲜明主题,更能凸显单元目标。本单元 2 首歌曲都与动物有关,尤其第二首《小老鼠找朋友》,旋律活泼,曲调诙谐,歌词特别具有故事性,深受学生的喜爱。对音乐课堂来说,歌舞剧形式的引入毕竟是新尝试,因此,教师在备课时首先要做好充分的准备,对音乐课堂中歌舞剧的呈现效果有准确的定位。其次,对于学生在剧本编创过程中发生的各种可能要有心理预期。最后,对于创编成果要给予肯定和建议,以激发学生再加工的愿望。总之,根据学生的不同能力及时给予指导和提示,通过下面 3 点由浅入深地帮助学生在音乐课堂中通过歌舞剧的创编提升学生的音乐素养。

1. 坡度式的引领

"坡度"即由下至上,由易到难。"坡度式的引领"要求教师能对学生感到困难的环节采用循序渐进的方式进行引导和带领,让学生始终自信积极地完成学习任务。

创编剧本对成年人来说都有难度,更何况是小学生,因此应先将难度降低,从故事环节着手。在欣赏和学习了歌曲《小老鼠找朋友》后,学生分组进行"讲故事比赛"。教师可以在板书上做提示:小老鼠是如何找朋友的?它找了谁?它找的朋友都是什么反应?为什么?还可以提示学生通过想象描绘出可能发生的场景,以小组为单位畅所欲言,最终由组长汇总并初步撰写。

有了故事,便可以尝试创编剧本了。每位学生在各自小组的故事情节里选择一个自己喜欢的角色,在认领的同时确定这个角色的语言表达,组长负责把每个角色的语言进行记录,剧本的雏形便呈现出来了。

2. 拓展式的创新

音乐课堂的歌舞剧教学形式是充满挑战的,一个8人左右的小组在创编剧本的过程中往往会呈现"僧多粥少"的局面,因此在实践初期一组内几位学生选择同一角色的现象很普遍,教师可以利用这样的教学契机,引导学生通过拓展角色来解决。例如《小老鼠找朋友》剧情中只有小老鼠、松鼠、白兔、刺猬和小狗这几个角色,如何能让所有的学生都参与呢?有的小组建议增加角色(如动物或花草等);有的小组建议增加工种(如导演、编剧、画外音等),创编剧本的过程不仅活跃了学生的思维,更体现出多样化的创新成果。

3. 多样式的完善

剧本和角色任务逐一成型后,学生纷纷投入自己的任务中。对于部分学生来说,单一的故事情节并不能完全满足他们对剧本和表演的要求,此时教师便建议采用同单元中的另一首歌曲《小奶牛》来丰富剧情。通过学生的讨论,有组长表示他们增加了一个剧情:小奶牛不仅是妈妈疼爱的好孩子,也是大家的好朋友,但经常被小老鼠欺负,渐渐地大家都不愿和小老鼠交朋友了。

经过学生的集思广益,不仅完善了剧情,更是对他们提出了新的挑战:歌曲加入的环节,应该通过什么方式,独唱还是小组唱?伴奏音乐可以陪衬在哪些表演和台词中?这些都可以通过讨论在剧本上体现。更有能力的学生,教师鼓励他们尝试改编歌词,同时将歌曲在剧本的不同环节重复多遍,还可尝试对歌词和情绪做适当的调整、通过软件改变歌曲的速度或在课外寻找符合剧情的音效⋯⋯总之,在创编的不同环节,要充分运用所有的能力帮助学生不断完善剧本。

(二)承于排演,明确实施的路径与方法

排演环节在学生共同参与并积极合作交流中体验情感,不断激发想象力和创造力,在课堂歌舞剧的表演中提升音乐素养。

1. 重视学生的参与度

学生的参与度不仅体现在数量上的全员参与,更要在质量上保证学生热情积极的内在动因。学生之间的情绪会相互影响,当一个小组的大多数成员都在享受着排演的快乐时,那些极少数内向的学生也会被激发潜在的表现欲,教师所具备的敏锐观察和协调能力要及时关注每位学生的反应,帮助他们调整情绪和意愿,在参与排演、体验快乐的过程中培养兴趣,激发学生的学习潜能。

2. 关注学生的合作交流

课堂歌舞剧是以合作表演作为最终的呈现形式的,因此排练中的合作交流显得尤为重要。必要的调整是允许的,包括改动个别台词、音乐旋律和舞蹈动作等。相互弥补,分享感受,指出问题,给出建议都能体现学生对表演的敬业程度,极大地反映他们对所选角色的喜爱。通过排练,同伴之间会产生情感上的共鸣,这种集体荣誉感会敦促他们相互帮助,并且在这种自编自导自演的过程中,学生学会边合作,边有意识地反思并调整。这种能力的培养必将大大增强学生的自我约束力和缜密的思维能力,通过合作交流,优势互补,进一步加强学生对音乐作品内涵的理解。

3. 鼓励学生的自我展现

在排练,特别是最后的成果汇报中,学生非常需要通过教师和同伴的肯定和鼓励,来不断提升自我认识。在这种良性循环的过程中,能增强学生对艺术学习的持久力,激发进一步追求艺术创新的意愿、培养和提高学生的可持续发展。

随着演出日期的临近,学生们也越发关注来自周围的目光和评判,此时赞许的目光和言语更能对学生兴趣的激发推波助澜。当小组成员站在"舞台"上,将排练的内容完整呈现在同学面前,台下的掌声、同伴之间的欢呼声都会产生巨大的激励作用,这不仅对于增添他们的自信大有裨益,更可以通过提高学生参与音乐课堂歌舞剧的积极性,来不断更新他们的自我认识。

(三)合于评析,体现实践研究的成果与成效

课堂歌舞剧的创编和排演培养了学生的创新意识,使学生的音乐素养有了显著的提升,较为明显的表现为以下几点。

1. 培养学生的创造能力

创造能力是艺术、乃至整个社会历史发展的动力,也是教育的根本目的。

在课堂歌舞剧的教学中,学生的创造能力主要体现在:

(1)剧本环节。学生结合音乐教材内容和丰富的联想,从不会创编到自己拓展创新。

(2)排练环节。无论是音乐、舞蹈、队形或是场景道具,学生学过或者未曾尝试过的方面都需要通过音乐的想象、思考、探索和实践来完成。

(3)表演环节。观众所喜爱的节目往往都有亮点,哪怕是一个上台的亮相、最终的谢幕,或者某些音乐元素,都能使节目更出彩,让观众印象更深刻。

2.激发学生的音乐感悟能力

《课标》中明确指出,音乐教学要把情感态度与价值观放在首位,激发学生学习音乐的兴趣,产生积极的情感反应。

学生通过参与课堂歌舞剧表演更能体会角色的情绪和情感。感悟来源于生活,对学生来说只有让他们进入角色说一说,唱一唱,演一演才能够唤起曾经驻扎在印象中的情感经历;感悟来源于想象,将可能或希望发生的事依托音乐表演让它梦想成真,满足自己的情感体验;感悟来源于交流,每位学生的经历不同,感悟也不同,通过课堂歌舞剧中同伴之间的沟通互助,丰富学生的情感经验。总之,教师的引导应以学生为本,根据他们的实际能力进行,从而使学生情感态度价值观得到相应提高。

3.提高学生的音乐学习能力

歌舞剧表演作为一种结合语言、歌唱、形体、舞蹈和角色扮演为一身的综合性艺术形式,需要全方面音乐素养的构成。在表演中,学生的唱、跳、演不再是完成任务式的过场,而是带着计划的、有情感交流和互动体验的故事表演。在排演的过程中,每位学生通过互助发掘自己的优势和不足,并建立更清晰的目标。因此,将音乐学习从被动转向为主动,将单一的音乐技能发展为多项特长,将自己的定位从观众变为参与者直至主演,为提高音乐学习能力奠定了良好的基础。

《课标》中指出,"音乐课程内容包括感知、表现、鉴赏、创造四个主题,每个主题的学习要求从情意、实践两个方面描述落实的思路"。音乐课堂歌舞剧的形式对学生情感体验和实践操作具有实际意义,通过基础型课程的学习到拓展型课程的扩充,直到探究型课程的深入——课堂歌舞剧更是符合"构建开放的音乐学习环境,提供多渠道获取音乐知识并进行综合实践的机会"的探究型课程的目的。

习近平总书记强调:"创新是一个民族进步的灵魂。"《课标》中也明确提出:"音乐课程是引发想象和激发创造的艺术课程。……音乐课程对提高学生艺术素养的价值不断增强,同时,音乐课程自身也在改革中不断发展。"随着基础教育的改革和整体发展,音乐教学应该充分发掘音乐艺术的创造性功能。课堂歌舞剧正是具备了这样一种特质,不仅在挖掘学生潜力、提高学生综合素质等方面有着诸多优势,更是在创新意识的培养上效果显著。因此,课堂歌舞剧是一种行之有效的创新音乐教学形式,对于提升学生的音乐素养有着重要的促进和帮助作用。

关于学生的音乐心理如何得以健康发展的思考

上海市西延安中学 肖 琼

一、心理学的应用性

心理学是研究心理现象和心理规律的一门科学。心理学所应用的范围极广,例如军事心理学(适应部队建设需要,促进心理疏导和防护,适应心理战需要等)、航海心理学(探讨海员对长期在海上航行的心理状态研究)、工业心理学、犯罪心理学等。这些可以充分说明心理学对其他的学科领域具有直接或者是间接的影响,所以说:心理学是经济万端,举足轻重的学科之一。同样的,心理学在教育教学中所起的作用也是不容忽视的。

二、心理学在音乐教学中的科学性应用

音乐教学中的心理学,是音乐教育心理学的一个分支学科。它以学校音乐教学过程中的师生交互行为为对象,研究教学情境中的各种心理现象及其变化规律。它从心理学的角度研究学生在音乐教学中的心理活动,包括学生在音乐欣赏、学习、表演及创作等活动中的心理活动(因为学生的各种音乐活动都是受其不同年龄的心理因素所支配的)。

因此,研究学生在音乐学习过程中的心理活动,有助于我们找出受教育者在音乐学习过程中所形成的思想情感、道德品质、个性及智力发展等方面的心理规律,这对学生音乐心理的研究,对提高与发展孩子们的音乐活动水平具有重大意义;研究学生在音乐学习过程中的心理活动,可对音乐教育工作提供心理理论的指导,帮助我们树立正确的音乐教育观念,了解不同年龄的学生音乐心理特点和规律,科学地进行音乐教学;研究学生在音乐学习过程中的心理活动还可帮助教师总结音乐教育教学的经验,提高音乐教学自觉性与水平,促进音乐教学的科学化。

三、学生音乐心理的主要特征

为使心理学在音乐教学中发挥有效的作用,我们首先必须清楚地知道我

们的学生究竟有哪些学习音乐的心理特征。下面先让我们了解一下不同年龄段儿童的一些音乐心理特征。所谓"儿童"在心理学中的概念是广义的,它是指孩子出生到成熟(18岁)之间的整个阶段。儿童音乐心理学研究的是18岁前各个年龄期的心理特征及其发展规律。

乳儿期(出生~1岁):这个时期乳儿的音乐听觉反应不太精细,也较缓慢;满2个月时就能区别一般的铃声或门声,有高低音的反应;3个月时有可能区分彼此相距八度音程的音调;5~7个月时能对大三度和小三度的音程有所辨别;在满1周岁时孩子有较好的节奏感,能用准确的身躯动作表现出来。

婴儿期(1~3岁):即先学前期。四度、五度音程可以辨认,出现了最初的学习音乐活动,可以模仿成人歌唱或弹琴拉琴动作;这时音乐记忆迅速发展,可以记住两三个乐句,有对音乐感兴趣的表现。这个时期可以是儿童音乐教育的开始阶段。

幼儿期(3~7岁):即学前期。这时期儿童的感知能力发展较快,除各种音程外,还可听辨一些简单的和弦,可以记住8—16小节的乐曲,可以完整地演唱、演奏一般的乐曲。对音乐的兴趣逐渐增大。

童年期(7~12岁):即小学阶段,又称学龄初期。已有观察音乐现象的能力,注意观看别人的音乐演奏、演唱,也能听辨较难辨别的和弦音;音乐记忆内容与篇幅增大,音乐想象开始自由地活动;在练习时能表现出一定的意志,并能产生美好的音乐前程的理想。

少年期(12~15岁):即学龄中期,相当于初中阶段。这时已有一定的自学能力,进步迅猛;记忆、思维、能力、意志、兴趣都趋向成熟。

青年初期(15~18岁):即学龄晚期,相当于高中阶段。这时已有了明确的奋斗目标,并自觉地进行学习;音乐听觉敏锐,能辨别各种音程及和弦,是音乐记忆表现最良好的时代,思维方法逐渐科学化。

从上述一般儿童的音乐心理特征。不难看出我们所面对的正是音乐心理发展最成熟的儿童,即少年期和青年初期。因此我们站在音乐教育第一线的中学教师,更应义不容辞地承担建设这个学科的责任。我们将有可能直接影响他们学习音乐的兴趣及能力。

四、让学生的音乐心理得以健康地发展

我们所面对的学生之间各方面都有很大差异。有的学生有超常的音乐心理特征,表现出突出的音乐天赋。但有一些学生对音乐反应较为缓慢,落后于正常的音乐年龄心理特征。要让这些个性特征不同的学生都正常地投入音乐学习中,学习音乐、喜爱音乐,我们就必须在音乐教学中重视他们不同的心理活动。那我们应该怎样让心理学在音乐教学中得以发挥它的作用,让学生的音乐心理得以健康地发展呢?

(一)激发学生音乐心理健康的关键是教师

音乐教学是情感与情感的共鸣,心灵和心灵的呼应,个性对个性的影响。因此音乐教师的专业技能技巧、艺术观、艺术风格,以至治学态度、言行举止、仪表风度、性格特征,都可能成为学生学习模仿的"范本",而对学生产生深远的影响。因此教师必须通过个人的品格因素、才能因素、知识因素和情感因素等品质,来树立自己在学生中的威信,从而给予学生一种非强制的影响。

1. 音乐教师要重视自己的仪容风貌、行为举止,注意生活小节

这直接体现教师的精神面貌,成为影响威信建立与保持的重要方面。尤其要重视在教育教学中留给学生的第一印象,教师在学生面前的第一次亮相,教师的仪表、举止、语调;第一节课中教师的选材、对教学内容的熟悉程度、教学示范、课堂组织的调控、教法的运用等能力都对教师的威信的树立、对所学科目的兴趣的形成,有至关重要的意义。这是因为师生首次见面,学生总是以强烈的好奇心与新鲜感来观察教师的言行、举动。由于此时学生的注意力高度集中,感知也非常敏锐,所以印象会特别深刻,记忆会长久保持。

2. 音乐教师对学生必须具备深沉的、执着的、浓郁的、理性的爱

学生的行为在很大程度上是以他们的感情和情绪为转移的。因此在音乐教学中我们要保护学生的自尊,进行扬长教育,使学生置身于教师对其的浓厚期望之中,时刻感受到教师的关心体贴,以亲切、平等、热情的态度对待学生,使其获得一种心理上的愉悦和满足,唤起他们的自我意识和自我价值感。

举一个最常见的例子,很多学生进入中学后反而不喜欢唱歌了,很大一部分原因是因为他们变声了。初一、初二的孩子,尤其是男生基本上都进入变声期阶段,由于喉结、声带的变化,嗓音亦出现异常,如发音困难,音调不稳,不能持久,易疲劳,容易走调,发出怪音。此时由于生理上的变化,亦会引发学生心理上的变化,出于害羞、怕被同学取笑的心态,变得不敢当众唱歌,产生了对歌唱感到茫然、懊丧、自卑、畏难的消极心理。此时我们应该给予学生更多的关爱,保护好学生的自尊。

自尊心和自信心是成功的种子,保护学生的自尊,才能使学生获得自信,

才能使学生渴望歌唱、感到愉快。首先教师要告知学生这是人生发育的必然阶段,是正常的生理现象,解除他们害羞、自卑的心理。其次教师应当教授相关的嗓音保护知识,帮助他们顺利地度过这一时期,如在歌唱时要求用正确的发声方法、尽量用轻柔的声音演唱歌曲等。最后尽可能减少歌唱的技术性要求,教学中适当穿插欣赏、器乐演奏等活动,使发声器官得到休息;应从学生的实际能力出发来考虑歌曲的音域、定调等;要考虑照顾男学生的声音特点,一首歌曲的识谱、学唱、完整的表现过程可以变换几个不同的调来适应学生嗓子的要求;适当降低音高,选择音域适当、好听、上口的短小歌曲,唱歌时间宜短不宜长等。

"太糟糕了""你唱跑调了"之类的说法是很消极的,它会毁掉学生的成就感和自信心,有一些学生因为"跑调"问题而不敢张口唱歌,对歌唱渐渐产生自卑感,而最终丧失学习音乐的愿望。作为教师,我们应该对我们的学生进行"扬长"教育,而不是过多的批评和指责。真挚的正面鼓励和引导,尤其是要清除某些学生的定式心理,善于从他们身上捕捉闪光点,促其成长,这也是实施素质教育义不容辞的职责。当我们指出学生的缺点时必须首先肯定他们的优点,比如说先肯定他们的演唱,"唱得很完整""速度控制得不错""节奏正确"等,先帮助学生克服心理上的障碍;然后再说只要在某些方面做一点小小的调整就锦上添花了,这样学生就比较容易接受了。一个微笑,一句鼓励,对一个孩子竖起大拇指,会给他们带来无比的温暖,让他们体会到歌唱的快乐,激发他们学习音乐的欲望。

(二)培养学生学习音乐的兴趣,激发学生健康的音乐心理

乌申斯基说:"没有兴趣,被迫进行学习会扼杀学生掌握知识的意愿。"心理学证明,兴趣是儿童主动学习的唯一动机。他喜欢就学,不喜欢就不学,或不爱学,即使你强迫他学,一般也不会有好的结果。因为在儿童时期,他的认知和思维能力有限,不可能对某一事物做出理性的判断,不能像成人那样为了某种需要去做。他只能凭自己的兴趣,而且这种兴趣还是不能持久的,很容易发生变化,或者渐渐浓厚,或者渐渐淡化。对音乐的兴趣也是如此,因此要深入对音乐的学习就必须始终引发学生的兴趣。

1. 引导学生探索音乐,提高学生学习音乐的兴趣

有人曾做过这样的研究:发现小学生一般喜欢童声歌曲,但在小学六年级到初中二年级,学生的逆反心理都特别强。而流行歌曲,尤其是摇滚乐,它的

节奏、动感符合中学生这个年龄阶段的心理状态,他们的逆反心理在社会、家庭得不到释放,所以到音乐中去寻求。我们应该允许这种寻求,而不宜将它们压制,因为这是一种正常的心理阶段。音乐很多时候是感情的释放,处于不同情感中的人会去寻求适当的音乐使情感得到抒发,而对青少年来说其关键是怎样正确的引导。

我在平时书本教学的基础上,适当地安排了关于流行音乐与传统音乐的讨论课,把一些优秀的、流行与传统相结合的音乐作品介绍给学生,组织学生开展讨论。正确地引导他们,在充分满足他们需求的同时,引导他们具有分辨美丑良莠的鉴赏能力。

在上民族器乐课时,我用民族乐器演奏流行音乐切入教学,优美的音乐旋律和激情的现场表演,拓展了中国民族器乐的欣赏群体,以其具有感染力的音乐和充满震撼力的表演在国内外弘扬了中国的民族音乐。同学们深深为我们的民族器乐所震撼,为我们意蕴深刻的民族音乐所折服,竹笛、二胡、古筝、箫等乐器的幽远意境让同学们爱不释手,难道这不能引导学生去关注民族音乐、喜爱民族音乐吗?

教师只要细心观察,注意抓住学生的心理特征,寓教于乐,这样就能增强学生参与音乐的兴趣。学生通过不断地聆听、比较和熏陶,优美动听的旋律一旦化为想象力,就会形成对低级趣味的音乐旋律进行排斥和否定的力量,形成正确的兴趣和心理情感。

2. 成功的体验,保持学生学习音乐的兴趣

对音乐的兴趣就在获取成功的过程中。当学生经过学习能够演奏一首乐曲时,他们获得了成功的喜悦,也进一步巩固了学习音乐的兴趣。根据儿童的心理,他们很容易得到满足,满足的同时又进一步产生了兴趣。因此,在音乐教学中,不能让学生感到失望,感到高不可攀,逐渐淡化兴趣,乃至丧失兴趣,要让学生经常获得成功的喜悦,始终保持学生的音乐学习兴趣。

在器乐课教学中,学生的口风琴吹奏水平是参差不齐的,有的学生在课外学习键盘乐器,有的学生在小学学过吹口风琴,而有的学生从没有接触过键盘乐器。在教学中,如果让全体学生一起吹奏一首有一定难度的乐曲,显然是不符合每个学生发展水平的。这时我会为程度比较低的学生,添加一个比较简单的声部,或是安排一些打击乐器,对不同的学生提出不同的要求。使每一位学生经过一番努力都能获得成功,使每一位学生都能在音乐教学中体验到成

就感、满足感,从而激发学生健康而丰富的学习音乐的心理。

(三)激发学生的主观能动因素,培养学生的创新精神

每个学生心理发展的内因,不仅有先天遗传的因素,更重要的还有主观能动的因素。所谓主观能动因素,主要指在音乐实践中,环境及教育向学生提出的要求引起学生新的需求。这些新的需求与学生已有的音乐心理发展水平之间产生矛盾,这一矛盾,就是学生音乐心理发展的内部动力。因此在音乐教学中,我们要准确把握学生在不同年龄阶段的这种矛盾特殊性,适当地提出稍高于现有音乐发展水平的要求,适当地开展创造性活动,以促使学生音乐心理向前发展。

学生是一个个思想、性格、技能及其心理特征都不相同的青少年群体,社会、学校、家庭环境的多重影响纵横交错,加之音乐传媒无所不在,这些在每个学生身上都产生了综合的效应。这也就使我们的音乐教学过程不能保持刻板、固定的模式,引导与创新就成了必然。我们的任务就在于激发学生的内在需求与动机,引导他们积极主动地、健康地发展自己。

1. 引导学生勤于思考

独立思考的能力、分析和理解音乐的能力十分重要。在欣赏教学时,我会精心设计一些提问,让学生带着问题,边听边思考。如欣赏古筝独奏曲《战台风》第一段前,我问学生"音乐中古筝的音色与传统的音色有何不同?""音乐的速度、节奏有何特点?向我们展现了怎样的景象?";第二段我则会让学生带着"音乐形象有变化吗?你想到了什么?""联想到的情景与古筝特有的演奏技法有关系吗?"的问题去欣赏……这样学生不是等老师来讲,而是通过欣赏,并结合已学过的音乐知识,以独立的思考来代替依赖,这样才能对作品、作曲家、创作背景、演奏技法、风格、特征等有更深的理解,从而养成自觉地学习音乐的能力。

2. 帮助学生学会创造

因为艺术就是创造,艺术美的主要特征是独创新颖,不可重复。通过举一反三,触类旁通,学生可随机应变,开阔思维,不局限于某种形式,不受消极定式的桎梏,以新的角度看问题,这样才能有助于培养学生的创新意识。如在音乐创作教学活动中,给学生一个4小节的音乐动机,让学生动手、动脑创编音乐旋律,每个学生积极开拓思维,在这一思考、分析、比较、判断的过程中,促进了发散性思维的发展。当编出各种不同的旋律后,让他们唱一唱、奏一奏,再

议一议,哪一条最好听,最具终止感。通过分析,训练了学生集中性的思维能力,这样长期训练的结果是大大增加了学生思维的变通性和灵活性,进而通过学生的勤于思考发展到善于思考来达到强化学生创新意识的目的。

创造性活动能够展示学生的艺术创造才能,能够启迪学生的创造意识,能够培养学生的创造性思维能力,丰富发展学生的创造才能。在教学过程中,音乐教师不仅要引导学生学会分析、理解、体验音乐作品的情感,更要帮助学生在音乐创造活动中充分表达与表现自己的情感。只有这样才能激发学生健康而丰富的学习音乐的心理,才能激励学生对艺术和人生的执着追求。

(四)通过各种不同的方法对学生音乐心理做长时间的观察和研究

我们要学习辩证唯物主义的认识论,以此为理论指导,并对儿童心理学有概括的认识,因为这可使我们对学生音乐心理的研究趋向理论化与系统化;我们可以用观察法进行实际的研究,对学生学习音乐进行分期、分步骤的观察、分析,并得出结论,做出系统的记录;我们还可用谈话法与学生们进行交谈,了解他们的兴趣喜好、情绪、能力与毅力等,做出记录,对各种问题做出科学的答复;实验法是当今最普遍采用的科学的方法之一,也是我们应大力提倡的方法,其做法是规定一定的时间、地点、命题,必要时要设置对照实验,经过测量,取得数据,再用统计的方法做出定量和定性的分析与结论。当然以上的方法不是孤立进行的,应有机地结合起来应用。需要注意的是,要充分注意到儿童的年龄特征,对每个发展,都要进行观察、思考与研究,以科学的态度进行深入探索。

作为一名21世纪的音乐教师,我们有责任研究在音乐教学过程中学生的心理变化,我们有责任引导学生主动、健康地发展自己的音乐心理,只有这样才能让我们的孩子学好音乐、喜爱音乐,只有这样我们的生活才会变得更美好。

融合应用音、视频技术，提升中学音乐教学美感

上海市仙霞高级中学　赵唯玮

当今，多媒体技术随着信息技术迅速发展，丰富而鲜活的音频、视频资源已被广泛地用于中小学音乐教学。在平台技术、软硬件技术的支持下，音、视频多媒体处理技术与效能越来越显著，如传播质量越来越高，操作越来越便捷，体验越来越丰富，功能越来越细化，创作越来越自由等；把现代的音、视频技术引进课堂，融进学习，尤其是在掌握其操作要点的基础上，让学生直接参与制作，让学生利用这些音、视频工具来解决实际问题，可促使音乐课堂变大、变新、变活，以及有效地提高学生的音乐修养和音乐的感受力、理解力，从而凸显并实现音乐教学或学习中的美感享受。

通过近几年的实践探索，本人认为可以从以下几方面抓住现代音、视频技术优势，凸显中学音乐教学美感。

一、通过音、视频技术提供高质量传播，选择更合适的教学资源

随着现代科技的高速发展，科技手段的不断更新，音、视频资源的可选择范围更加广泛。各种 K 歌软件、音频软件包括最新潮的直播软件，都成了当下最流行的热门软件，也深受学生们的喜爱。

库乐队是一款独特的乐器模拟软件。它模拟键盘、鼓、弦乐器、贝斯、吉他，还有多种世界民族乐器的音效，并可使用其中的录音功能录制任何声音。其中的虚拟伴奏鼓手还可以自动创建节拍和过门，为同学们在制作合成自己的手机音乐铃声提供便利条件，同学们在使用后，兴趣连连。再如 iMovie，更是为同学们制作音、视频作品提供了良好的先决手段，设置在课程设计中以所学唱过的歌曲《梦的世界》为题，可让同学们借助于网络资源搜索相应素材，放入其中形成与曲名、音乐风格相符的完整的视频片段，并根据自己制作的视频来演唱歌曲，最后还能合成并互动交流制作成果。

学习使用高质量的音、视频网站，APP和硬件，既可培养学生在意识上与其他姊妹艺术相结合的发散性思维，也可为学生创作表达分享提供有利条件。为学生提供选择现下最适合的音、视频制作技术，从而更好地提高学生兴趣、视野与认知。当这些音、视频软件变为音乐课上的"官方展示软件"时，玩转音乐的浪潮在音乐课上逐渐呈现出它无可比拟的优势。同学们可利用各种合适的音、视频技术来丰富自己的音乐作品，完成并制作。无疑，这样的音乐课堂成为同学们所关注的新焦点，最新的音、视频技术也成为同学们课堂中共同探讨的对象，辅助教学极大程度上呈现出了中学音乐课堂中的教学美感。

二、通过最新的音、视频技术实现便捷性操作，教学能获得更好技术支持

随着现代移动技术、平台技术为核心的信息技术的发展，让一切过程性操作变得越来越便利。便利的操作会为学习提供美好的感受，让学生在实践中切身体会音乐乐趣，感受音乐美感。例如可以在学生进行《巡逻兵进行曲》创编活动后引导学生用专业音频软件Adobe Audition录制自己演唱的歌曲，并对录制好的歌曲做一些简单的效果处理，比如加入延迟效果，干、湿音的调整等。引导学生自发主动地去思考怎样优化制作出的声音能够达到美化声音最佳的效果，最后制作成个人的音乐小样，利用"云"传播与"云"展示让学生有更多的机会来展示自我风采。不同于以往单一的传统的教唱方式，尝试用这样的教学设计环节能够更加有效地提高学生音乐实践综合能力的水平，并能够提升学生的主动参与意识和音乐美感的培养。

对于学习者而言，视觉、听觉，还有运动器官协同工作，共同作用于一个目标，才符合知识规律，适合人的情感需要，产生积极的学习愿望。合理地将音、视频技术运用在现今的中学音乐课堂中，其目的是使教学内容的呈现方式更科学、合理。使学习者学习起来更轻松、愉快、高效。学生在欣赏优美画面和MIDI音乐的同时脑海里会产生种种丰富的想象，好像身临其境一般，定会激发起强烈的音乐表现欲、创造欲。这既符合知识规律，也适合学生们的情感需要，能产生积极的学习愿望，从而达到较好的学习效果。

三、通过音、视频技术提供体验性参与，让学生学习更加身临其境

爱因斯坦说过：兴趣是最好的老师。以音、视频为核心的多媒体教学，可以利用各种教具、学具、投影、电影、录像、录音、计算机等媒体，集光、形、色于一体，直观形象，新颖生动，能够直接作用于学生的多种感官，让学生学习更加身临其境，增强学习的兴趣与兴致。

以往的音乐课中，学生对于音乐理论知识的学习大多是以枯燥、乏味且单一的传授方式进行学习。其结果往往不尽如人意。然而，当代音、视频技术却给音乐课注入了新鲜的动力，使音乐理论形象化、兴趣化。如在讲到音乐时值与五线谱记法时，可以让学生们将学唱的歌曲《一生一世学做人》在掌握五线谱打谱软件的操作要点后，自行选择适合的音符时值完成乐谱的制作。而选择的 Finale 软件操作方法简单，界面友好易上手。随着学生在课堂上多次的提问，可以感受到这样的课程设计既可巩固之前已经学习到的音乐知识部分的理解与运用，又能够让学生对此产生主动学习的浓厚兴趣。

又如在对交响乐队及其音色的介绍时，也可以适当用此软件的乐器音色功能进行辅助教学。选择在同一旋律的基础上，让学生在此软件的音色库中挑选出自己所喜欢的音色放在乐曲的各声部中，听听不同音色组合而成的多声部音乐片段所产生的音乐效果。这样，不仅可以让学生熟悉各种乐器音色，还可以让他们了解各声部之间每种乐器并不独立存在，且体会出不同音色产生的不同的旋律美感，从而达到事半功倍的教学效果。

四、通过音、视频技术具有功能性特技，让教学重点难点更好突破

由于音、视频技术形象具体，动静结合，声色兼备，具有无可比拟的优点。所以恰当地运用音、视频技术可以化抽象为具体，使教学内容形象化、生活化、清晰化、拟人化，可以调动学生各种感官协同作用，解决教师难以讲清、学生难以听懂的内容，从而有效地实现精讲，使得在运用多媒体课件上课时能取得传统教学无法比拟的教学效果。

例如，在便于学生理解一些较为抽象的音乐知识的情况下，更可以借助于一些音、视频技术手段来完成教学目标。比如，在音乐要素节奏、节拍这一环节中，可以使用 Auralia 软件。此软件不仅在讲解音阶、音程及简单的和声内容时可以起到较好的教学效果，在节奏、节拍的节奏与速度的课程中同样可以发挥作用。就在 Auralia 软件中的"节奏"这一课题的节奏风格栏目里，可以请同学们一同来听赏，让他们了解到不同风格的音乐作品具有不同的节奏风格特点。与此同时，在欣赏的过程中学生可任意改变原有速度，这样又可以让他们对于音乐的节奏与速度之间密不可分的必然联系有所了解，进一步体会在音乐中不同节奏与不同速度之间所产生的美感。

五、通过音、视频技术支持自由性创作，让学习成为个性化表达

音、视频技术在音乐教学中可以使学生发挥自己的想象力，从而进行音乐

创作活动,使学生的才能和个性得以充分展示,也可以体现出以学生为主体的教学方针,并且给学生搭设有力的自主式学习平台。

介绍进行曲风格的音乐作品时,在让学生熟悉掌握吹奏的旋律《巡逻兵进行曲》的同时,在课程中设计了在原有旋律基础上进行创编歌词的环节进一步掌握进行曲风格的音乐作品。要求同学们能够用生活化的语言描写所感兴趣的一个话题展开创编。这里融入了音、视频软件《TT作曲家》来辅助教学,让每位同学直接在软件中进行编创活动,并利用此软件对乐曲旋律进行结构分析。在了解了一些简单的填词方法后创编。由于软件本身带有智能自动伴奏功能,还可以让学生自由选择加入的进行曲伴奏风格来提高学生的学习兴趣。最后让学生们自行挑选出最具音乐美感的音乐作品进行展示并且一同演唱其作品。从完成的学生作品如《水果进行曲》《蚂蚁进行曲》等可以看出这些对于培养学生的创新思维与音乐美感的感知能力等方面都有一定的推动作用。

利用网络支持获得丰富的音、视频技术资源,转变学习方式。针对教学来讲,我们的最终目的是为了让学生掌握所必备的基本知识以及基础技能,深入培养逻辑思维能力与空间理念,让其能利用已有的理论知识处理一些现实问题,同时渐渐产生创新认识,塑造学生优秀品行与简单的辩证唯物主义的思想。要达成教学目标,在课堂教学中利用音、视频技术还要重视以下几点:首先,利用音、视频技术有助于开发学生学习知识的好奇心,提升其参与教学活动,自主学习的主动性;其次,利用音、视频技术有助于展现教学流程,让知识疑难点与侧重点有所彰显;再次,利用音、视频技术有助于开拓内容、显示规律、提高学生空间感;最后有助于丰富信息,提高课堂利用率,从而进一步提升教学效率和质量。总而言之,我们教师应该不断去尝试融入音、视频技术来提升音乐教学美感,促进学生全面的发展。作为音乐教师只有利用音、视频技术使用的最佳时机,最大限度地发挥现代科技技术的巨大功能,使学生更为有效地参与到感受音乐、鉴赏音乐、表现音乐、创造音乐的过程中来,使音乐课堂变大、变活、变新,融合应用音、视频技术,提升音乐教学美感。

初中生音乐创编能力的教学实践探索

上海市复旦初级中学　张　蕾

音乐创编是初中音乐教学的重要组成部分,是培养学生音乐创造性思维、创新意识、创新能力的有效手段。它通过音乐材料的组织与发展,以不同的形式表达思想感情,表现音乐意境。音乐创编有助于学生形成自主探究、独立思考、合作表现的习惯和态度,懂得理解规则、尊重和欣赏他人的学习成果,进而激发热爱和创造美好事物的热情,从中发展学生的音乐想象力和艺术创造力。

2020年10月15日,中共中央办公厅、国务院办公厅印发的《关于全面加强和改进新时代学校美育工作的意见》中指出,要在学生掌握必要基础知识和基本技能的基础上,着力提升文化理解、审美感知、艺术表现、创意实践等核心素养。其中,艺术表现则是通过歌唱、演奏、综合艺术表演和音乐创编等活动,表达音乐艺术美感和情感内涵的。由此可见,做好初中生音乐创编能力的培养,对落实音乐学科核心素养,有着积极重要的意义。

一、落实课堂教学目标,夯实学生音乐创编的基础

音乐是一门创造性很强的艺术。音乐活动自始至终都包含着二度或三度的创作,体现他们对音乐的不同诠释与演绎。初中音乐的创编活动,不同于一般音乐专业的音乐创作,其目的在于培养和发展学生的创新意识和创新能力。

由于音乐本身非语义性的特点,它必然能发展学生丰富的想象与联想能力。这种能力也是创造性活动的基础,也只有在创造性的实践活动中才能更好的得到培养。这种培养是音乐感知、理解、表现、探索、尝试的过程,而这个过程也正是建立在音乐基础知识与基本技能基础之上的。

音乐的基础知识和基本技能,对于音乐学习无疑是必要的。一定的音

乐知识与技能是一个全面发展的完人所必备的素养。知识与技能作为音乐学习的基础，已被广大音乐教师所认同。但我们必须改变过去音乐课中那种单纯传授知识与单一训练技能、技巧的现象，要把它融入具体的音乐实践中去，与激发兴趣、情感、态度等因素紧密联系在一起。只有这样，才能体现知识与技能的价值，才能真正使知识与技能成为音乐学习的基点。

以笔者执教的区级研讨课《少年中国梦》（上海教育出版社音乐六年级（第一学期）第二单元《菁菁校园》）一课为例。其中，笔者设计的一个重要教学环节就是让学生为歌曲《少年》创编身体动作打节奏并表演。围绕这一个教学目标，笔者首先从歌曲《少年中国梦》第一段入手，在学生学会并能较好演唱歌曲第一段的前提下，从歌曲的拍号，引出"节拍"的定义，让学生知道并理解4/4拍的含义及强弱规律，并通过边唱边律动的方式，体验歌曲节拍的强弱规律对于"节拍"的定义，如果只是通过教师讲解，那么学生的理解只能停留在表面。而笔者在本课中通过引导学生边唱边律动来体验，让学生通过亲身体验更加深入地领会歌曲节拍的强弱规律。通过本课的创编活动体验，学生懂得了一定的知识，又掌握了一定的技能，为之后歌曲《少年》的身体动作创编及表演奠定了基础。

二、多措并举，激发学生音乐创编的兴趣

著名哲学家、教育家杜威说过："兴趣是生长中能力的信号和象征，兴趣显示着最初出现的能力。"兴趣是音乐学习的原动力，是人们积极认识某一事物所表现出来的喜欢、热爱的心理倾向，也是大脑皮层兴奋性增强的结果。当人们对一事物产生兴趣时，往往会主动愉悦地参与、认识和探究。因此，激发学生学习音乐的兴趣是激发学生音乐创编的原动力。

音乐是情感的艺术。情感是审美过程中最活跃的心理因素，是音乐审美体验的动力。在音乐教学过程中应紧紧抓住兴趣，把握调节情感的技法，适时点燃学生的情感火花，打开学生心灵的窗户，使他们在兴趣的引导和情感的激发中进入审美体验阶段。

同样在《少年中国梦》一课的教学中，为了能让学生更好地掌握以下节奏（见图1）并能灵活地运用，笔者设计了按这些节奏，分组抢坐椅子的游戏活动（教师给每组学生准备了一条4/4拍的节奏，请本组学生看到节奏后快速把节奏用坐椅子的方式表示出来，一把椅子代表一拍，如果遇到半拍，就坐半把椅

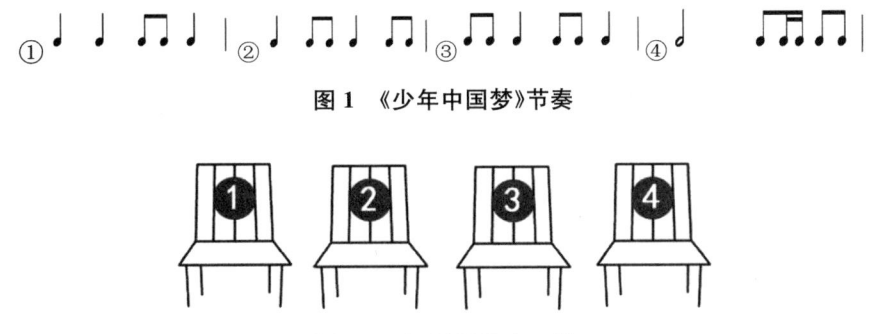

子,看哪组坐得又快又准),这个游戏极大地激发了学生的学习兴趣和热忱,尤其是 ♩ ♫ ♫ | 节奏,学生的发散性思维得到了很好的激活。(见图2)

图1 《少年中国梦》节奏

图2 一把椅子代表一拍

三、根据音乐创编的类型,引导学生开展各类创编活动

音乐创编可以分为节奏创编、旋律创编、歌词创编、动作创编、综合创演等多种类型。结合初中音乐的教材内容、教学现状和初中学生特点,在课堂教学中比较适合开展节奏创编、旋律创编、动作创编、综合创演这四种类型的创编活动。因此,笔者引导学生开展了丰富多彩的音乐创编活动。

(一)节奏创编

节奏是音乐的骨架。节奏与节拍组合,使乐曲产生强与弱、快与慢、动与静等变化,这些变化是表达音乐内容、表现乐曲风格的重要手段。

节奏创编不仅可以体现教学活力,还能激发学生的想象力,让学生感知音乐传递的相关生活情境。节奏创编还是激发情感的关键,节奏赋予了音乐巨大的魅力,是音乐中的节奏与人身体的一部分发生了共振,人们才会体会到音乐的美妙之处,才能领会到音乐的真谛。

以笔者执教的上海教育出版社出版的《音乐》(七年级第二学期)第三单元《非洲掠影》——《走进非洲》一课为例。其教学目标中有这样一点:体验非洲音乐中复杂多变的节奏特点,感受非洲民间音乐的风格极其丰富的艺术感染力。这一教学目标又是如何落实的呢?笔者首先请学生欣赏了一段非洲音乐,之后提问:这段音乐的节奏特点是什么?从而引出了非洲音乐节奏复杂多变的特点。随后,笔者给出了跟这段音乐有关的4种节奏型,请学生分组拍手练习后统一演奏,每一种节奏型对应一种颜色的卡纸,笔者举起哪种颜色的卡纸,就请那一组的学生重复拍击本组的节奏型。于是,在笔者的"指挥"下,学生们时而单组演奏,时而几组配合演奏,教室里呈现出此起彼伏,复杂多变的节奏拍击表演。接下来,笔者问:"除了老师安排好的顺序,你觉得这4种节奏型还可以按怎样的顺序和声部进行演奏呢?请小组同学集体思考、商讨、练习后,每组给出一个演奏方案并表演。"经过小组讨论和练习,每组都给出了自己的演奏方案并表演,笔者请学生们选取了其中一个方案,全体演奏。结果,学生设计的演奏方案效果很好,让人仿佛置身于非洲的欢乐节日当中。在节奏创编完成后,学生能更好地、更准确地了解非洲音乐复杂多变的特点,对非洲音乐留下深刻印象。

(二)旋律创编

旋律是音乐的灵魂。旋律创编能给学生带来很大的想象空间和创作自由,让学生有更多的机会和形式展现自己。

初提旋律创编,学生可能会觉得很难,教师要做好教学设计和引导。可采用"旋律唱答""补充乐句""即兴模仿"等形式进行。例如:教师唱出旋律上句,由学生接唱下句;教师唱出一个不完整的乐句,由学生补充完整;教师唱出一个乐句后,学生即兴进行同向或反向的模仿等。也可以在设置好固定节奏型的基础上,根据具体要求来创编。或根据作品内容先设计旋律线,如表现激动或是平静的情绪,旋律线画好后,再来具体写作。还可以根据作品的创作手法模仿写作,如《春江花月夜》的鱼咬尾手法;《青藏高原》中五度跳进的藏族山歌手法;《踏雪寻梅》中低声部的同音反复手法等。

在笔者执教的上教版七年级《春节序曲》一课中,在教学生吹奏《新春秧歌闹起来》时,笔者请学生在原谱基础上为《新春秧歌闹起来》创编第二声部,旨在提高学生学习音乐的兴趣,促使学生更深入地了解音乐,开阔思路,提高旋律创编能力。为了方便学生创编,降低难度,笔者建议用1356这四个音来编,而且只编前四句,每一小节编一个音即可,时值是两拍。最后,学生们编得都非常好,各有各的想法。笔者呈现了一位学生创编的第二声部,请大家吹奏,学生们发现加入第二声部后,这段旋律的表现力更丰富了,音乐的欢乐情绪也感染了学生。这时再告诉学生旋律创编其实没有想象的那么难,人人都可以掌握,这个创编活动,也让学生也变成了小小作曲家!这也增强了学生的愉悦感和自豪感。通过旋律创编,学生的音乐知识得到丰富,音乐感知力得到加强,创新意识得到培养,音乐素养得到提升。(见图3)

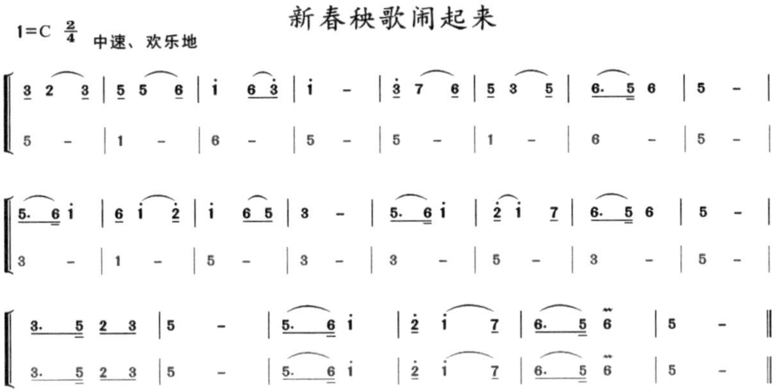

图3 《新春秧歌闹起来》曲谱

（三）动作创编

古人云："言之不足，歌之，歌之不足，舞之蹈之。"在歌唱教学或欣赏教学中，当学生唱会歌曲或听赏内容时，可引导学生依据作品的主题、情绪、意境创编适当的动作，以声势、律动、舞蹈等形式来表达自己对作品的理解，这样学生就进入了参与作品的积极状态，能更好地体验作品的情绪，表达自己的情感。

以笔者执教的上教版六年级第四单元《民族花苑》中的《瑶族舞曲》欣赏课为例。《瑶族舞曲》这首乐曲感情丰富，形象鲜明，生动地描绘了瑶族人民欢庆节日时的歌舞场面。这首曲子是由复三部曲式写成，三段乐曲的情绪对比明显。笔者在给学生初听和分段欣赏后，让学生仔细体验每段乐曲的情绪和所表现的意境，再把编好的，具有鲜明瑶族舞蹈特色的简单律动教给学生，给学生一段时间消化，再请全体学生跟随音乐律动，学生们顿时兴趣盎然，情绪高涨。最后笔者请学生们进行了动作创编：请几位学生敲击固定节奏，其他学生可以用刚才学过的动作律动，也可随性起舞，即兴表演，全体再来表演一次《瑶族舞曲》中的一段。学生们精神抖擞，热情饱满地完成了此次表演。通过动作创编，学生表现了音乐语言，充分享受了音乐的美和参与的快乐，唤起了学生丰富的想象，启发了学生的情感，不断拓展了学生对音乐内涵的理解。

（四）综合创演

德国音乐家奥尔夫曾说："原本的音乐不是单独的音乐，它是和动作、舞蹈、语言紧密结合在一起的。"音乐课创编的各个方面可以相互联系并综合成一个整体，通过音乐要素和实践活动的综合，以演奏、演唱、舞蹈等多种表演方式呈现。综合创演的内容多样，形式灵活，教学中可以让学生选择适合自己的创作表演方式,把全体学生的普遍参与和发展不同个性有机结合。

仍然以笔者执教的《走进非洲》为例。笔者通过对非洲音乐的分析,总结出非洲音乐"有歌必鼓,有鼓必舞"的特点。非洲的鼓和舞是非洲人民的亲密伙伴,他们经常会用丰富多变的鼓声来表达各种不同的情感,快乐的、激动的或是悲伤的。这次的综合创演,笔者先请学生运用节奏这个音乐要素来进行分组创编,体验一下非洲人民的情怀。学生们可创编一条二四拍的节奏,长度为三小节,也可用不同的方式来表演,如击掌、跺脚、敲打桌面等,形式不限。然后请学生分组表演创编的节奏。之后,又请学生欣赏了一段非洲歌舞片段,并分析非洲歌舞的特点。而后,教授给学生一些基本舞步,请学生跟着节奏模仿。最后,伴着独具特色的非洲音乐,请一部分学生上前跳非洲舞,并把课前准备好的非洲项链分发给他们,其他学生以小组为单位重复演奏本组创编的节奏。此时,全体学生都活跃起来,有几个胆大的学生还不时地发出喊声,仿佛大家就在广袤的非洲大地上尽情狂欢。这节课,在让学生感受和体验非洲音乐之后,为了让学生能更好地、更准确地了解非洲音乐的特点,笔者设计了生动有趣的综合创演活动:分小组创编节奏、学跳非洲舞蹈和即兴表演,使学生在合作交流中学到知识,感到快乐,体验到非洲音乐的特点。

四、有效评价,鼓励和指导学生的音乐创编活动

评价是教育教学改革的"牛鼻子",也是教育教学活动旅程中的"最后一公里",它直接关系到教育教学是完美收官,还是前功尽弃。科学、合理的评价能激发学生对音乐学习更大的兴趣,激发他们主动去学习、去感受、去体验音乐的美,提高音乐艺术素养。

笔者认为,在学生创编活动的过程中,应充分发挥评价的激励性、导向性、诊断性等作用,尽可能地用较为准确、形象的文字,质性地评价学生在创编过程中表现出的兴趣爱好、情感反应、参与态度、合作精神,以及学生探究学习的能力,激发学生音乐创编的兴趣和热情。有时老师的一个眼神、一个微笑、一个点头、一个手势(伸出大拇指),都是学生学习中的一个"兴奋剂"。

例如,在《走进非洲》一课中,请小组同学集体思考、商讨、练习后,每组给出一个演奏方案并表演。经过小组讨论和练习,每组都给出了自己的演奏方案并表演,笔者请学生们选取了其中一个方案,全体演奏。结果,学生设计的演奏方案效果很好,让人仿佛置身于非洲的欢乐节日当中。这个选取其中一个方案进行演奏,其本身就是一个评价的过程,而且效果很好,有力地强化了

学生学习过程合作行为,提高了学生创编的积极性。又如,在《瑶族舞曲》中的动作即兴创编的表现,笔者及时地对学生的动作创编行为和成效进行点评指导和称赞,激发了学生们后续进一步学习音乐,学好音乐的愿望和热情。

从上述实践探索反映出,初中音乐课堂的创编教学活动不仅能培养学生的实践能力和自主创新的意识,还能给学生带来创编的快乐——用音乐要素来加深感知、表达情感和表现情境的快乐。作为新时代的音乐教师应重视课堂创编环节的教学,培育学生创新能力,激活学生创新思维,让学生在创编过程中巩固已学的知识技能,掌握灵活的学习方法,增强成功的愉悦感和自豪感。作为音乐教师更应学习先进的教学理念,探索多样的教学途径,开阔眼界和思路,优化自己的课堂,让身处课堂中的每一位学生都向美而生,逐光而行。

中职生合唱教学难点与对策探究

上海南湖职业技术学院　王　丹

美育能提升审美素养、陶冶情操、温润心灵、激发创新创造活力,这个功能性特点对于广大的中职生来说尤为重要。为贯彻落实习近平总书记关于教育的重要论述和全国教育大会精神,进一步强化学校美育育人功能,构建德智体美劳全面培养的教育体系,各学校都在全面加强和改进新时代学校美育工作。美育的本质是发现美、利用美、表达美的过程。鉴于中职院校的教育定位与学生特点,为培养青年人的社会责任感,大力发展美育也是一个发力点。作为一线的艺术学科教师,理所应当对美育工作及其方法上进行一些深入的思考。本文将以合唱艺术教学为切入点,着重从行之有效的教学手段上做进一步的探索研究与交流分享。

一、中职学生的学情分析与合唱教学现状

随着教育部对艺术水平的要求越来越高,中职生每三年一轮的合唱比赛,深受广大师生的青睐。就合唱艺术来说,合唱是一门综合性较强的音乐艺术表达形式,它有别于单一的演唱。合唱的独特魅力在于多声部合作演唱时听觉上的可塑性和感染力,能够瞬间拉近演唱者和听众的距离,让人们沉浸其中。

合唱中有良好基本功的演唱者是提高合唱效果的关键,也就是合唱教学要强调基础训练的重要意义所在。一般来说,合唱基础能力包括乐理知识、对音乐的鉴赏力及感知反应力和演唱发声技巧等几个方面。

面对中职学生学习目标不明确、缺乏自信、学习方法不对,往往事倍功半的学情特点,合唱水平也是参差不齐,几乎没有程度较好的同学。在实际教学中,由于不同年龄段学生的合唱基础能力差异问题,甚至于同一年龄段的学生个性能力上的差异,加之一些不同学校的音乐课设置内容上缺乏系统性及连续性等诸多因素,无形中增加了对合唱教学的难度。教师如果不从现状去分析研判,而抓不住那些困扰学生的难点或薄弱环节的话,教学成效就很难保

证。因此，音乐教师要认识到合唱教学基础训练的重要性，逐渐强化学生的歌唱方法和技能，进一步增强学生的音乐感知力和表现力，从而促使学生之间的互相帮助，共同进步，演绎出完美的合唱，实现学生音乐素养和综合能力的全面提升。

笔者认为，合唱基础教学应提倡采用把合唱训练中所涉及的学生应该具备的所有基础能力教学内容整合在一起，贯穿于合唱课程体系中。实践证明，在数字技术赋能教育的时代，教学改革接受了这份新时代的红利，为音乐合唱教学增添了一种强有力的智能化手段。通过对音乐合唱教学的改革，提高音乐教师的育人水平，让教师更加顺利地解决新时期困扰合唱教学中的问题。这样，能够良好地提高音乐合唱教学质量，从而对于新时期音乐合唱教学改革具有重要的意义。

二、中职院校开展合唱教学的难点及本人的教学策略

合唱艺术需要学生具备长期演唱的专业训练，要求具备较强的音准听辨能力。学生学习方法不对，学习中缺乏要领，没有针对性，往往事倍功半。另一方面，学生基础跟不上也会导致没有学习兴趣。上述因素相互影响导致不良循环，合唱很难见成效。其根源在于没有明确目标，缺乏自觉学习习惯、信心、耐心和能力。针对这些特点，教师要带着学生明确方向，教会他们自学的方法和手段，鼓励他们发扬刻苦耐劳的精神，有针对性的激发和诱导学生的学习兴趣，创造良好的学习环境，不断提高他们的积极性和自信心，让他们看到自己的希望和努力的方向，全面提高学生的综合素质。

目前，大多数合唱教学采用传统的教学方法，也就是传统的大班教学方法，难以从根本上提高学生的合唱能力与素养，无法准确把握每一个学生的实际特点，不能满足合唱教学的基本需求。究其原因不外乎受以下几种影响：学校对课程的重视程度、教师的教学积极性、学生实践的时长与机会等；但关键问题还在于教师对合唱教学的专业理解程度及其教学方法上的创新能力，再者是课程设置的体系化、音乐知识点的融合度问题。经过多年的探索实践，笔者认为，在除专业音乐学院外的大中小普通学校中，对于合唱基础能力的提高乃是重中之重，不可忽视；教学方法和课程体系上宜采用一体化训练模式，能够在一定程度上改变与拓展传统那种相对滞后的教学方法或者模式，成效较为明显。

随着人工智能及5G时代的到来，网络改变人们生活的同时，也改变了传统的教学模式。线上线下的融合教学手段日趋成熟，智能终端已经应用于现今的各院校，通过疫情时期的教学实践，广大师生从中受益，受到了教育专家和全社会的认同。与此同时，合唱基础教学的一体化训练模式正是顺应时代潮流、在传统的课堂集体施教的基础上结合专业特点及应用创新的新手段新方法，以期能最大限度地提高合唱训练的水平，为广大教师提供多一种有效手段以应用于实践。

目前，市面上已出现并为广大音乐学习与爱好者熟知的视唱练耳软件有：Auralia、Listen、Practica Musica 等，其中 Auralia 软件平台是设计较为全面的包含音程、音阶、和弦、节奏和旋律等几乎所有听觉训练内容的软件。

Auralia CN 是视唱练耳软件，分电脑端和移动 APP 端。其中电脑端包括课程、训练、考试、曲库、模唱等所有功能；APP 端包括课程、训练、考试等功能，其课程主要分为听音训练课程1～6级、乐队听力课程1～9级和爵士乐课程1～3级，涵盖了音程、音阶、和弦、节奏、和声与曲式、曲目、音高与旋律、音乐元素等内容。

Auralia 软件界面设计简洁友好，使用操作简便，一看就会；国内已建立了云端服务器，以存放课程、题库、曲目等数据，通过软件学习、训练、考试，在教学效率及对学生的评估与跟踪方面非常实用，实现了学校、家庭、外出多场景的学习体验。笔者通过两个学年的教学应用实践，在探索合唱基础一体化训练体系中，通过这种多媒体手段做了有益的尝试，收获甚丰。针对合唱基础能力的训练，运用课堂教学加 Auralia 软件平台结合的方法，目的是让学生建立音准概念，训练基础音阶，了解音与音之间的关系；训练节奏及对音的线条有个初步了解，对合唱多声部训练有个概念的认识和具象的直观感受。

图1、图2、图3 为部分软件功能界面截图及最便捷的应用方法，以示范分享。

图1　Auralia 软件平台电脑端主界面

图 2　Auralia 软件平台手机端界面 1

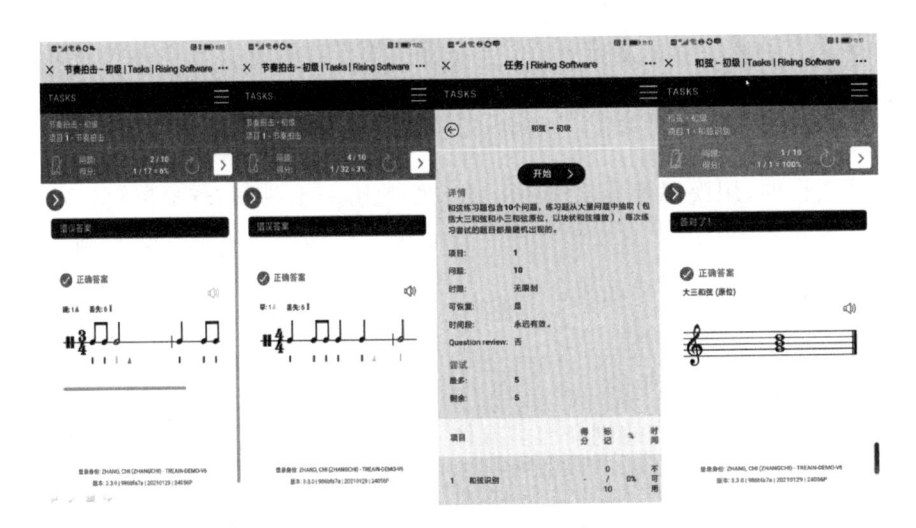

图 3　Auralia 软件平台手机端界面 2

（一）教师可以登录电脑端，使用同一账号，支持移动端电子设备

这是一个开放式教学平台，允许教师自定义课程与练习作业；利用考试工具，教师通过软件出题、学生登录软件答题、系统自动改试卷、成绩自动反馈给教师。在教室中，学生与教师可以共享画面，同步操作，可以完成体验、聆听音符、答题等互动基础训练。

（二）充分利用个性化训练工具

在 Auralia 视唱练耳中，首先，软件需要采集学生的声音样本，来判断所在的音域范围,如男中音、女高音等;然后软件会自动生成与之对应的练习题,进行有针对性的个性化训练。

(三)布置训练作业与考试功能也是十分方便

系统的自动化功能能生成最终的一个成绩报告单,整个考试过程都可以通过软件实现。

(四)考虑实际情况,如网络环境、设备准备等因素

可以尝试用软件+课本+题库结合的办法,在纸质化的课本上完成教学。

三、教学成效与分析

创新教学形式实施后,学生可以有效利用随身携带的手机进行学习,有问题可以第一时间发给教师进行答疑,这种方法使学生从直观上认识事物,记忆深刻,兴趣浓厚。学生对新事物充满好奇,另外正好利用手机 Auralia 视唱练耳训练软件,让学生可以利用碎片时间进行学习和巩固知识,学生在快乐中学到了知识。从教学效果来说 Auralia 系统应用于合唱基础教学不失为是笔者一次成功的尝试与探索,所指导的合唱队参加 2019 年上海市中职生合唱比赛荣获一等奖的佳绩。

实践证明,用视唱练耳软件 Auralia 系统为基础,探索基础训练的方法,成功地为合唱教学打下了坚实的基础。从而进一步构建和完善合唱基础一体化训练模式体系,把基础训练和合唱教学内容紧密结合起来,把教学目标任务结合起来,形成一套完整的教学课程内容体系,以利于推广辐射,将有益于合唱艺术的提升,为培育学生的美育素养添砖加瓦。

合唱基础训练形式的创新与多媒体手段的大胆应用,能改变呆板的"填鸭式"教学模式,让学生作为实践的主体,从而为中职学生提供高效扎实的提高合唱水平的良好途径。展望未来的教学,我们中职教师要拓宽视野,创新思维,充分利用现代化手段,优化时间利用率,用更多的时间精力在教学中去思考、去探索、去实践。

让"真合作"在音乐教学中发生
——以《你好,非洲》一课为例

上海市第三女子初级中学　叶　莺

合作学习是 20 世纪 60 年代末、70 年代初在美国兴起的。我国从 20 世纪 80 年代末、90 年代初开始进行合作学习的研究与实验,并取得一定的效果。时至今日,合作学习依然"热门",许多公开课将"小组合作"作为"标配",课堂气氛搞得轰轰烈烈,但细看、细听之下,不难发现,有的分组煞有介事,目标却不明确,展示很是投入,最终却无评价,效果就可想而知了。如何让"合作学习"真实发生,值得研究。

一、"合作学习"模式探索

我国著名合作学习研究学者王坦曾总结:合作学习是以现代社会心理学、教学社会学、认知心理学、现代教育教学技术等为理论基础,以目标设计为先导,以小组活动为基本教学形式,以团体成绩为评价标准,以全面提高学生的学业成绩和改善班级内的社会心理气氛、形成学生良好的心理品质和社会技能为根本目标,以短时、高效、低耗、愉快为基本品质的一系列教学活动的统一。

基于上述认识,又通过教学实践,我理想中的"合作学习"的模式逐渐形成,如图 1 所示:

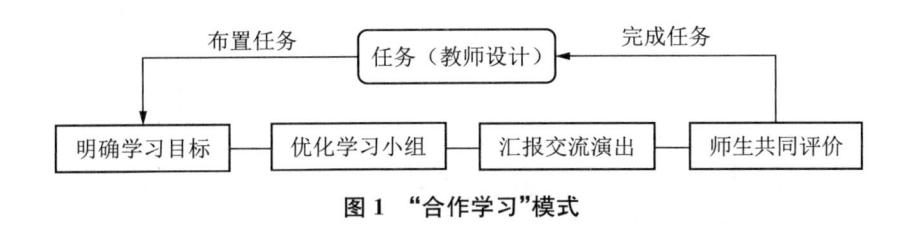

图 1 "合作学习"模式

明确学习目标即让学生明确学习的任务,任务的设计要基于"最近发展区"理论,太简单没有合作的价值;太难则令学生无从下手,合作也流于形式。

优化学习小组是"合作学习"得以发生的首要问题,一般采取异质分组为宜,以达到互补的效果;分组后要有角色分配,唯有分工明确,才算得上真正的合作。

汇报交流演出为同学们提供了展示的舞台,在这个舞台上,有心灵的碰撞,有智慧的火花,有拓宽的视野,也有失败的教训,比教师一个人的舞台丰富得多。

师生共同评价往往是缺失的,经常听到"很好""不对"之类的话,看似是评价,其实意义不大;好的评价应该是多元的、过程性的,能够引领学生发展的。完成评价,任务才告一段落。

二、"合作学习"课堂实践

我以七年级第二学期第三单元《非洲掠影》第一课时《你好,非洲》为试点,进行"合作学习"的教学实践。

(一)教材与学情分析

从教材来说,《雪神颂》是《非洲掠影》单元的重点,作品反映了非洲人民为了求雨而进行的祭祀活动,作品涵盖了鼓乐、舞蹈、歌唱等3个部分,是非洲音乐的一个缩影。所以学习的重点是从歌、舞、鼓等3个方面去了解并学会欣赏非洲独具特色的音乐文化,从实践中体会非洲音乐的核心——纷繁复杂的节奏。

学生层面,根据多元智能理论可知,学生的能力参差不齐,又各有所长。有些学生能歌善舞,有些学生节奏感强,有些学生擅长做编剧之类的"幕后英雄"。通过"合作学习",角色分配,恰好能取长补短,完整、出色地完成任务。

(二)教学流程

依据教材与学情分析,设计了如下教学流程:

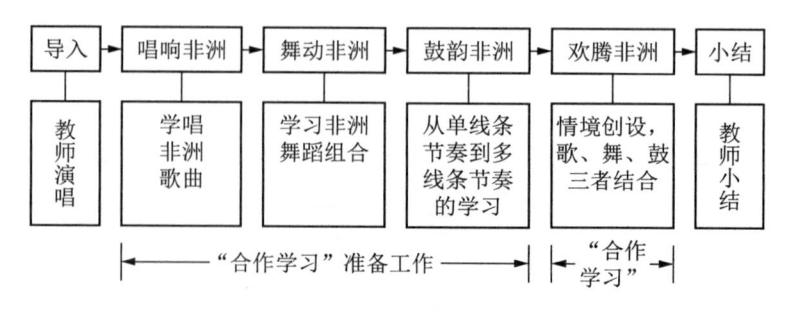

图 2 教学流程

"唱响非洲""舞动非洲"和"鼓韵非洲"是面向全体学生进行的教学活动，为"合作学习"作准备；"欢腾非洲"是以小组合作为形式进行的教学综合活动，即所谓的"合作学习"。

在"合作学习"准备工作中，通过看教师示范、聆听音乐、观看录像、学唱歌曲、舞蹈模仿、节奏组合以及小品演绎等活动，让学生掌握相关的知识与技能，并充分体验和感受非洲"歌""舞""鼓"的艺术魅力，为进一步"合作学习"奠定基础。

在"合作学习"中，通过创设情景、角色分工（部落酋长、鼓手、舞者、村民观众）、分组练习、情景呈现等流程，让学生自觉、自由地展开创造性的思维，让情感升华，让心灵净化。

（三）亮点——"合作学习"实施

1. 明确学习目标

通过对非洲音乐元素的探索与学习，体验非洲丰富多样而独具特性的音乐文化以及非洲音乐与社会生活、劳动的联系。

在体验的基础上，发挥联想创造，结合"歌""舞""鼓"，演绎热火朝天的欢乐景象。

2. 优化学习小组

按学生的组织能力、交际能力、学习能力、创新能力进行合理分组，组员分别扮演部落酋长、鼓手、舞者、村民观众等角色，各司其职，发挥才能，即使是"歌""舞""鼓"均不擅长，也要当一个合格的观众，为营造狂欢的氛围尽最大的努力。

3. 汇报交流演出

通过"合作学习"，将学习成果以表演的形式向大家展示。学习成果凝聚了集体的智慧，每一位学生都参与其中，"主演"肯定是不遗余力地投入，"配角"甚至是"观众"积极性也很高，在"合作"中对非洲音乐有了更深的认识与体验。

演出场景举例如下：

一位同学扮演酋长，和其他同学一起进行"部落狂欢"即兴创演活动。台上部分为部落鼓手，演奏金贝鼓，其余同学为村民观众，边唱非洲歌曲边配合鼓手表演。

台上是一群舞者在通过自由舞蹈祈雨，台下村民一起伴唱，用拍手和跺脚的方式加以伴奏，一位同学演奏康佳鼓为大家伴奏。

同学们自创多样化的演奏方式（如双腿夹鼓、盘地而坐），演奏非洲金贝鼓，节奏、音色都具有多样化。

扮演非洲小酋长，进行多线条的即兴创编节奏组合展示。

将非洲歌唱、舞蹈、鼓乐结合在一起，以载歌载舞的表演形式创设非洲人民劳动的情景……

4. 师生共同评价

评价一向是教育界的难题，如何让评价不再"绑架"教育，而是更好地为教育服务是值得研究的。对于"合作学习"而言，评价应以团队为单位，考虑"团队凝聚力强""成员各司其职""主题特色鲜明""内容结构完整""呈现形式多样"等5个指标。

对于《你好，非洲》一课，我细化了评价指标，设计了表1：

表1 《你好，非洲》评价

	评价标准	具 体 内 容	分值	得分
1	情境创设	背景音乐、图片、服装、道具、妆容等	15	
2	非洲歌元素	旋律简单、乐句短小、不断重复、一领众和、即兴等特色	25	
3	非洲舞元素	肢体表达（腰、胯、肩、头部）、重心向下、左右摇摆、多种多样的舞蹈组合	25	
4	非洲鼓元素	演奏方式多样化（背、顶、挂、夹等）；演奏音色多样化（鼓面、鼓边等）；演奏节奏多样化（单线型、多线型）	25	
5	表演亮点	自制鼓类小乐器、即兴创作（曲调、节奏、舞蹈动作）等	10	
		总 分		

这种团队竞赛的评价方式在心理上满足了学生实现自我价值的愿望，也在潜移默化中将学生学习的积极性转化成了学习的动力。

三、"合作学习"教学反思

（一）关于"合作学习"中学生学习成效的反思

《你好，非洲》一课通过目标明确的合作化学习，基本达到了健全人格，陶冶情操，提高鉴赏能力的目的。但不可否认，课堂中实施"合作学习"需要学生慢慢习惯，师生不断磨合，所以在实施之初，一定是效率低下的，但经过一段时间的适应,效率会成倍提高。

事实上,"合作学习"的过程中,常有一些生成性的问题,影响了所谓的效率(进度)。但应该清醒地意识到,传统教学只注重预设和进度,影响了学生能力的培养和学习的积极性,成效不大,所以重视进度不如重视质量。

(二)关于"合作学习"中教师教学行为的反思

课堂实施"合作学习"之后,教师看似从核心位置"退居二线",实则任务更为艰巨,对能力的要求更高,责任心也要更强,否则,"合作学习"必将流于形式。

1. 教师要善于发现存在的问题

"合作学习"时,各小组是否在按照学习要求认真讨论,是否有突破,需反复巡视。比如,在"歌""舞""鼓"如何完美结合等关键问题的讨论上,教师要走到各组中间,甚至参与某一小组讨论,以发挥引领作用。

2. 教师要善于把握教育的时机

教育"锦上添花"固然好,但更需要"雪中送炭"。比如,教师提问的对象可以是学习能力相对较弱者或是相对最弱者,让他们代表小组展示研究成果。虽然他们的回答可能是结结巴巴的,甚至是词不达意的,但还是要给予机会,不到之处再由能力相对较强者补充完整,唯有如此,相对弱者才不至于游离在"合作学习"之外。又如,在汇报演出时,教师可以向小组提出建议,由唱歌强的同学跳舞,由跳舞好的同学打鼓,由会打鼓的同学唱歌,这样做,何尝不是丰富我们的人生呢?

3. 教师要善于利用评价的功能

评价表设计好了,发下去了,打过分了,教师要做的仅此而已吗?不是,教师要发挥评价的功能,以"评价"检测学生的学习目标是否实现,检测教师的教学方式、方法是否合理,检测课程内容是否适切(有助于学生提升综合素养),为改革(或改变)提供实证。如果《你好,非洲》评价时显示非常成功,《你好,美洲》岂不是可以借鉴?若是《你好,非洲》在评价中暴露了问题,那么,《你好,亚洲》岂不是可以少走不知多少的弯路?

美声教学中的声乐技巧与乐感提升探析

上海市复旦中学　张烙宁

声乐演唱艺术的发展在信息技术的支持下得到迅猛提升,一方面国内外的交流日趋繁多,中外不同国家的声乐交流学习、各种寒暑期大师班以及视频和网络学习的驱动下,中外的声乐技巧有了进一步的融合和提升,声乐表演艺术作为以声音为媒介的一种表演形式,无论是西方古典美声唱法、中国传统民歌唱法还是电视媒体经常出现的流行音乐剧等演唱方法,都离不开美声的声乐技巧的支持。

一、声乐演唱技巧的构成要素

（一）声乐演唱技巧的"基石"——气息

气息的稳定和弹性:演唱者需要在吸气的时候打开横膈膜扩张肋骨和胸腔,保证将气息充分地充满肺部以及扩张腹部,也就是通俗所说的气沉丹田。在演绎具体作品的过程中需要在演唱每一句之前把气息吸好,要经过日积月累的训练方可达到稳定气息和灵活控制音柱高低的能力,即无论作品的速度快慢抑或是旋律的高低都要提前吸气,以保证演唱出有音质的音色,以及乐句的完整性和连贯性的处理。

气息的流动性:在气息稳定性的前提下,气息的流动才能孕育出更加美妙而富有质感的音色,让声音随着音律的不同而唱出不同的音质。这就要求气息不能只吸进来而不流动,要自然地流动,均匀和缓慢的吐气练习可以达成对长乐句的完成和处理。

（二）声乐演唱技巧的"树根"——喉头

喉头的稳定和有力:演唱需要在演唱的时候保持喉头打开的状态,即像吸气时的喉头打开的状态,不能撑开太大,也不能不够打开。关于喉头的适度打开是关键,要在演唱不同音高的时候调整喉头的力量,既不能放松也不能紧张。作为一个中部支撑的重要部位——喉头既给了气息流动的通道,也给了高音低音以力量。总结在演唱中出现破音或不流畅等情况时,均是喉头的紧张所造成的。控制喉头在声乐表现中,可以说是不得不引起重视的重要技巧。

尤其在声乐演唱中,喉头的力量在男生声部中重要性更加凸显,喉头在演唱时需比平时放松时略低一点点,并且要保持打开的状态,以准确调整音柱的美妙和谐,达到让气息和其他发声部位连贯统一的目的。

(三)声乐演唱技巧的"树干"——牙关

牙关的放松:一方面,中国的语言和历史文化影响了中国歌者在演唱时的语音。汉语言传统文化中,汉字发音分为元音、母音、前后鼻音等分类,而各地的不同发音习惯,导致了中国人说话容易咬紧牙关;中国的历史文化又造就了相对内敛含蓄的性格特征,相较于其他国家和地区的演唱者中国演唱者切记要在演唱时要保持牙关的放松,每一个原音的结尾要保持支撑感,这样才能达到唱歌所要求的字正腔圆。

另一方面,牙关的放松不意味着下巴的向下拉扯,整个口腔都是放松打开的状态,尤其是口腔深处上下大牙的开合,这个状态也包括了软腭硬腭的抬起,整体力量积极向上,全部都是向上打开的,切忌掉下。

(四)声乐演唱技巧的"树叶"——头腔

头腔的想象:声乐演唱作为音乐艺术学科中最抽象的学科,要建立一个头腔的想象。声音在头腔的充分振动看不见摸不着,但却实实在在地可以感受得到。声乐演唱者要训练出大胆的想象、敏锐的听觉以及敏感的感知声音色彩的能力,充分鉴别声音的好坏。想象着声音在腹腔、胸腔以及鼻腔、头腔中穿梭流动,声音最集中的是在头腔爆发,感觉就像翱翔在天空的天籁。反之如果声音位置感觉不在头腔,那证明肯定不处于最佳的发声位置,音色肯定亦不是我们所追求的"Bel canto"。

声音的发声位置要在两条眉毛的中间额头中心,感觉嘴巴就长在这里,保持着高位置的演唱,追求声音永远在空中盘旋的声音效果。

二、声乐表演中的乐感提升

不同的声乐作品被不同的演唱者演唱,会有完全不同的风格效果,这就是声乐学科中的乐感体现。声乐表演者的乐感影响了音乐作品的处理、演绎以及再传播,最重要的是给观众带来了审美的不同趣味。

（一）文化底蕴的提升

有古语称"腹有诗书气自华"，你读过的书和你的经历都写在了你的脸上、刻在了你的心里。当阅读了越来越多的文学作品，站在越来越多的智者的肩膀上看待问题，就会对世界观和人生观有新的感悟，有更加博大的胸怀。文学、政治、历史、地理都对艺术有着一定程度的影响，当了解这一切，再来演绎艺术作品，就会有新的视角、新的火花，创造出独一无二的带有个人特征的艺术作品。

（二）语言的文化影响

文化日趋发展的今天，世界的连接无限密切，古今中外声乐作品的交流越来越丰富，作为声乐演唱者需要演绎多国语言的声乐作品，这就对语言的要求尤为严苛，不像是鹦鹉学舌或者是地方方言改说普通话这么简单，在艺术语言里，要地道流畅的语言才会衬托出音乐作品的美感。因此，要重视了解不同国家不同历史文化背景下的语言发展成因，弄清怎样的情况造就了何种音乐语言。只有这样才能演绎出流畅的旋律以及地道的语言，才能达成音乐作品的重要乐感体现。

（三）艺术作品的真情实感

作为声乐表演者要有血有肉、有真情实感。当你的内在情感十分喜欢去接受一件事情时，你的外在表现也会有所体现。同理，当你尤其喜欢某一部作品，或者是对某一作品深有体会时，就会演绎得比其他作品更加生动有灵性，这就是融入了真情实感后对艺术作品表达丰富内涵的提升。因此，融入真情实感的艺术作品处理起来会更具有乐感，听起来耐人寻味。声乐演唱者要注意音乐作品的背景揣摩，详尽地了解其背后的故事，综合分析将感性理性统一结合，造就出更具乐感的二度创作艺术作品。

通过上文详细分析可知，声乐表演作为一门艺术，是一门看似简单的复杂学科。在声乐艺术作品的演唱过程中要求声乐表演者有着科学的声乐技巧，并且为演唱做好充分的思想文化准备，用深厚的文学音乐功底创造出乐感动人的艺术作品，从而达到教学和表演的目的。

核心素养视域下高中"模块化"艺术课程的实践研究

上海市复旦中学　张之潇

复旦中学是所百年老校，传承"博学而笃志，切问而近思"的校训，学校在复旦思想本源的基础上，锐意改革，创新发展，秉持"文化立校，自强育人"的办学思想，积极构建博雅教育课程体系，深化课程课堂教学改革。我校有着浓厚的文化氛围，艺术历来有着展现复旦校园文化的优良传统。在全面深化学校美育综合改革，坚持德智体美劳五育并举的背景下，以核心素养为导向，复旦中学的艺术教育进行了大量的深入研究和实践，扩展教与学的深度和广度，促进"教、学、评"的有机结合，积极推进艺术课程改革和教书育人的变革。

一、研究背景

复旦中学"二期课改"以来的艺术课程面临着很多困难和问题，为了提高对艺术学科课程理念的认识，加强老师们对艺术的审美性、实践性、综合性以及人文性的学科性质理解，找到教法教学上的抓手，寻找课时与课时之间的关联，开展以单元、主题、模块为单位的结构化研究与实践。

教学中，艺术教师未能深入研读课程标准，教学设计往往缺乏艺术门类之间的融合，缺乏艺术与其他非艺术领域的融合，缺乏艺术课程和社会、生活、艺术活动的关联。艺术课程不能让学生用多元的视角发现艺术的共性和个性，没有途径让学生较完整、系统地理解艺术的本质和规律，从而不能形成艺术通感，不能形成对艺术文化深层次的思考。

二、"模块化"艺术课程的四级课程建构

（一）研究目标

针对以上问题，学校艺术教育改革大势所趋，艺术教育教学已经处在结构性变革阶段，强调教学外动力转变为内动力，从被动学习转向主动学习。加强课程建设是探索课程教学改革的一条有效途径，这为学校的课程改革带来无

限机遇,但同时也富有挑战。依据国家高中课程改革的指导思想,以立德树人为宗旨,以美育人,培养学生的艺术学科核心素养,建构艺术课程。

因此,发展学科核心素养是我们进行课程改革的总目标,某种意义上也是长远目标。为了全面落实学生核心素养,合理构建适合本校特点的"课程坐标",保持课程的一致性和连贯性,在课程中应用多样的艺术学习方法与策略,使艺术课程具有整体性、综合性和系统性,同时适当留白,重注培养学生的实践能力,关联合作,实施学科整合,把不同门类的艺术形式,甚至是结合艺术以外的学科,相互吸收相互借鉴,形成和谐的完整艺术教学体系,使学生认识一个完整的艺术文化结构。除此之外,把生活中的艺术和艺术成果与艺术教材知识联系在一起,打破学习的空间,引导学生走出教室,在生活中的大课堂中学习认识艺术,激发学生主动探究的意识。

(二)"模块化"艺术课程

复旦中学"模块化"艺术课程是根据学校艺术教育现状,依据《普通高中课程标准(2017)》中关于课程的安排,将学生三年艺术课程内容进行资源整合,划分为多个模块化课程内容,每个模块设置为固定课时,每个学期可学习2~4个模块内容。

本课程内容围绕艺术学科核心素养,强调整体性和关联性,关注艺术与生活、文化的联系,以及文化艺术的多样性,注重学生探究与创造性思维能力的培养,以面向全体学生,普及各艺术门类的课程设计思路,采用"分""合"相结合的教学方式,设计聚焦式整合的四级课程框架,设置核心课程必修模块、拓展课程选修模块、主题课程选择性必修模块,以及个性课程必修模块。该课程在此文章落笔时,已在复旦中学艺术课程改革中,逐渐显示出在课堂教学、教研以及校园文化艺术活动中穿针引线的作用。

表1 四级课程结构

年级	课程	类型	内容	年课时
高一	必修课	核心课程 (基础型)	生命节奏	8课时
			四季抒情	8课时
			影视艺术	8课时
			个性表现	8课时

注:高一学生须在上述核心课程(必修课)中共修满32课时,高二再从以下选择性必修课中选择一门主题课程修满32课时。

(续表)

年级	课程	类型	内容	年课时
高一	选修课	拓展课程（拓展型）	身心合一	32课时
			歌唱艺术	32课时
			戏剧综合艺术	32课时
			美术创意实践	32课时
高二	选择性必修课	主题课程（研究型）	舞蹈创编与表演	32课时
			歌唱表演艺术	32课时
			影视动画表演	32课时
			美术创意实践	32课时
高三	选修课	个性课程（综合实践活动类）	复旦艺术梦	32课时

复旦中学的"模块化"艺术课程强调审美实践，让学生充分体验艺术经历，引导学生在经历必要的艺术学习过程中，自我发现和发展，参与到设计课程环节、实施和评价的过程，唤醒艺术实践的能力。其核心素养主要体现在：知道艺术与生活、社会的关联，在视、听、动、演、创等实践活动中，理解每个模块表达主题的多样性、综合性特征，感知不同艺术文化，发展艺术思维，激发艺术创作，感受艺术魅力，引发情感共鸣，提升文化认知。

三、对核心素养视域下"模块化"艺术课程的认知

以学校特定的资源为主题，根据学习者的兴趣或经验，加强学生与社会生活的多学科，多活动的关联与整合。从表现形式来看，既有学科内统整，又有学科间统整，既有跨学科统整，又有学科与活动统整，以及校内与校外统整等。

（一）整合课程内容，制定学习目标

以上海市艺术教材为基础，打通并整合高中三年艺术通识性教材内容构成知识模块的"单元教材"，展开"计划型课程"的单元编制，以"目标—达成—评价"的方式来设计，让学生有效地习得艺术各门类知识，求得达成度。

依照课标理念，梳理出核心课程必修模块，在高一年级开设，一学年必修4个模块的内容："生命节奏""四季抒情""影视艺术""个性表达"。每个模块为8课时，共32课时，每个学期各修2个模块的内容，分2个学期修完。

1. 提倡小组合作,培养团队意识

在学习过程中,建立自主学习小组,让学生成为课堂的参与者、设计者,以及学习成果的评价者。分组学习的学生活动更为丰富多元,不是单一的听,而是同伴互助、教师辅导、独立思考等混合学习形式。我们分析学生的性格特征、兴趣爱好,并进行细致的分组,尽量做到"人人有任务,人人有成就",既让学生积极地相互依赖,又在小组中负起责任,培育一种支持小组合作学习的课堂文化和习惯。同时,让每组学生自己确立个性化的目标可以增强他们学习的动力。学生一旦意识到所学知识与他们正在学习的知识密切相关,就会产生更大的兴趣和掌控力,也会激发艺术创作的灵感。在"生命节奏"模块中,课程通过视听体验、尝试模仿等一系列艺术实践,了解通识性舞蹈知识及编舞方法后,学生自行建立小组,在规定主题下根据团队情况自主创编舞蹈动作,从舞蹈构思到舞美设计,再到舞蹈表演,充分发挥学生的主体性,形成充分体验舞蹈艺术的自觉过程,让学生不知不觉地接受舞蹈艺术的教育和熏陶,深入理解了舞蹈文化,真正成为课堂活动的掌控人,让课堂变成舞台,学生变成演员。

2. 分解学习目标,制订合理计划

"模块化"艺术课程的实践表明,"学习目标达成"能提高艺术课堂教学有效性,焕发课堂的活力。"学习目标达成"可以是教师确定,也可以是学生确定的目标。它们可以采用学习计划的形式在学生活动中提供选择,以"影视艺术"模块为例,后期4课时中,运用之前课上所学,让学生分组进行简单的短片拍摄、剪辑与创作。学生了解活动要求后,通过任务单分解任务,确定适合的目标,选择适当维度的拍摄工作,如镜头画面、剪接、配乐等,学习能力高的同学可以不限于课堂讲授的影视知识和技术方法,打开思路,发挥创作能力,模仿一组电影场景及原镜头的拍摄。切实的学习目标制定还能指导学生实现某些目标,帮助学生合理安排时间,并使他们对学习艺术创作有更大的动力,教师也可以根据各小组或个人制定的目标进行差别教学,满足学生的需要。

3. 推进课程活动,注重艺术体验

当学生积极自觉地投入的课堂实践活动中,感受到艺术所带来的快乐时,8课时的"模块化"艺术课程课堂教学已不能满足学生的求知欲,拓展学生进行艺术实践的时间和空间,成为课程实施的必经途径。课外时间,学生应运所学自发研究延续艺术课程内容,自主推动课堂艺术实践活动,成为真正的设计者。基于此因素,搭建真正的舞台,让学生走出教室,走上舞台,既满足了学生的表现欲和实践的需求,又在此过程中体现了学生的主体性。在整个实践过程中,学生间互教互学,技能知识互补,培养了学生乐于助人及团结合作的集体主义精神。这样的演出或展示经历也是难能可贵的,不但是艺术课程教学展示的成果,又是校园文化重要的组成部分。

在"个性表现"模块中,同学们以班级为单位,在画纸上或是墙面上开启他们的大型创作之旅,同学们分小组通过学子探究的形式,向大家展示如何通过艺术的语言来表达自己内心的情感与个性。在实际操作中,你能看到大家合作的智慧,大多数同学承担了绘画以外的分工,这种围绕同一个主题的分工合作,就像社会生活化的情景,让学生提前感受社会分工的责任和义务,尝试解决遇到的各种问题,而这种解决问题的方式和能力,恰恰提升了学生对群体生活的认同感、锻炼了人际交往能力和沟通能力,有着润物细无声、潜移默化培养学生的综合能力的作用。最终目的使每一个学生更加独立的学习,成为学习能力更强大的人。

(二)拓展教学内容,提高探究能力

在"模块化"艺术课程中,要不断拓展课程内容,通过拓展课程中的探究学习,较深度地体验设计、声乐、舞蹈、绘画等艺术门类课程的艺术表现,通过多样化的审美,高级体验了解各类艺术的风格和思潮,尊重多元艺术文化,树立健康审美观,丰富艺术实践活动,在学习中认识自己,发现自身潜力,为高二自由选择主题课程的课题做好基础培养。

我们目前开设了"戏剧综合艺术""美术创意实践""歌唱艺术""身心合一"4门拓展型艺术课程,拓展课程是选修模块,在高一年级开设,每学期为16课时,一学年共修32课时。

拓展课程"身心合一"作为"生命节奏"舞蹈内容的补充和延续,一方面从舞蹈的设计与主题的表达、策划与展示等方面深入学习;另一方面重新洞悉我们的身体,通过外在身体的形态构造,借身体疗法、放松疗法、舞动疗法等心理方法途径开启内在心灵的真实表达,探究肢体语言与心理意愿表达的关系,借舞抒情,释放压力。拓展课程"美术创意实践"是在核心课程"个性表现"在素描、速写、色彩的基础上,利用多媒体技术,让学生着眼于设计构思,激发学生的创意灵感,并以手绘创作,目的是通过艺术形式理解艺术文化内涵。拓展课程指向学科"核心素养"如何落地,不仅强调"学科素养",而且强调"跨学科素养",表现出聚焦式整合的新高度。在建立艺术各学科横向或纵向知识建构的过程中,提升学生艺术探究能力。

(三)梳理课程结构,注重艺术实践

课程也要借助于校园文化的引导,形成以"主题—探究—表达"的方式进行学习,主题的形成到概念的分析,整个一学年的学习及活动安排都由师生共同参与,旨在重视学生的主动建构,让课堂和校园文化相得益彰,更加有意义。这种相互支撑的能动性就是寻求艺术学科内容的相关性,以求得艺术作品的更深层次的表达,过程中强调学生生动活泼的学习,而不是教师强加的被动学习,这是撬动整个艺术课堂转型的一个支点。

主题课程是选择性必修模块,在高二年级开设,设置"美术创意实践""舞蹈创编与表演""戏剧创编与表演""歌唱表演艺术"4个模块,学生可根据个人需求或升学考试需求选择修习。学生也可选择其中某个模块作为必修课程的补充,每学期修16课时,共32课时,分2个学期修完。结合自身的兴趣特长,有选择地参与艺术学习活动中,当学生有了选择课程的体验时,责任也会伴随而生。

在主题课程(研究型)中,责任让学生开始对选择保持谨慎的态度,对自己的需求有了较为清晰的认识,同时也会对主题课程的目标、内容、时间分配、评价等方面有一个理性的分析权衡,最终做出决定如何真正参与到课程活动中去。

以开设的"舞蹈创编与表演"课程为例,我们超越传统课堂、传统舞蹈学科、传统评价制度课程的多学科课程,给学生更多选择的空间,破除了单一化、程式化的课堂教学模式,让课堂变得"有意思"。依据高中生的生理、心理特点以及"模块化"艺术课程的培养目标,可将舞蹈课程的内容设定为两部分:活动课与赏析课。活动课以塑造身体形态、培养身体技能、增强身体机能的任务为准则,完成实践的教学内容。要关注学生的兴趣,不仅要体现舞蹈训练中的"教",还要把"编"的乐趣体现在知识结构和能力结构中。舞蹈教学内容的选择,对于普通高中生来说,舞蹈风格种类要丰富多样,技能技巧难度不宜过难,可以进行形体基训,中国民族民间舞等。除此之外,还可以学习现代舞,编舞基本技巧。只有在广泛接触各种不同风格舞蹈,并对其有所了解和掌握,积累一定的舞蹈语汇,想象力才会丰富,创编起来才能融会贯通。除此之外,要围绕艺术核心素养,推进"美育"功能渗透,比如,学习藏族舞时,感受连绵柔韧,豪迈奔放的气质;学习中国古典舞时,感受含蓄隽永,刚柔并济的民族气节……从民族文化入手,让学生感受舞蹈起源和深刻内涵,体现一个立体的知识结构,从文化深层次上进行拓展和讲授,让学生明白舞蹈怎么跳,还知道为什么这么跳,增加学生的文化底蕴,从外在形态到内涵文化,真正理解和掌握舞蹈的精华。赏析课是提升舞蹈意识、丰富舞蹈文化知识的重要途径,可以采用单一欣赏型舞蹈课,对舞蹈的种类及动作的分析做出大概的讲解,对舞蹈背景音乐的节奏、力度、旋律、情感等音乐知识着重讲解,使学生能够对舞蹈的背景音乐系统地了解,帮助学生进一步认识和分析舞蹈,也为舞蹈活动课的实践与编创在选择音乐方面奠定了基础。同时从舞蹈动作的线条,服装的色彩、形状,舞台的空间布局等方面入手,让学生了解到更多的舞蹈知识,这些对把握舞蹈形态文化与民族文化传承具有特殊的意义。

(四)重视艺术关联,培养创新意识

综合实践活动,改变传统的课堂组织方式,其体现了典型的教学模式转型,是智慧的过程中整合艺术知识。我们的个性课程没有封闭的艺术教材,但立足核心课程、拓展课程、主题课程艺术知识及活动直接经验,回归学生的生活世界,让学生走出课堂和学校,亲近和探索大自然的艺术之美,体验和融入社区和社会艺术活动,认识和完善自我的艺术能力,并关注学生亲身艺术实践的过程,给予适当的肯定与鼓励。

个性课程是必修模块,在高三年级开设,注重学生获得艺术学习的可持续性发展的体验,在高一、高二两个学段的基础上,延伸、拓展、重整艺术与生活、艺术与文化、艺术与科学之间的联系,旨在加强学生的艺术实践能力,每学期为16课时,一学年共修32课时。

因此,我们的个性课程除了课堂上,还鼓励学生在课余时间发掘素材,梳理和整合课程的内容,比如,设计年级徽章、班徽,制作高中纪念手册,创作毕业歌曲,制作校园MV,创作公益宣传MV等艺术活动,联系校园和社会文化,尝试进行各类艺术创新,在复旦留下自己纪念制作。此课程旨在让学生把艺术知识同实际生活与现实社会关联起来,培养学生艺术创新的意识和能力。

四、"模块化"艺术课程学习评价方法

通过"模块化"艺术课程设置的定位及任务评价、教师教学质量评价、学生学习效果评价3个层面,提高艺术教育的质量。

(一)对课程设置的定位及任务评价

1.艺术教育均衡发展。以落实核心素养为教育评价的基本依据,为艺教育普及创造环境和空间。

2. 以活动配合课程的多种形式使学生参与其中,从而提升学生对艺术美育的理解和认识,以培养学生对艺术鉴赏能力为目标,不断完善其综合能力的培养。

3. 对艺术课程目标完成情况,课程内容组织和教学设计的合理性、延续性、完整性做好监督机制。

（二）对教师"教"的质量评价

艺术课程师资应具有艺术综合能力,要注重基本教学能力的培养,要正确观察分析鉴赏各门类艺术,教师应该根据学生的特点设计相应的教学方式和教学方法,一成不变的教学方法不能在各个阶段各个模块学生的教学过程中都得到满意的教学效果。同时善于观察和记录学生在课堂活动中的参与程度和行为表现,对学生的学习能力做出恰当评价,并通过评价使学生对艺术学习保持持续的热情;熟悉教学目标,能对自己的教学进行评价,找出问题所在,提高教学水平。这些评价标准的建立意在启发教师思路,使教师更准确地领会标准,从而探索个性化、有创意的教学模式。

（三）对学生"学"的效果评价

"模块化"艺术课程中,实施"导师制",教师跟踪学生的学习全过程,对学生进行全面、客观的评价,及时对学生的参与状态进行调整。评价学生的达成状态,建立学生艺术学习课程与活动评价档案,并客观公正地记录学生在舞蹈艺术成长探索中的历程。

五、"模块化"艺术课程预期目标及问题

（一）预期目标

1. 课程普及化,面向每一个人

每一个生命个体都是独一无二的,世界也因此具有多元性。我们应致力于每一个学生的发展,关注学生核心素养的培养,为学生的终身学习和发展奠定坚实的基础。

为了让每一个学生产生自我发展的内动力,我们期待从课程入手,结合学校资源及我校艺术教师特长,将艺术教材结构重组进行校本化实施,核心课程的发展要注重艺术元素和学校文化渗透,拓展课程可以完全尊重学生的兴趣爱好,让他们在课程中感受到艺术的意义和自身成长的价值。主题课程以主题的形式开展综合艺术课程,丰富学生的学习体验,发展其综合运用能力。个性课程则是更加重视艺术实践活动。

"艺术模块化课程"体系的构建,力争让每一个学生都能找到适合自己的跑道。在课程实施中,课程评价要关注每一个学生的个体差异,不同学生不仅要看到起点的差异,还要看到过程的差异,因而结果的评价也需因人而异。因此,"艺术模块化课程"体系的实施,是让每一个学生按照适合他自己的方式去奔跑。

2. 课程多元化,个人自主发展

"模块化艺术课程"的设计,实施美育教育,培育艺术学科核心素养,以核心课程为基础,通过艺术学习,提高学生的学习能力和鉴赏能力;以拓展课程为依托,通过艺术实践,不断调整、完善,补充核心课程的内容,并同步提高表现与创造能力;以主题课程为重点,打造精品课程,达到一定深度和广度的文化理解,不断提升"模块化课程"的影响力,让学生有所感有所悟,培养学生健康的审美情趣,提升人文情怀;以个性课程为平台,提升影响、全方位渗透,塑造校园艺术教育文化品牌,力求形成符合学校艺术教育发展需要,具有学校艺术教育特色的,可操作性的多元艺术教育课程体系。

教育的最终目的是"授之以渔",将被动接受变成主动求知。而这种自我求知的意识和能力需要在长期的自我体验中形成自我意识再走向自我完善。在主题课程、个性课程和留白课程中,学生可根据自己的特长、兴趣,与任课教师进行双向选择、自由选择和自由搭配,让艺术课程张弛有度,实际上就是给了生命个体自主成长的空间。从认识自己到成长为更好的自己,这是一个漫长的自我体验过程,这个过程也是一个与人的交往过程,最终形成有艺术品位、人文情怀、自由思想、优雅气质、会审美、会创造美的复旦人。

3. 关注教育意向的兴发

近年来,学生厌学、厌世等问题越来越成为人们所关注的热点话题,折射的是多年的学习生活给孩子们带来的压抑爆发。学生在成长过程中,呈现出的这些问题,归根溯源还是个体生命在学习过程中意义感的缺失,生命的节奏没有与周遭的生活世界同步。如何实现积极的自我发展,在于教育意向性的兴发,来唤起每一个学生对生活与世界的爱与热情。而艺术教育是一种自然而然的教育意向,是个体进入学习情境前,美好身心状态的唤起。艺术教育回到本真,引导学生在美的整体感知中与美相遇,从而奠定学生走向世界,拥有经验的雏形,在今后的压力中保持健康、健全、自由的心灵。

教育的发生是与个体的身心整体唤起相融合。在核心课程中，学生通过对不同艺术门类的认识，感受人类的生生不息的智慧源泉，正是对教育意向的唤起；在主题课程中，学生痴迷于浩瀚的艺术魅力时，积极的教育意向便在此得到兴发。在拓展课程中，学生主动探究、策划、组织、主持、展现、总结等过程，学会混班学生之间的相处方式，明确个人在团队中角色定位与责任分担，而这种因付出获得的成就感有利于自信心的培养，并且积极地投入下一轮的实践中。所以，教育意向的兴发立足兴趣的唤醒，"模块化艺术课程"设计的意义也再次体现。

（二）存在问题

"模块化"艺术课程还只是刚刚起步，还有很多要完善和调整的地方。比如课程目标是课程体系构建实施的方向，我们不能为了追求"高大上"而出现"假大空"。学校艺术教育工作要在全面育人目标的实现中发挥重要的作用，课程目标要从核心素养出发去关注学生的个性发展，也要兼顾全面发展，要从宏观走向具体。课程评价的知识必须与课程目标对应起来，才能真正打通教—学—评的关系。另外，课程改革要改变的不只是传统的教学理论，还要改变教师的教学观念，同时也要把握教学规律，形成新时期教师的教学风格与特色。

课程实施中的一些细节问题，如分组学习的建构有多重难题需要解决。如何准确分组？教师如何根据不同程度的学习小组来布置合适难度的，或是具有挑战的学习任务？这些问题都需要在今后的实践中不断反思和总结，不断优化课程结构和实施方案。

艺术在走向多元，艺术课程是学生面向未来多元化的引擎，是开启世界知识的窗口，是学生自我成长的摇篮。当我们以课程内容的重组，课程结构的建构为抓手进行课程改革时，学生能够在艺术课程中发现自我，表达自我，我们将会为我们的努力而欣慰！而学生进一步拥有正确处理与他人、集体、主体与环境之间的关系时，才是我们课程改革的目的，也是学科核心素养的真正达成。聚焦学科核心素养，继续探究学校艺术课程改革的有效策略，让我们携起手，共同祝愿在核心素养背景下，我国的艺术教育事业更加美好！

浅谈儿童音乐课堂中的节奏教学

上海市盲童学校　陈　新

节奏是音乐的脉搏,是组成音乐的基本要素之一,任何音乐都离不开鲜明的节奏。学生在学习唱歌、舞蹈、器乐等活动中,首先要面对的就是节奏,因此节奏掌握的好坏,直接影响到我们的音乐教学,而单调、乏味的节奏训练抑制了学生的兴趣。如果教师能够把枯燥的节奏训练变成让学生所感兴趣的游戏,那么,学生就能将被动的灌输转变为主动要求学习,既培养了学生的兴趣,又提高了课堂效率,把教学中的节奏难点逐步解决,对学生更好地理解歌曲所表达的情感打下了稳定的基础;在熟练掌握的同时,还应培养学生的创造性思维,从不同的角度来温习,掌握所学的知识。不仅能唱读节奏,能记节奏,而且能够灵活运用节奏。

新的难的知识,对学生来讲,就像一座陡峭的高山,爬起来很艰难。而教师应该做的,就是把难度设计成一个个平缓的坡度,让学生像散步一样,轻轻松松地到达山顶。在具体操作方面,应该始终遵循一条原则:由简到繁,由易到难,循序渐进,顺势而行。对于节奏而言,教师应该抓住人潜在的节奏意识,并加以挖掘,让学生主动地发挥出来。我们知道,每个人都有节奏感,只是强弱有异。在课堂中听音乐时,学生都会不自觉地用脚打拍子;在欣赏课时,有的学生一听到欢快的音乐,就会点头、欢笑、心情愉快。这些都是人潜在的节奏感在起作用。而教师应该抓住这点,使它充分发挥出来,在生活中寻找材料,化解难度,根据学生的心理、生理特点,设计坡度,指导学生上山爬坡。

一、低学段视障儿童的节奏教学训练

低学段是对节奏的感知和认识阶段,在了解学生生理特点后,把所要求掌握的节奏与生活相联系,设计了下面几种方法。

(一) 节奏模仿练习

大教育家夸美纽斯说过"一切知识从感官开始"。尤其是低学段儿童,注意力不能长久集中在抽象呆板的节奏符号上,只有利用有趣的、形象生动的感性认识,激起他们的学习兴趣和参与欲望,才能有效地诱发学习动机,激发求知欲,积极主动地进行学习。我们生活在声音的世界里,到处都充满着不同的声音、不同的节奏,把生活中形象鲜明的声音,变成生动有趣的节奏训练,让善于模仿的儿童在愉快的情绪体验中,轻松地掌握知识,从而达到教学目的。

```
心脏声：2/4    × ×｜× ×‖
              咚 咚 咚 咚

大钗声：2/4    × —｜× —‖
              哐     哐

钟表声：2/4    ×× ××｜×× ××‖
              嘀嗒 嘀嗒 嘀嗒 嘀嗒

知了唱歌声：2/4  ×·× ×·×｜×·× ×·×‖
                知 了 知 了 知 了 知 了

汽车鸣喇叭：2/4  × ×·｜× ×·‖
                嘀 嘀  嘀 嘀

机枪扫射声：2/4  ×××× ××××‖
                嗒嗒嗒嗒 嗒嗒嗒嗒
```

图 1　各种声音

这些声音都是学生所熟悉的声音,所以在模仿过程中,学生的兴趣一直很高,课堂气氛非常活跃。多次反复练习后,之前难的、复杂的节奏对他们来说就变得容易了。

(二)节奏律动游戏

低学段儿童的心理特点表现为爱动、喜欢参与和表现自己。而从低学段要求掌握的节奏来看,结构也比较简单,且富有律动感。因此,教师可以尝试把节奏与动作相结合,使理性的东西变成感性的东西。心理学研究表明,在学习过程中,参与学习的效果是最佳的。因此,教师可以指导学生玩节奏律动游戏,看到不同的节奏卡片用不同的动作来表示。

```
×        用走表示(或敲锣等)
××       用跑表示(或打鼓等)
× —      用下蹲表示(或击钗等)

× ×    ×× ×    × ××    ×× ××    × —
```

图 2　节奏律动游戏

游戏可分小组、个人、男女等,卡片数量也可由少到多,也可在速度上加以变化。实践表明,这种方法能令学生在轻松愉快的同时,牢固地掌握知识,教学效果显而易见。

二、中高学段视障儿童的节奏教学训练

节奏教学的最终目的是能灵活运用,这就需要在中高学段加以深入。在小学阶段的学习过程中,由形象思维向抽象思维的转变,其关键年龄一般认为是四年级。因此,在低学段熟练掌握基本节奏后,可以在中高学段尝试学习较复杂的节奏及其运用。

(一)以汉字代节奏

朱智贤在《儿童心理学》中指出:小学生的抽象逻辑思维在很大程度上仍然是直接与感性经验相联系的,中国的汉字在朗读过程中,也富有节奏感。如果教师能充分发掘并加以运用,一定能事半功倍。

×××;　　×××;
爸爸的　　绿油油

×××;　　××××;
我和你　　哗啦啦

图 3　汉字的节奏感

在实际操作过程中,学生对这样生动的教学方法反应热烈,并能很快地掌握。

(二)节奏的镜子练习

教师利用手、肩、臂、腰、脚等身体的各个部位,拍击不同动作的不同节奏,请学生把节奏像照镜子一样重复一遍,把单项活动变成多项活动,丰富了节奏内涵,增强了趣味性。

师　××　××　|　××　|　×　－　||
　　拍手　拍膝　　踩脚　拍肩　拍手　摊手(手心向上)

生　××　××　|　××　|　×　－　||
　　拍手　拍膝　　踩脚　拍肩　拍手　摊手(手心向上)

又如:

生甲　×　××　|　××　××　|　×　－　||
　　　拍手　拍膝　拍手　叉腰　拍手　拍膝　点头

生乙　×　×　×　×　|　×　×　×　×　||
　　　踩脚　拍膝　踩脚　拍腿　踩脚　拍肩　踩脚　拍腿

图 4　拍击身体的节奏

（三）节奏填空练习

充分发挥学生的主体作用，让他们自己填写节奏并请其他同学读或拍打。这样做，既有趣又好玩。还能对节奏进一步练习。

$$2/4 \quad × \quad \underline{××} \mid (\quad ? \quad) \mid (\quad ? \quad) \mid × \quad - \parallel$$

图 5　节奏填空练习

（四）节奏创作接龙游戏

游戏开始前，按规定的节奏拍号创作并书写或拍读节奏。

$$2/4 \quad ×\quad ×;\ \underline{××}\quad ×;\ ×\quad \underline{××}\ ;$$
$$×\quad -;\ \underline{×××}\quad ×;\ ×\quad \underline{×××};$$
$$\underline{××××}\quad \underline{××};\ \underline{××}\quad \underline{×××};\ \underline{×××}\quad \underline{××××}$$

图 6　节奏创作接龙游戏

游戏开始时，按规定的拍号统一进行。用"开火车"或其他方式，拍击或唱读节奏，在正确、速度及变化方面进行比赛。这样的练习不仅能综合检验学生对节奏的掌握情况，而且更能培养学生思维的创造性和灵活性。

综上所述，教师利用各种方式对节奏进行练习，让学生始终在愉快的氛围中学习和掌握节奏，提高学生对音乐的感知和创作能力，对我们突破教学中的重点难点有很大的积极作用。

音乐课堂教学中的提问艺术

上海市建青实验学校　郭洁纯

一、提问在音乐课堂教学中的意义

课堂教学是教师教与学生学的双向互动的过程,其中师生问答是互动交流最常用、最主要的方式之一。提问在一定程度上反映了教师主导作用的发挥和学生主体参与的情况。作为师生互动交流的手段,提问可以串起一堂课的知识结构体系;可以促进学生独立思考,主动去发现问题、解决问题;同时也是培养学生创新思维的催化剂。

传统教学片面强调教师的教,把重点放在教"懂"教"好"上,把学生这一"主体"当成被动接受知识的容器。教学方法上往往采取"满堂灌",这种单向的灌输式的学习,只能使教学形式单一,课堂气氛沉闷,学生思维受到抑制,只能自始至终地在老师设定的轨道上运行,这样的教学往往不能给学生以主动学的机会,更谈不上创造力的培养,因而有悖于现代教育的发展。

音乐具有不同于其他学科的特殊性,音乐是时间的艺术,是听觉的艺术。对音乐形象的想象、音乐主题的理解,受到学生的生活经历和知识背景、个性特征、艺术修养等的制约,很难有相同的标准答案。音乐欣赏本身就是一种双向的交流,在音乐欣赏教学过程中,学生从对音乐形象的不理解,到对音乐表现手法感到疑惑,对音乐本身感兴趣,进而理解音乐的内容、主题,适时适当地循序渐进设疑、解疑起到了良好的促进和推动作用,提问促进了学生的学。同时通过提问,教师能了解学生对音乐的理解、对知识点的掌握和应用的程度,了解学生学习知识和技能的质量,有利于教师及时调整教学方法和策略,因而也促进了教师的教。所以提问有利于师生互补,教学相长。

二、音乐课堂教学中问题的设计

（一）思维空间与启发功能

心理学认为,思维是学生掌握、理解知识必不可少的条件,是对事物不断地分析比较、综合概括的过程。思维过程需要一定的时间和空间。因此提问除了要给学生留有一定的思维时间外,也要给学生留有思维的空间,即能引导学生多角度、多层次、多方面地对事物进行分析比较和综合概括。

现行课堂教学的提问主要包括:

1. 无思维指向性的问题

这类问题或问题性差,只需最简单的判断,缺乏思维性,就像问"这首乐曲好听不好听?",或问题指向不明,模棱两可,学生不知如何回答,如欣赏《蓝色多瑙河》时,老师提问:"圆号在这里表现了什么?"这个问题本身就指向不明,含糊不清,学生根本无法回答。

2. 有限思维指向性的问题

这类问题,是指一种从某种角度,朝着某种方向寻找解决问题的方法或答案的思维,再以《蓝色多瑙河》为例,老师提问:"请大家结合曲名《蓝色多瑙河》,这段引子它描绘了什么?"于是学生就会想到在一个薄雾朦胧的清晨,一缕曙光透过薄雾笼罩的多瑙河……

3. 有一定容量思维指向性问题

这类问题要求学生将所学的知识以一种新的或创造性的方法组合起来,从而产生一种新的模式结构或是一种新的整体,其目的在于培养学生创造性地解决问题的能力,以高中一首听赏作品舒伯特的《魔王》为例,"作为一首艺术歌曲,它的魅力绝不仅止于人物形象鲜明,那么作曲家还运用了哪些手法来增加作品的感染力呢?"于是学生们意识到不能仅停留在表面理解,还应从作品的方方面面发现其魅力。有的同学注意到了钢琴伴奏,通过力度的轻响,伴奏织体及固定节奏型逐渐领会了全曲的真正内涵。这类问题有利于发散思维能力的培养及发展。教师提问要依据学生的心理特点与学习实际(包括知识基础与智力发展水平),从兴趣入手,"思维自惊讶和疑问开始",激发学生知识结构中已知与未知的矛盾,以具有一定容量的思维指向性问题为主,提高学生发现问题、研究问题、解决问题的能力,鼓励学生创造性思维,让学生在思维空间中自由地翱翔。

（二）问题与问题之间的衔接与连贯。

课堂教学提问一方面要表现教学层次之间的逻辑关系,即通过教师提问,使学生产生"悬念",从而思考探索新的知识之间的逻辑联系;另一方面要启发学生针对同一问题进行深层次的思考,促使学生多问几个"为什么",鼓励学生打破沙罐问到底。因此在教学过程中要围绕一个"训练点"组织一连串的问题,构成一个指向明确,思路清晰,具有内在逻辑的"问题链",这种"问题链"的内部联系或并列、或递进、或归纳、或演绎、或众星捧月、或追根溯源,旨在揭示作曲家的创作思路,体现教师的教学思路,打开学生的学习思路。

如在欣赏《黄河大合唱》的第二乐章《黄河颂》时,当学生对作品内容及旋律有了初步的体验之后,为了进一步揭示音乐表现手段与内容之间的相互关系,我设计了一个"问题链":

"这首乐曲的前段速度缓慢,表达了作曲家什么样的情绪?"

"旋律线条的起伏与情绪表达有什么关系?"

"三次'啊,黄河'的呼唤,在力度、情感上的表达上有何不一样?"

"整首乐曲它采用了何种调式?带有怎样的色彩效果?"

"听了这首乐曲以后你有什么感想?"

引导学生由表及里,由浅入深地对乐曲的主题思想及民族精神做进一步的探索、理解。进而激发学生团结努力、奋发向上的精神,激励他们为祖国的繁荣昌盛而努力学习。

三、音乐课堂教学中提问时机的把握

古语有云:"学起于思,思于疑。"因此教师要在最佳时机进行提问,使学生的新旧知识发生激烈碰撞,使学生意识中的矛盾激化,这时便到了提问的最佳时刻。教师课堂提问必须捕捉时机,才能引起学生兴趣,而学生一旦解决问题,他们就会有"柳暗花明又一村"的感觉,在精神上得到满足。

本人认为在教学过程中提问的最佳时机有以下几种:

(一)欣赏前的提问——引探

在欣赏前,教师因根据学生的思维实际,提问引导学生探究和挖掘思维过程中所得到的那些可以继续掘深拓广的思维结果。这样既培养了学生的探究精神和探究习惯,又让学生享受到自我学习的愉悦,巩固和完善学生头脑里已有的认知结构,拓展学生的思维空间,培养学生的创造能力。

如在欣赏"音乐手法的发展"一节中,有关音色变化内容时,我提问学生:什么是"乐音"和"噪音","音乐作品中我们听到的是什么声音"?学生回答:"乐音。""那么噪音能否运用到音乐作品中呢?"有的回答可以,也有的人说不能。于是学生们带着探究、猎奇的心理欣赏了《炫技》之后他们对乐音和噪音有了新的认识。

这类问题主要是为了引起学生探究学问的兴趣，和结合知识性分析性问题的提问。

(二) 在欣赏过程中的及时设疑——启发

例如在欣赏《梁祝》时，听到"十八相送"一段，本人设计了这样的问题："这一段的主奏乐器是什么？表现了怎样的场面？"于是学生们便会认真感受音乐所描绘的情节，同时也能更深刻地体会到音色对塑造音乐形象的作用。

再如欣赏《一八一二庄严序曲》时，在《马赛曲》出现之初，我便提示："铜管乐器由弱到强，吹奏的是什么曲调？表现怎样的情景？"当第一次未听出来时，我会在下几次出现之前提示："再听听，是哪国的国歌？"于是大部分同学听出了是法国的《马赛曲》。从而理解了音乐的形象。

类似的问题有许多。总之，要对学生自觉无疑而实则未知之处，教师要设疑。那么如何使提问恰到好处，起到画龙点睛的效果呢？1.要靠平时教学经验的积累；2.要靠教师对作品的熟悉程度，必须对作品的框架，乃至小细节最精彩处了如指掌，才能进行正确的引导和启发。从而激起学生的兴趣，通过解决问题提高学生的智能水平和培养学生的个性品质。

(三) 在欣赏后的提问——引辨

它的主要目的在于引导学生辨异求同，利用思维的反思性特点，培养他们的思维能力。

如在欣赏马思聪的小提琴独奏曲《思乡曲》之后，本人设计了这样的问题："用大型管弦乐队代替那把小提琴，好不好？"学生都回答"不好。""那为什么呢？"有的同学发现小提琴的音乐很抒情，能较好地表现思乡的忧郁缠绵的情感来。当我再强调量词——一把时，同学们又发现了，原来一把小提琴在物理音响上，更能表现游子独自一人漂泊到海外的孤寂感。这两者一综合，同学们理解了，原来乐器的选用、配器的效果等，都对音乐形象的塑造有极大的影响。

总之，教师在教学过程中不仅要具有驾驭教材，了解学生，优选教法的功夫，而且要善于及时利用教学中的信息反馈，审时度势，不时进行课堂提问的本事。

四、音乐课堂教学中提问的语气、语感、语调、语速

提问也是一种艺术，提问的快慢要讲究，当快则快，当慢则慢，就像说评书那样犹如高山流水,如欣赏小提琴协奏曲《梁祝》时,用较缓慢、柔和的语调提问:"引子中这段优美的旋律它是用哪两种主奏乐器来演奏的?""当柔情和缠绵的爱情主题出现时,是运用了哪两件乐器来代表梁祝两个音乐形象的?"当音乐进入展开部时,随着音乐的紧张度加强,我用较快的速度和上扬有力的音调提问:"这里音乐采用哪类乐器奏出了凶暴残忍的封建势力主题?音乐在什么时候达到了斗争的高潮——激烈的抗婚场面?"这样通过语速、语气、声调抑扬顿挫的变化及引导,会使学生更加体会出梁祝爱情的缠绵,并激起了学生对梁祝爱情悲剧的同情及对封建势力的憎恨。授课不能老是声调平平,因为大脑受一种单调的声音刺激时容易疲劳,故声调平淡乃讲课一忌,声色并茂是教学艺术化的一个方面。

　　教学实践证明,课堂提问在整个教学过程中的积极意义是十分重要的。因为教学过程实际上是一种有组织的认识过程,而课堂教学的过程是由先后有序,首尾相接的多个环节所构成的。"提问"便贯穿了这个过程的始终。它是教师为学生的学而创造一种外部因素,通过精心布置了巧妙设问,提高学生的积极性,激发学生的求知欲和学习兴趣,使学生一直处于学习情绪高涨、注意力集中和思维活跃的状态,引导学生获取知识,而学生们也从教师适时而且适应的提问中潜移默化地了解了音乐欣赏的一般规律和知识。因此,提问教学将在今后的教学中起着越来越大的作用,也是素质教育中必须研究的问题。

第四辑　教学讲台

节奏：永恒的生命律动

——《音乐鉴赏》（第一单元第一节）

上海市延安中学　戴建子

本单元为音乐鉴赏模块内容，通过音乐的基本要素，在赏析过程中，聆听丰富多彩的音乐，体会音乐的美。欣赏具有代表性的中外优秀音乐作品，感受、体验、了解音乐作品的风格与文化特征，并在此过程中，理解音乐与社会生活、历史文化、民间习俗之间的关联。

以问题情境关联教学单元，通过有准备的聆听和思考，形成音乐的审美感知和亲身体验，并通过对节奏、旋律的深入认识，启发学生领悟和理解音乐所具有的社会意义和文化内涵。

通过对音乐作品内涵的深入挖掘，设定与单元内容和重点关联的学习情境，引导学生通过聆听、体验、研究等学习活动的展开和实践活动的探索，深化对单元内容的理解和审美感知的形成。

在学习实践中，知道音乐节奏的基本概念，了解记谱法的完善过程，感受不同时代节奏发展的律动特点，体验节奏律动中的力量感与生命力。

通过多样性的感知实践活动，引导学生理解音乐中蕴藏的文化语境和人文内涵，形成文化理解。

第一节"节奏"的学习资料主要有：教材音乐作品《秦王点兵》《被选中少女的献祭舞》《破铜烂铁》片段。

本单元安排4课时。其中第一节2课时，第二节2课时。本次课堂实录是第一节课的第2课时。

第一节　节奏——永恒的生命律动

一、单元教学目标

（一）聆听中外优秀作品，体验内在节奏的组织规律与特点，从中感悟节奏韵律所带来的秩序美感及不同时代的审美价值。

（二）了解不同地域的代表性节奏乐器，以及其此类乐器所承载的文化语境与人文内涵。

（三）通过节奏律动的实践，探究不同的演奏方式以及声部之间的平衡感，进一步体会音乐内在的节奏叠加所呈现出的律动秩序。

二、单元教学重点难点

教学重点：知道节奏是音乐的基本要素之一，体现音乐内在逻辑秩序。

教学难点：通过欣赏不同时代、不同民族的优秀音乐作品，了解节奏发展的变化特点，理解节奏乐器不仅是艺术活动的载体，更代表了民族符号融汇于社会活动中。

三、单元活动

体验活动：小组合作的方式进行节奏训练。

第 2 课时

一、教学目标

（一）在聆听音乐作品的过程中，感受节奏作为音乐的第一要素，在不同时代中的审美的变化，并尝试变拍子的节奏训练，在实践中体会节奏的配合。

（二）聆听《春之祭》中《被选中少女的献祭舞》，初步感受打破节奏均衡感的听觉冲击力，探究 20 世纪作曲家斯特拉文斯基的先锋创作理念及其时代意义。

（三）从"生活即艺术"的角度欣赏《破铜烂铁》，以节奏为主导贯穿于生活化的形体律动中，感受现代标新立异的艺术表演。

二、教学重点难点

（一）教学重点：探究节奏发展史，进一步体会节奏作为音乐第一要素的重要性。

（二）教学难点：感受《春之祭》的节奏变化，初步理解作曲家斯特拉文斯基独树一帜的创作语言和审美特征。

三、教学准备

音乐作品、多媒体、小型打击乐器

四、教学过程

（一）导入

欣赏视频：小泽征尔指挥柏林爱乐乐团的《春之祭》中《被选中少女的献祭舞》片段。

> 1913年5月29日,在法国香榭丽舍大街的剧院中《春之祭》即将首演。在《20世纪音乐概论》中有一段关于首演的描述,特别有意思。第一场开幕式观众的反应很快分成了赞成和反对的两派。一些贵妇人们用她们在晚会上的手提包捶打她们的领座;一些相貌尊严、留着胡子的法国男人们则用拳头互相殴打。第一场开幕后不久台下就大吵大闹起来,以至于没有演员能够听见声音。尼金斯基站在舞台的一侧高声呼喊数着拍子。
>
> 造成这种混乱的原因是什么?是因为节奏!在《春之祭》中,节奏开始出现了巨变。

(二)作品《春之祭》中《被选中少女的献祭舞》分析

1.看谱例拍号,再次聆听《被选中少女的献祭舞》的节奏视频,请感受音乐中节奏的变化特点:

> 出示谱例:短短两行乐谱共出现了3/16、2/16、3/16、2/8、2/16、3/16、2/8、3/16、5/16、2/8、3/16、2/8、5/16多达13种的节拍。

20世纪初,人们对远古艺术产生了浓厚的兴趣,《春之祭》就是这样的社会思潮下的产物:一方面,对遥远的过去致意;另一方面,预感到时代的动荡使得音乐充满了不安与冲突。

2.探究斯特拉文斯基与同时代的画家毕加索之间在艺术创作上的共性。

提问:是否有同学了解斯特拉文斯基与同时代的画家毕加索之间在艺术创作上的共性?

> 斯特拉文斯基和毕加索在艺术上的创新理念是一拍即合,两人是志同道合的革命者。他们努力将艺术不断的从既有的规则和形式中释放出来,给它注入具有社会基础和社会意义的新的生机和活力。

3.为何《春之祭》具有划时代意义?

(1)节奏是音乐的第一要素,然而准确地记录节奏,大约在12世纪,有量记谱法的产生,使得记录节奏成为可能。过去更多的是口传心授,音高大致不变,节奏往往自由发挥。

> 有量记谱法:是13世纪科隆教士弗兰科创始的。这种用音符、休止符和记号严格规定了音的长短的记谱法,在1450年左右,音符是用黑色涂成的,它被称为有量黑符,以后改用空心音符,又被称为有量白符,这种记谱法在西方一直使用到17世纪左右。它是后来简谱、五线谱的基础。

(2)在12—19世纪漫长的历史进程中,节奏的稳定性是音乐基本审美原则之一。变化的几个历史点有:浪漫主义时期肖邦的 Rubato 概念;柴可夫斯基《悲怆交响曲》中整个乐章的 5 拍子;终于,到了《春之祭》,节奏的狂放,到达了巅峰状态——这就是《春之祭》在西方音乐史中获得里程碑地位的原因之一与意义所在。

(三)节奏的新美学——艺术与生活边界的消失

欣赏《破铜烂铁》的片段,解释现代节奏中更为复杂的组合方式,以及它们标新立异的新美学理念。

(四)课堂练习:视奏变拍子训练 2。

(五)布置作业:拓展思考第一题,打击乐器的分类。

节 日 欢 歌
——《春节序曲》

上海市泸定中学 李 晶

一、教学目标

（一）情感态度与价值观

在欣赏管弦乐曲《春节序曲》中，感受乐曲热烈欢腾、高歌欢舞的喜庆气氛，感受民族音乐的魅力，培养学生对民族音乐的感情。

（二）过程与方法

在模唱、打奏乐器、舞蹈等实践活动中，充分调动学生积极参与欣赏的积极性；引导学生体验音乐、辨听音乐、分析音乐；帮助学生理解《春节序曲》的音乐形象，体会音乐情绪。

（三）知识与技能

在体验中感知节奏、速度，了解中国民族作曲创作手法，并体会这些创作手法在乐曲中的不同表现作用，熟悉主题旋律。

二、教学重点

感受、体验《春节序曲》的音乐情感，理解其音乐风格。

三、教学难点

了解《春节序曲》中运用到的"螺蛳结顶""加花"的民族创作手法。

四、教材分析

《春节序曲》是李焕之所作的《春节组曲》中的第一乐章，作于1955—1956年。因这一乐章最受欢迎，所以常单独演奏。

乐曲是带再现的复三部曲式，以我国民间的秧歌音调、节奏及陕北民歌为素材，通过对热烈欢快的大秧歌舞的概括描写，生动体现了我国人民在传统节日"春节"时热烈欢腾、载歌载舞的喜悦之情。

五、教学用具

多媒体、堂鼓、小钹、红绸

六、教学教程

（一）导入

播放视频，引导学生入座。

（二）分段欣赏，熟悉主题

1. 引子

（1）辨听主题，问：音乐描绘的场景？以什么乐器来烘托场景的？

（2）了解民族打击乐记谱法——锣鼓经。

（3）实践活动"诵一诵"：看乐谱，学读锣鼓经。

实践要点：节奏准确、吐字清晰、喷口有力。

> 设计说明：
> 通过辨听主题、学唱锣鼓经由浅入深的体验活动，引导学生熟悉旋律、打击乐器、想象画面，感受到引子部分开场锣鼓的欢腾场景。

2. 主题呈现

【主题（1）】

① 听赏主题，问：主题（1）旋律的发展变化有何规律？

② 了解民族创作手法——"螺蛳结顶"。

③ 实践活动"打一打"：生生合作，演奏主题。

实践要点：节奏准确，鼓点整齐，敲击有力。

【主题（2）】

① 听赏主题（2），问：请问与主题（1）相比，主题（2）有何不同？这一部分为我们营造了怎样的场景？

② 了解民族民间舞蹈：陕北大秧歌舞。

③ 实践活动"舞一舞"：学生学跳秧歌舞步。（十字步）

实践要点：舞步正确，肢体协调，节拍准确。

【主题（2）变奏】

① 听赏主题（2）变奏，问：仔细听辨，主题（2）的旋律发生了怎样的变化？

② 了解民族创作手法——"加花"。

> **设计说明：**
> 通过辨听主题、分析旋律变化特点了解中国民间创作手法"螺狮结顶"和"加花"，通过生生、师生合作演奏加深对主题旋律的印象，并感受陕北大秧歌群舞的热闹场景，感悟中国民间音乐技法的博大精深与独特魅力。

3. 中部

（1）听赏第二部分，思考：从音乐要素分析，音乐发生了什么变化？主题出现过几次？分别使用什么乐器演奏的，描绘了什么形象？

（2）了解民歌《新春秧歌闹起来》。

（3）实践活动"唱一唱"：学生学唱歌曲。

实践要点：气息平稳，节奏音准，吐字清晰。

（4）了解"民间歌舞"。

（5）实践活动"演一演"：学生表演唱。

实践要点：舞步准确，唱准旋律，演出情绪。

> **设计说明：**
> 通过分析音乐要素对比欣赏、辨识主奏乐器的变化，感受这段音乐描绘的祥和、温馨的美好景象，从而激发学生产生共情，学习陕北秧歌舞，师生共舞再现音乐场景。

4. 主题再现

（1）观看演奏视频，带着问题欣赏：听到哪些熟悉的主题旋律？

（2）了解三部曲式。

> **设计说明：**
> 通过辨识主题了解第三部分为第一部分的浓缩再现，引导学生再次熟记主题旋律，感受音乐节奏、速度、力度描绘的不同意境和表达的不同情感。

（三）完整欣赏及反馈

边欣赏边听辨主题，举手示意。

> **设计说明：**
> 通过完整欣赏，在边听赏边辨识主题的实践活动中，引导学生重温音乐魅力，再次激起学生的热情，将整节课推向高潮，同时唤起学生的民族自豪感和对中国文化的自信。

（四）小结

1. 学生分享交流，和伙伴分享《春节序曲》中你最喜欢的音乐片段。

2. 教师小结。

（五）尾声

在中央民族乐团 1998 年维也纳金色大厅演出的《春节序曲》音乐声中，踏着秧歌步离开教室。

音乐风景画

——《大峡谷·日出》(管弦乐组曲)

上海市泸定中学　李　晶

【教材分析】

　　本课选自上海教育出版社出版的《艺术(音乐)》八年级第一学期(试用本)第二单元《自然——孕育艺术的乳汁》中的第四课内容《日出》。本单元以描写自然为主题的艺术作品构成课题,旨在使学生感性地知道音乐、艺术是如何表现自然的美,体验到艺术美、自然美的和谐与统一。《日出》一课就是以"日出"这一自然景观为主题而设计构建的。本课时新授的《大峡谷》组曲第一乐章《日出》就是本课"音乐长廊"中的教材内容。

　　美国作曲家格罗菲创作的管弦乐组曲《大峡谷》用5个乐章描绘了位于美国亚利桑那州西北部高原的科罗拉多大峡谷的日出、如画的沙漠、在小径上、日落、暴风雨这5个各具风格的情景。《日出》选自《大峡谷》的第一乐章。

　　为了体现艺术的课改理念,本课时以音乐为切入,适时与美术相碰撞,为后面一课的综合艺术做好铺垫。

【学情分析】

　　八年级的学生已经具有一定的音乐素养和欣赏能力,同时也具备了一定的绘画素养。同时,这个年龄段的学生已步入青春期,自我意识很强,很想向世界证明自己的存在价值,个体的创造性和独特性都处于巅峰状态,很适合进行艺术的创作与表现活动。

　　崧泽学校是青浦的一所九年一贯制学校,学习质量与生源都属上乘,但由于地处郊区,学生的艺术学习经历比较简单,比如班上学过乐器和声乐的学生相对较少。因此,本课时在设计口风琴小乐器演奏时,采用了只吹单音的最浅显的技能技巧。

【教学目标】

一、通过欣赏乐曲《日出》,体验音乐艺术的语言美、内涵美,并由身心的愉悦产生热爱大自然、亲近大自然的感情。

二、以欣赏、实践、创造为基本环节,以对比教学为基本教学方法,以师生互动为教学策略,进行艺术审美与人文教学。

三、了解组曲体裁、作者格罗菲,了解音乐表现自然的方法,尝试用喜欢的艺术形式表现音乐所描绘的"日出"景象。

【教学重点】

学生通过乐器音色感受乐曲中所描述的情景以及该情景的表现方法。

【教学难点】

辨听各音乐要素在作品中的变化发展以及由此而带来的音乐形象的变化。

【教学准备】

钢琴、口风琴、粘贴纸、课件等教具;表演道具(鼓、乐谱、彩泥、剪纸、剪刀、绘画纸、蜡笔)等。

【教学过程】

一、导入

(一)摄影导入

投影学生事先拍摄的一组风景照,提问:这些都是什么内容的照片(风景)。

(二)导入语揭示课题

众所周知,风景是自然景观,它通常是视觉艺术的描写对象,可是你们知道吗?由于艺术家们的独具匠心,风景同样也可以出现在其他艺术中,音乐就是其中之一,今天就让我们跟随《大峡谷组曲》,一起去游览音乐中的"日出"景象。(出示课题:音乐风景画)

> 说明:
> 以学生的风景摄影照作导入,既扣住了本节课的人文主题,又调动了学生的主观能动性。

二、感受与欣赏:《大峡谷》(管弦乐组曲)之"日出"

(一)作品简介(边播放音乐边解说)

美国亚利桑那州西北部的高原上,静卧着一条巨龙,它就是著名的科罗拉多大峡谷。其景观宏伟壮阔、气势磅礴,峡谷深 1 000 多米,各岩层由于不同日照的时间,会产生赤、橙、黄、绿、青、蓝、紫这七种美丽的颜色,是世界上罕见的自然奇观,1919 年被辟为国家公园。这种富于诗情画意的景色,吸引了作曲家多次赴大峡谷旅游,同时刺激了他强烈的创作欲望,他决心以音乐来描述大峡谷变幻无穷五彩斑斓的美。经过多年酝酿,终于完成了一部绘画般的《大峡谷组曲》。

组曲,顾名思义,就是好几首乐曲围绕一个主题而组成的器乐套曲,其中,每首曲子有其相对的独立性。这首组曲描写了《日出》《赤色的沙漠》《羊肠小道》《日落》《暴风雨》5 个美妙的景观,构成 5 幅美妙的音画。本节课我们来游览它的第一乐章《日出》的景象。音乐是如何来表现大峡谷日出景象呢?下面我们一起用耳朵去"观赏"那里的日出景象——

> 说明:
> 作品赏析前须有对作品人文的整体了解,同时,从结构上可以和后面的完整欣赏形成呼应。

(二)分段赏析

1. 混沌

(1)聆听并思考:你听到了哪些乐器?这些乐器音色让你感受到怎样的一种情绪?想象到什么样的形象?同时它是"日出"过程中的什么时段?(见表 1)

(2)学生回答(每个答案均在学生回答后点出来)

表 1

时段 要素	混沌(2′50″)	破晓(1′20″)	东升(2′10″)
音色(乐器)	单簧管、短笛、长笛、英国管等木管独奏 (另有鼓、弦乐、钢片琴)	弦乐齐奏 ……	圆号、小号等铜管合奏
旋律(情绪)	宁静、空灵	明朗、舒展	热烈、辉煌
意境(形象)	阴霾笼罩的大地	生机盎然的早晨	阳光普照的峡谷

(3)老师在表格的基础上加以分析:在定音鼓微弱的滚奏下,音乐把我们带到了暮色苍茫的峡谷地带。单簧管缓缓上行的音阶、鸟鸣般的短笛、温馨的

长笛和英国管让我们感受到了沉睡的大地即将苏醒……

（4）哼唱互动：跟唱音乐主题旋律，体会日出前的美妙音乐

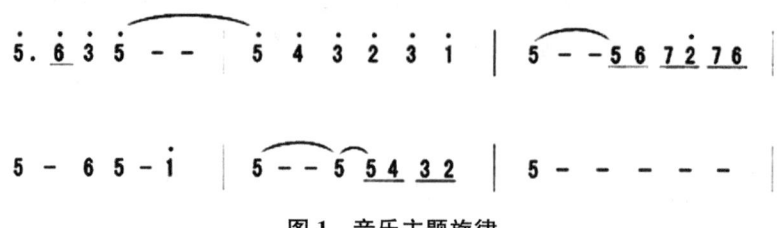

$$5.\ \underline{6}\ 3\ -\ -\ \ \underline{5\ 4}\ \underline{3\ 2}\ \underline{3\ 1}\ |\ 5\ -\ -\ \underline{5\ 6}\ \underline{7\ 2}\ \underline{7\ 6}\ |$$

$$5\ -\ \underline{6\ 5}\ -\ \dot{1}\ |\ 5\ -\ -\ \underline{5}\ \underline{5\ 4}\ \underline{3\ 2}\ |\ 5\ -\ -\ -\ -\ -$$

图 1 音乐主题旋律

过渡语：刚才，作曲家用音画一般的语言向我们展示了大峡谷日出前的混沌画面。那接下来作曲家又将展现什么景象给我们呢？

2. 破晓

（1）聆听并思考：主奏乐器有什么变化吗？随之情绪又发生了什么变化？好像在描写什么场景？（见表1）

（2）学生回答（每个答案均在学生回答后点出来）

（3）老师在表格的基础上加以分析：清新明朗的主题把大峡谷神秘的面纱一下揭开，原来，展现在我们面前的是一望无际的峡谷雄姿。弦乐主题舒展优美、亲切温和，英国管和长笛情潮涌动、互相竞奏，钢片琴不甘示弱，时不时敲响清脆的晨钟，大峡谷呈现出一片朝霞映红、生机盎然的迷人景象。

（4）绘画表现：在音乐的背景下学生以绘画形式表达破晓的天象（或者挑选一幅与音乐匹配的图画）。

过渡语：刚才，作者以艺术化的音乐语言，饱含深情地向人们展现了东方破晓的美景，那接下来作品又会给我们带来什么新的惊喜呢？

3. 东升

（1）聆听并思考：与前面两部分相比，音响发生了什么变化？这种变化产生了什么样的情绪效果？你眼前仿佛看到了什么壮观景象？（见表1）

（2）学生回答（每个答案均在学生回答后点出来）

（3）老师在表格的基础上加以分析：随着木管、铜管的加入，演奏从齐奏到合奏，音量由弱到强，整个音响的情绪变得更加热烈与欢腾，仿佛蒸腾的太阳从地平线上喷薄欲出，整个大峡谷呈现出一幅光芒万丈、五彩斑斓的七彩景象。

（4）器乐互动：在音乐背景下用鼓表现旭日东升景象。（教师可以用手势提醒学生进入和示范敲击的密度）

> 说明：
> 从凸显人文主题"日出"的角度，此处的分段按"日出的过程"（而非乐段结构）而布局。表格的设置旨在让学生有对比性的体验和认识。

（三）完整欣赏

配合自制微电影，进行作品的完整欣赏。

过渡语：随着音乐的一锤定音，我们的大峡谷之旅宣告结束，从作品中我们深切感受到作曲家对大峡谷的溢美之情和对大自然的深切之恋，那么，这位将全部的情感宣泄于音乐画笔的作曲者是谁呢？请看——

> 说明：
> 完整欣赏可以让学生全面感知大峡谷"日出"景象的壮丽美、生命美，从而潜移默化地认识到大自然的伟大力量而树立热爱大自然、珍爱生命的意识。

（四）作者简介

格罗菲，美国作曲家，1924年为格什温的《蓝色狂想曲》配器而一举成名。其代表作有《大峡谷组曲》《密西西比河组曲》等，他的作品富有描写性、音响色彩清澈明朗，具有鲜明的爵士风格。

> 说明：
> "作者简介"安排于此处，是为了打破常规格式、引起学生好奇。

（五）小结

好一次美妙绝伦的音画之旅，同学们有没有发现，虽然日出是一种需要用眼睛看的景观，但是由于旋律的由低到高、力度的由弱到强、音色的由暗到明。日出，非但没有逊色，反而因为音乐的流动，增添了静态绘画所达不到的动态效果，我们眼前仿佛就是一个冉冉上升、热气蒸腾的太阳形象，所以音乐不仅能表达丰富的情感而且还能表现大自然的景象。

> 说明：
> 此处的小结主要聚焦作品的审美，即从音乐的表现方法入手。

三、拓展与创造

（一）引语与设问："日出"是艺术表现的一个永恒主题，古今中外，多少艺术门类的多少艺术家都将笔墨喷洒于这个多彩的风景，那么，请同学们想想，你所知道的表现"日出"的艺术形式有哪些，不管是中国的还是外国的（音乐、美术、摄影、文学等）？

（二）每个同学自由选择一种艺术表现形式，形成音乐角、工艺角、文学角、书法角……

（三）围绕"日出"主题，小组讨论自己组里的艺术展示形式，规则如下：

音乐：师生合作弹奏"日出"。老师用钢琴弹《大峡谷》——"日出"的主旋律，学生用口风琴吹奏主和弦做和声，来模拟杜鹃叫，或以持续低音 5、1、3 做和声伴奏，表示"混沌""破晓""东升"。

文学：寻找描写日出的诗句。

工艺：用面、粘贴画、手掌画等艺术形式表现日出景象。

（四）成果展示：一边展示学生的静态艺术作品，一边表演师生的动态合作成果。

（五）点评活动：……

> 说明：
> 艺术是人文、审美、实践的艺术，故创造性实践是不可缺少的，音乐、美术、文学等形式不仅实现了艺术的实践性，也体现了艺术的综合性。

四、结语

美丽的音乐风景画让我们多维度地"观赏"到了"日出"的自然美，其实广袤的大自然处处蕴藏着美的韵律，并且它们都成了艺术家着意描绘的对象，这说明大自然是孕育艺术的乳汁，正如法国雕塑家罗丹说："美是到处都有的。对于我们的眼睛，不是缺少美，而是缺少发现。"希望我们每一位同学在今后都能有一双发现美的眼睛，用它来寻找美、感受美、创造美。

> 说明：
> 总结，不是作品赏析的总结，而是上升至艺术人文的总结，故从"日出"开始的教学，最后要回到大自然表现的主题。

乡　　韵
——上海风情

上海市天山初级中学　汪　微

【说明】

本课内容选自八年级艺术（音乐）教材第一学期第一单元《生活——创造艺术的源泉》第一课《乡韵》。本教时为第一教时"上海风情"——以具有上海地方特点的歌曲《上海本是好地方》作为主要教学内容，通过欣赏、创编、歌唱、节奏模仿等形式，感受音乐要素的表现作用，体验歌曲的风格特点；进而探索上海说唱这种艺术的风格特点。同时，在新课学习的过程中，加强学生对"上海闲话"的训练，激发学生对沪语歌曲及其他独具上海特色的艺术的兴趣，强化民族精神教育。

【学情分析】

一、八年级学生对于中国传统的艺术、文化的兴趣不高。其实，这与引导是有很大关系的。艺术学科作为学生艺术学习的主渠道，要担负起激发学生热爱、进而传承传统艺术的责任。这也是艺术学科实施民族精神教育的抓手之一。

二、生命教育指导纲要提出要培养学生对家乡的热爱。但我们发现学生对自己生活的家园中土生土长的艺术文化却知之甚少。然而，只有了解了，才会自豪、才会热爱。因此本课教学从我们生活的"上海"入手，以多样的方式引领学生探索上海孕育的各种表演艺术形式，而后进行拓展与生发。

三、八年级的学生具有两面性：一方面自身认为已经长大；另一方面又经常稚气未脱。因此在学生体验艺术、音乐方式的选择上，既要调动听觉、视觉、动觉等多位的手段，又要引领学生思考，避免低龄化的简单重复。在学习理念上,应该更注重体验方式的尝试、学习方法的运用。

四、八年级学生活泼好动,有较强的创作欲。但年龄的增长和青春期的心理特点使得他们有时候不太愿意在众人面前展现。因此教学中设计的每一个环节都力求搭建学生展示自我的舞台,让学生能敢于表现、乐于表现,在表现中有所得,在表现中获得自信。

【教学目标】

一、欣赏歌曲《上海本是好地方》,领略歌曲中浓浓的上海乡音风情;进而接触上海说唱这个上海本土孕育的表演艺术形式及基本特点,使其对上海的本土文化产生浓厚的兴趣;进而为民族文化艺术的博大和灿烂感到自豪。

二、在聆听、歌唱、表演、创造的过程中,加强学生对上海方言的训练,更好地把握《上海本是好地方》这首歌的风格特点。

【教学重点】

一、《上海本是好地方》音乐特点。

二、体验艺术作品中展现的人文风情。

【教学难点】

一、即兴歌词创编。

二、上海说唱的特点。

【教学用具】

一、多媒体、电子琴、快板、小型打击乐器等。

【教学过程】

一、氛围营造与导入

循环播放歌曲《喜欢上海话》。

师:这首用上海话演唱的流行歌曲,描绘出了一幅幅别具特色的上海画卷。吴侬软语伴随着一代又一代的上海人茁壮成长,从歌曲中的家长里短我们感受到了上海这座城市的勃勃生机,魅力风情。今天我们的课题就是《上海风情》。我们要通过欣赏一首沪语歌曲《上海本是好地方》,来从不同侧面了解上海这座城市的繁华热闹、海纳百川。接下来,让我们带着问题,一段段地欣赏。

设计说明:这首流行歌曲热闹贴切本节课的主题,作为氛围营造与导入十分适合。

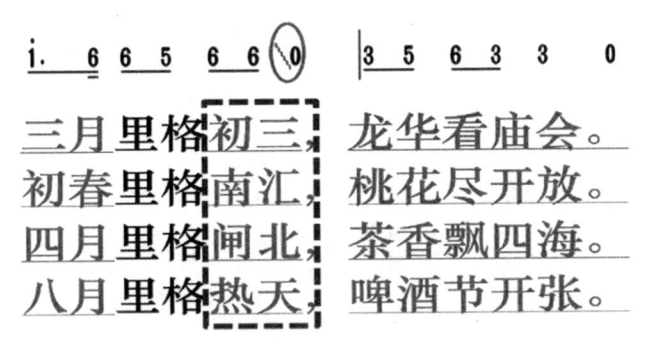

二、欣赏与体验——沪语歌曲《上海本是好地方》

（一）欣赏《上海本是好地方》片段1

```
1. 6 6 5  6 6 0  | 3 5 6 3 3 0
三月里格初三， 龙华看庙会。
初春里格南汇， 桃花尽开放。
四月里格闸北， 茶香飘四海。
八月里格热天， 啤酒节开张。
```

图1 《上海本是好地方》片段1

1．提出问题

问题：(1) 片段1描绘了哪些上海的节庆文化？
(2) 其旋律有何特点？
(3) 你能找出旋律与歌词的内在关系吗？

2．片段欣赏

3．学生回答，教师归纳

师：片段1表达了上海的龙华庙会、闸北茶文化节、南汇桃花节、上海啤酒节等节庆文化。旋律是重复性的，但是大家肯定也发现了细微不同。那是由于上海方言本身的关系。旋律结合了上海话的发音，在歌唱的时候为了贴近生活实际做了细微的调整。（老师现场举例）同学们和我一起来念念歌词，品味一下其中关系。

4．活动体验

(1) 念歌词。

(2) 唱片段。

(3) 即兴创编。

师：请同学们参照歌曲片段1的格式，也来描绘一下你们所熟悉的上海风情。"里格"二字是非常具有上海方言特色的衬词，我们保留，其余的内容大家按照____里格____，____+_____的格式进行创作。请学生分小组讨论后进行全班交流。

> 设计说明：设计多元的课堂活动是让学生全情投入，深切感受这首歌曲所蕴含的独特韵味与魅力。

（二）欣赏《上海本是好地方》片段 2

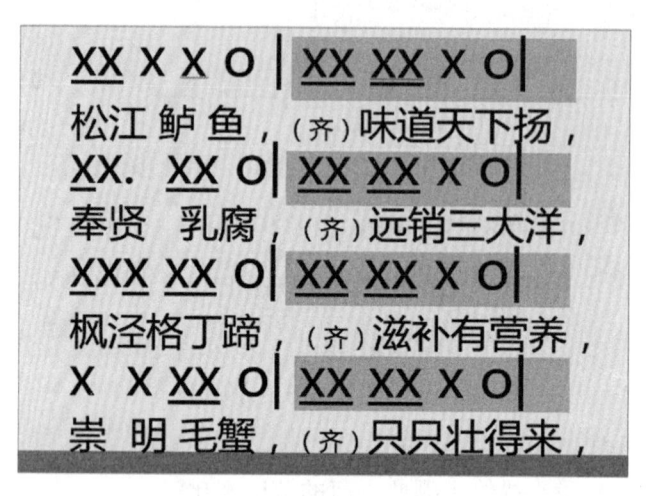

```
XX X X O | XX XX X O |
松江 鲈鱼，（齐）味道天下扬，
XX. XX O | XX XX X O |
奉贤 乳腐，（齐）远销三大洋，
XXX XX O | XX XX X O |
枫泾格丁蹄，（齐）滋补有营养，
X X XX O | XX XX X O |
崇 明毛蟹，（齐）只只壮得来，
```

图 2　《上海本是好地方》片段 2

1. 提出问题

问题：(1) 片段 2 与片段 1 相比，在歌唱的表达形式上有何改变？

(2) 能让你联想到哪个极具上海特色的艺术表演形式？

2. 片段欣赏

3. 学生回答，教师归纳

师：是的，片段 2 与片段 1 相比，从独唱变成了一领众合的表达形式，且既有说又有唱。这种形式其实就是借鉴了"上海说唱"的艺术形式。

4. 简介"上海说唱"

师：那么什么是上海说唱呢？所谓上海说唱，就是指广泛吸收了各地民歌、小调以及各种戏曲、曲艺唱腔，用上海方言说、唱并表演的一种艺术形式。流行于上海、江苏、浙江一带，代表人物是黄永生。而"三巧板"就是"上海说唱"发展的重要道具之一。由黄永生改良成红木材质，并将其中两块以插销相连便于手持，最后还为之拴上红色穗子……就这样，从最初的伴奏乐器，"三巧板"变身"上海说唱"的故事道具，或为书、或为扇、或为剑。黄永生他有一个经典的作品叫作《金陵塔》。我们一起来欣赏片段。

5. 活动体验

师：一段《金陵塔》听得大家一脸崇拜、热血沸腾啊！唱时旋律委婉，说时节奏明快。老师把这段既有说又有唱的片段呈现在了屏幕上，现在我承担

"领"的部分,同学们承担"合"的部分,我们一起先把这个片段合作表演一下吧,切实感受一下上海说唱的独特魅力。

> 设计说明:黄永生老师的上海说唱《金陵塔》堪称经典,其深厚的艺术功底,风趣幽默的表演能使学生对上海说唱有一个全新的认识,同时也能进一步活跃课堂气氛。

(三)欣赏《上海本是好地方》片段3

1. 提出问题

问题:(1)结合歌曲的旋律与歌词,说说这个片段的旋律风格彰显了哪个地域的民歌特点?

(2)请你阐述一下理由。

2. 片段欣赏

3. 学生回答,教师归纳

师:这段旋律婉转柔美,运用了很多附点和切分节奏,带给大家一种旖旎清冽之感,江南民歌那种细腻婉转的特点得到彰显。

4. 活动体验

师:考虑到这段旋律的难度,老师演奏主旋律声部,同学们按照小组承担一个旋律声部,并自行无声练习一下,稍后和老师一同合作演绎一下。

> 设计说明:第3个片断的欣赏,老师运用吹奏片断、划旋律线的方法来加强对音乐高低起伏、委婉细腻特点的感受。老师也考虑到旋律吹奏的难度系数,创编了简单的二三声部,通过师生合作的形式,也让学生熟悉了作品。3个旋律片段,每个片段的体验手段设计都是不同的,学生兴趣盎然,并且潜移默化地熟悉了歌曲的旋律、节奏、情绪、风格等,提升了歌唱、视谱等音乐基本技能,进而也能比较好地领悟到其中蕴涵的艺术之美。

(四)完整欣赏作品

1. 欣赏歌曲完成表1

表1 《上海本是好地方》欣赏

歌 名	歌唱语言	表现内容	旋律特点	艺术借鉴
《上海本是好地方》	上海方言	上海著名景点、小吃	委婉、民歌风——江南小调	上海说唱

师:一首极具上海味道的歌曲《上海本是好地方》让我们重温了、回味了上海这座城市的无尽魅力,其海纳百川的艺术风情与独特深厚的人文底蕴,令我

们赞叹、令我们自豪。最后让我们一同用一个综合活动来小结今天的课堂所学以及你对上海风情的理解吧!

三、拓展与表现

(一) 自由分组

1. 上海童谣组

2. 上海叫卖组

3. 口风琴演奏组

师:最后的活动我们一共要分3个组。第一组是童谣组。主要负责演绎上海童谣,老师准备一些童谣,同学们可以选择几个加上小型打击乐器和同伴共同演绎。第二组是叫卖组。在老上海的街头你经常可以听到各种叫卖声,同学们可以根据上节课所学的内容一起演绎一段热闹的街头叫卖。第三组是吹奏组。要求同学们完整吹奏片段3的旋律,最后和老师一同配合完成表演。现在同学们可以根据自己的兴趣所长来选择组别。

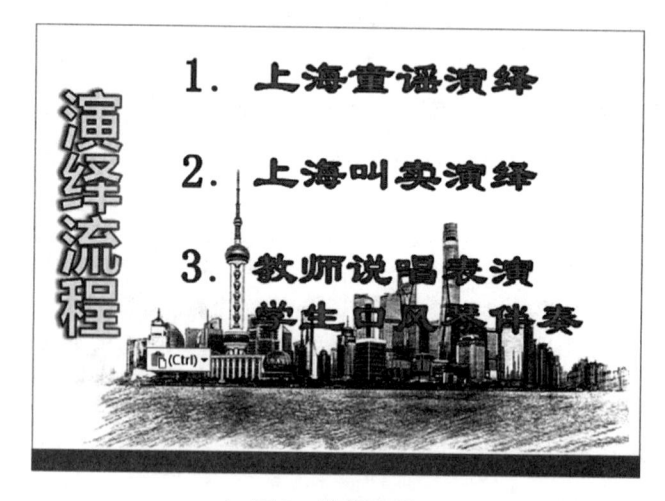

图3 演绎流程

(二) 教师个别辅导

(三) 师生合作演绎

(四) 教师小结

师:今天我们欣赏到的、表现出的仅仅是上海艺术风情的冰山一角,那些凝聚了民族传统、民族特色的上海味道十足的艺术,太需要知音了,我们应该保护它们传承它们,让上海这座城市越来越美。越来越有上海味道!

歌词：

上海本是好地方,好呀么好地方,国际都市有名望,世界么有名望。三月里格初三,龙华看庙会,大雄宝殿敬上一炷香。四月里格南汇桃花节开放,叫啥花海龙舟么处处好呀么好风光。四月里格闸北茶香飘四海,生津提神么百病都不生。八月里格热天是啤酒节开张,液体呀面包消暑么又清凉。莎啦啦子哟,哪乎伊呀嘿,请到我尼上海来呀,上海真是好白相,请到我尼上海来呀,上海真正好白相。

上海本是好地方,好呀么好地方,东方之珠有名望,有呀么有名望。九月里格金秋上海旅游节,商海人潮汇聚春申江,十月里格徐汇,丹桂扑鼻香,叫声花好月圆呀么共度好呀么好时光,初冬要看长兴一片橘子黄,果园年年丰收欢迎侬品尝。龙华寺里守岁,等新年钟声响,卖力撞钟,盼望来年多吉祥。莎啦啦子哟,哪乎伊呀嘿,上海月月有节日呀,上海风情唱勿光,上海月月有节日呀,上海风情唱勿光。

上海本是好地方,好呀么好地方,上海小吃有名望,世界有名望。南翔小笼,一咬一包汤啊;酒酿圆子,又糯又滑爽啊;排骨年糕烹得是蜡蜡黄啊;萝卜丝饼烘得是喷喷香啊;香菇菜包,吃了勿肯放啊;鸡鸭血汤,鲜得打耳光;生煎馒头,金黄澄澄亮啊;双仁麻球,只只乒乓响;快呀,快来买呀,奶油五香豆啊;乌呀乌里匡啊,止咳梨膏糖啊,快呀,快来买呀,奶油五香豆啊;乌呀乌里匡啊,止咳梨膏糖啊,嘿嘿……,止咳嘛梨膏糖。

上海本是好地方,好呀么好地方,上海美食有名望,世界有名望。松江鲈鱼,味道天下扬;奉贤乳腐,远销三大洋;枫泾丁蹄,滋补有营养;崇明毛蟹,只只壮得来;咸菜豆瓣,酥得没有闲话讲;四鲜烤麸,重油加赤酱;活杀三黄鸡,嫩得过瘾头;油炸臭豆腐,闻闻臭来吃吃香;美味佳肴,花色多呀,三日三夜尝勿光。

男男女女,老老少少,外国朋友,港澳台胞,欢迎侬到上海来白相,包侬留下终生好印象。睏梦头里想想还会醒转来,上海真是好地方,上海真是好地方,上海真是么好地方。

多声部音乐的魅力
——《春游》演奏课纪实

上海市天山初级中学　汪　微

【单元】七年级第一学期第一单元《缤纷四季》。

【课题】《春游》——多声部音乐的魅力。

【教材版本】上海教育出版社九年制义务教育课本。

【教学内容】口风琴吹奏《春游》。

【育人立意】

一、开展口风琴教学是落实新课标的有效途径

《音乐课程标准》中提出：课程要为学生提供多种学习经历，丰富学习经验。确立学生在学习中的主体地位，通过开发实践环节和拓宽学习渠道，帮助学生在学习过程中体验、感悟、构建并丰富学习经验，实现知识传承、能力发展、积极情感形成的统一。

二、开展口风琴教学是提升学生综合素养的重要抓手

器乐教学是学校实施素质教育的重要途径，对于培养音乐兴趣，提高审美能力，陶冶情操，培养创新精神和实践能力，提高文化素养，增进身心健康，促进学生德、智、体、美全面发展，具有不可替代的作用。

三、开展口风琴教学是开发学生智力的重要途径

器乐教学在音乐教育体系中既是学生学习音乐和表现音乐的重要手段，又是开发其智力的重要途径。人的大脑是由左、右半球组成，其中有些地方是特殊的最富有创造性的区域。当学生学习吹奏口风琴时，手指的运动能平衡左右大脑神经中枢，开发大脑的形象思维。

【设计理念】

从六年级过渡到七年级，口风琴的指法逐渐从简单到复杂，吹奏的乐曲也

将从单声部向多声部过渡。《春游》这首乐曲是七年级第一单元《缤纷四季》中的演奏曲目,是一首以和声烘托旋律的歌(乐)曲。由于声部的设置,可以实现从单声部吹奏向多声部吹奏的过渡,让学生在体验声部协作的同时,掌握音程及和声的概念。此外,歌曲的旋律优美抒情、意境淡雅怡情,这使《春游》成了一首既有知识技能、又有审美价值的声乐或器乐作品。七年级开学之际的器乐学习,选择它是必然又可行的。

【教材分析】

《春游》是由李叔同作曲的我国创作歌曲中最早的一首三声部合唱曲。歌曲旋律流畅柔美,6/8 的节奏摇摆而欢快,歌词文雅秀美,描绘出了一幅淡雅幽静、风和日丽的春景。受西方留学影响,曲调带有西洋圆舞曲的风格,这恰好又和"春风拂面""游春人行"的词意极其吻合。由于运用了多声部,春天的色彩更加丰富与立体,为学生学习和声吹奏、明晰音程概念以及感受音乐意境提供了极佳的蓝本。

【教学目标】

情感态度:吹奏《春游》,感受 6/8 的律动感,激发对大自然的热爱与向往,引发对多声部音乐的兴趣;了解李叔同及《春游》在中国音乐发展史中的重要地位。

知识技能:学习音程与和声的概念;体验音程色彩,初步掌握两声部的吹奏技能,做到纵向声部的节奏整齐、力度均衡。

过程方法:运用合作法,进行声部合奏训练,使学生感受和谐均衡的和声效果,提高学生的音乐感受力;运用探究法,学会在了解音程知识的基础上为乐曲编配第二声部,并对乐曲进行节奏、音效的创编与表现,激发学生的音乐创造力。

【能力分层设计】

一、根据学生不同的口风琴吹奏水平,允许他们选择简化或原有的乐谱进行练习。

二、在合奏过程中,可以根据学生的能力与喜好,选择吹奏或进行打击乐器伴奏,或进行音效的模拟。

【教学重难点】

教学重点:通过口风琴的吹奏,了解音程和和声的知识,做到两声部的整齐均衡。

教学难点:为乐曲编配和谐的第二声部。

【教具】

多媒体、钢琴、电子琴、小型打击乐器等。

【年级】 七年级。

【课时】 第二课时。

【教学过程及说明】

一、导入——复习与感受

（一）复习吹奏《春游》主旋律

师：上节课，我们已经学会吹奏《春游》这首乐曲的主旋律，也学会了跨指法、扩指法及变音的吹奏。那么接下来我们就把主旋律声部完整地吹奏一遍。（学生完整吹奏《春游》主旋律）

> 环节说明：在第一课时，教师已经教授了乐曲主旋律部分的吹奏，因此为了做好衔接与巩固，验收学生的学习效果，教师首先要求学生完整吹奏一遍是非常必要的。

（二）师生合作演绎《春游》这首乐曲的主旋律

师：看来大家掌握得不错。其实啊《春游》是一首4乐句歌曲，而且歌词非常抒情典雅。因此，老师在此想一展歌喉，我想请2位同学用口风琴为我伴奏，其余的同学静静地聆听，体验歌曲旋律与歌词所描绘的意境。请吹奏口风琴的同学加上最后一句乐句作为前奏。（师生合作演绎《春游》）

> 环节说明：通过教师演唱、学生伴奏的形式，既进一步巩固了学生已学技能，也展现了教师个人音乐素养。这是融洽师生关系、活跃课堂氛围的有效环节。

（三）欣赏童声两声部合唱版本《春游》

师：听完老师的演唱版本，接下来我们再来听听另一个童声演唱的版本。同学们来对比一下，与刚才老师的演唱相比，它在演唱形式上有什么不同？你在听觉感受上有什么不同？

生1：我们现在听到的是合唱，是多声部的，感觉声音更丰满。

生2：感觉声音很有层次感，表现力也比原先的独唱强。

师：哪个版本所塑造的音乐形象更立体？

生：合唱版本。

> 环节说明：两声部的合奏是七年级学生首次接触的内容，在吹奏之前通过欣赏让学生感悟到多声部乐曲的独特音响，能激发他们的学习欲望。

（四）简介歌曲，导入课题

师：对，刚才我们所听到的版本，其演唱形式是二声部童声合唱，在听觉感受上更立体。这首歌,是由李叔同作词作曲的,是我国最早的一首三声部合唱曲,歌名叫《春游》。李叔同是我国20世纪初的著名音乐家、美术教育家、书法家、戏剧活动家。在一次畅游西湖时,李叔同有感而发,写下了这首形象鲜明的歌曲。刚才同学们一致认为多声部的演绎更能体现鲜明立体的音乐形象,那么我们今天就一起来感受多声部音乐的魅力。(PPT出示课题)

二、新授——新知与实践

(一)简介和声与音程

师:说起多声部音乐,那就必须提到和声。和声是什么呢?这个问题听上去很专业,实际上很简单。在音乐上,把音的横向组合称之为旋律,音的纵向组合称之为和声。今天我们学习和声的最基本结构——音程。我们先来看看歌曲的第一小节,就以第一个音为例,音响就是3和5的叠加。如果说路程是指路与路之间的距离,那么音程是指什么呢?(答:音与音之间的距离。)音程有两种,一种是旋律音程,两音先后发音。另一种是和声音程,两音同时发音。我们今天所要学习和实践的就是和声音程。

(二)音程的计算方法

师:如同路程是有距离长短的,音程的计算单位是度。从本音开始向上或向下数,有几个音就是几度。(PPT演示)

图1 音程的计算

师:1到1就是一度。1到2就是二度。以此类推1到3是几度?1到4是几度?

生:三度、四度。

师:举一反三,2到5是几度啊?

生:2、3、4、5,是四度。

师:3 到 7 是几度啊?

生:3、4、5、6、7,是五度。

(三)分乐句吹奏

师:知道了音程的计算方法,下面我们就边吹奏边来分析一下《春游》这首乐曲主要涉及的音程。首先来分析第一乐句。

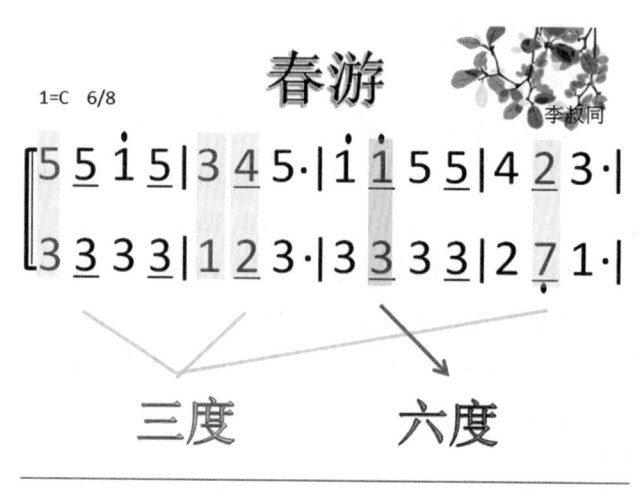

图 2　《春游》的音程 1

生:三度、六度……

师:分析得很对,让我们来吹奏一下第一乐句。老师用钢琴弹第一声部,同学们吹奏第二声部。(学生吹奏第一乐句的第二声部)

师:我们再一同分析第二乐句主要涉及的音程。

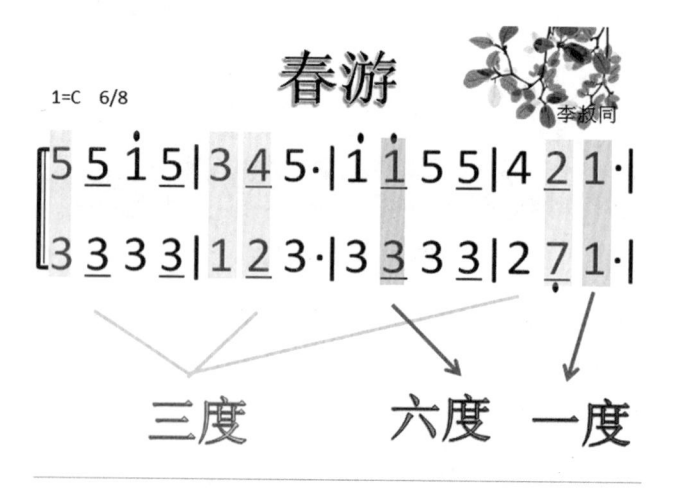

图 3　《春游》音程 2

生：三度、六度……

师：对了，第二乐句同样是以三、六度音程为主。同样老师弹奏第一声部，同学们吹奏第二声部。

师：我们再看看第四乐句，大家发现什么？

生：与第二乐句相同。

师：对了，那么我们就不做分析了。大家看看，最后乐曲结束在哪个音上？

生：结束在1。

师：大家想想，以1结尾的话，是什么调式呢？我们在六年级时曾经学过大调式、小调式，大家一同分析分析。

生：大调式。

师：非常好，由于李叔同在留学日本期间学的是西方音乐，因此创作《春游》这首乐曲采用的是大调式。这也正是为乐曲中音程多为三、六度的原因。

> 环节说明：之所以挑选乐句进行吹奏而非全曲吹奏的原因是：其一，节约了练习的时间；其二，巩固了刚才所学的知识。此外，通过此环节的实践并掌握音程的计算方法后，学生就能比较顺利地完成"探索与创造"这个环节的内容。

三、运用——探索与创造

（一）分小组模仿与创编第三乐句

师：对了，我们还没有学习吹奏乐曲的第三乐句呢，同学们能不能模仿第一第二乐句以三、六度音程为主的方式来创编前三小节？当然，第四小节虽然老师把书本上的谱例呈现给大家了，但是我也希望有兴趣的同学来进行创编，节奏就与第一声部一样。赶快给大家1分钟时间讨论。（学生分组讨论。）

图4 《春游》音程3

（二）分组分析与吹奏

师：每组请一位同学把编创的结果写在黑板上。我们听听他们说说编创思路。（学生分析自己在创编时所运用的音程。）

师：那么我们请3个小组分别吹奏一下他们创编的第三乐句的第二声部。老师也请其他组做一下配合，吹奏第三乐句的第一声部。（三组陆续与其他小组合作吹奏第三乐句）

师：通过合作演绎，大家觉得你们演绎的乐句悦耳动听吗？

生：悦耳。

师：我看到大家都以三、六度音程为主，也有的组非常大胆地运用了五度音程，这也是可以的。总之，每一组的创编都很不错。不过，老师纵观3条同学们创编的旋律，发现如果同时吹奏的话，会有不和谐的音响，因此老师在此做一个微调。

（一）全体吹奏第三乐句

师：接下来，我们就把第三乐句完整地吹奏一遍。老师从各组抽请几位同学来吹奏主旋律部分，其余同学就吹奏你们自己创编的旋律。（学生分声部吹奏第三乐句）

（二）两个声部合奏

师：现在进行全曲的两个声部的合奏。一半同学吹奏主旋律部分；另一半同学吹奏第二声部，吹奏第二声部的同学注意了，到第三乐句你们吹奏自己小组创编的声部。（学生两声部合奏）

四、拓展——巩固与表现

（一）音效声部添加

师：同学们的吹奏很不错，老师眼前仿佛出现了西湖明媚的春景。但我们还能做得更好，把歌曲的意境表达得更淋漓尽致。同学们来说说看，还可以通过哪些方式来点缀升华乐曲呢？

生：可以加入音效，比方说鸟鸣的声音。

师：很好，今天老师就带来了一个神奇的道具，那就是我们小时候都玩过的鸟鸣器。谁来吹吹看？（安排一个学生吹奏）

师：其实啊，我们的口风琴也可以模拟鸟叫，大家在高音区试试。（学生自主尝试）

师：老师在众多欢乐的小鸟中挑选了两只最可爱、叫声最悦耳的小鸟，那么鸟鸣的音效模拟就交给你们这几位同学了。

师：大家再看看讲台前的铝片琴可以模拟什么呀？

生：流水的声音。

师：不错，老师请一位同学上台来模拟一下。（学生上台敲击）

师：除了音效，大家再想想，我们还可以加点什么？

生：加入打击乐器。

师：加入打击乐声部的确是个不错的想法，老师黑板上正好有 4 段节奏谱，我们一起来练习一下。（老师指导学生练习节奏）

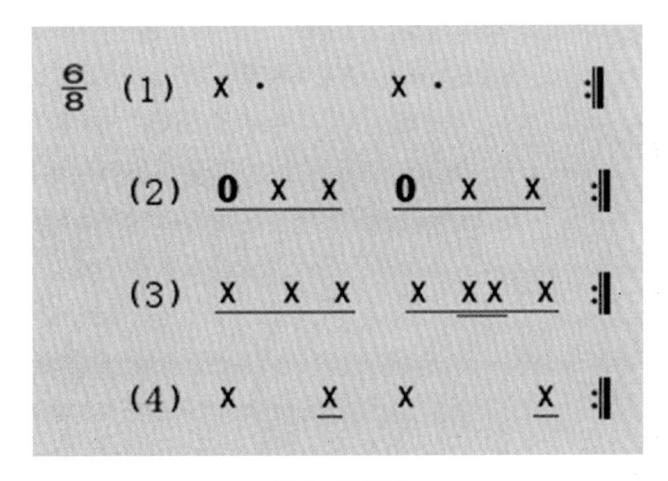

图 5　节奏谱

师：第一条节奏用哪件小乐器敲打比较合适？

生：碰铃。

师：谁愿意来承担这个小乐手的角色？（挑选学生上台）

师：第二条呢？

生：沙球。

师：我请一位同学上台演奏沙球，谁愿意？（挑选学生上台）

师：第三条节奏大家觉得用哪件打击乐器比较好？

生：双响筒。

师：同样，老师邀请一位同学上台演奏双响筒。（挑选学生上台）

师：第四条节奏老师建议用响板，哪位同学愿意上来试试？（挑选学生上台）

师：其他在座的同学，角色不变，让我们一同演绎一遍《春游》。为了让我

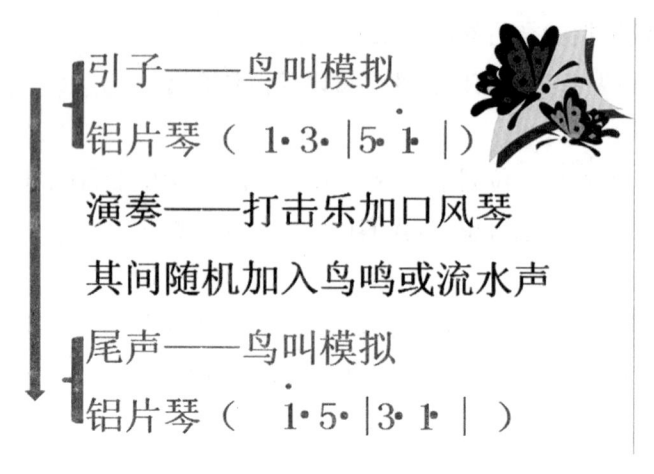

```
引子——鸟叫模拟
铝片琴（ 1·3· |5· 1· | ）
演奏——打击乐加口风琴
其间随机加入鸟鸣或流水声
尾声——鸟叫模拟
铝片琴（ 1·5· |3· 1· | ）
```

图6　演奏流程图

们的演奏更加顺利,老师设计了一个流程图,大家听从指挥,做好准备。(老师指挥,学生分声部合奏。)

师:在刚才的演绎中,老师发现还有一些不足,比方说打击乐器声部的同学节奏不够稳固,老师想让更多的同学体验打击乐手的角色,还有谁能自信地走上讲台?(换一批学生上台)

(二)全体演绎(老师指挥)

师:接下来,我们再完整地演绎一遍《春游》,这一次老师用口风琴加入你们。(师生合作演绎,老师在口风琴的高音区加花点缀。)

> 环节说明:这是一个激发学生奇思妙想的环节,使能力有差异的学生均能够在不同的岗位体验到成功的喜悦,能让他们的学习热情高涨起来,从而充满自信,达到分层教学的目的。

五、表演——展示与表现

师:同学们演绎的《春游》正如同歌词中所描绘的意境。"春风吹面薄于纱,春人妆束淡于画。游春人在画中行,万花飞舞春人下。"歌曲《春游》用多声部音乐勾画出了"春风""春人"极具层次感的水墨画,在这幅画里,我们徜徉在大大小小的音程路途上、沐浴在温暖明亮的大调式色彩中。清新淡雅的《春游》,令人痴醉、扣人心弦,那么就让我们也来说说春的故事,奏响我们的保留曲目《春节序曲》吧。(老师指挥,学生以键盘打击乐的形式演绎《春节序曲》。电子琴模拟长笛、圆号、单簧管、小提琴的声音。)

《瑶族舞曲》欣赏课实录

上海市娄山中学　王莉雯

教学年级:预备年级。
教学课时:一课时。
教学目标:

知识与技能:聆听民族管弦乐曲《瑶族舞曲》,引导学生体会音乐要素的变化,能分清乐曲的段落;了解中国民族管弦乐队基本编制。

过程与方法:通过欣赏民族管弦乐曲《瑶族舞曲》,积极参与音乐实践活动,感受并体验乐曲的音乐情绪——瑶族边寨的欢乐场景。

情感态度与价值观:通过欣赏民族管弦乐曲《瑶族舞曲》,综合感受中国民族音乐的艺术感染力和表现力,对民族音乐产生兴趣。

教材分析:

《瑶族舞曲》是九年义务教育上教版六年级第四单元《民族花苑》中的欣赏内容。这是一首单乐章民族管弦乐曲。作品创作于20世纪50年代,作曲家以民间舞曲《长鼓歌舞》为素材,用民族管弦乐的手法,丰富、生动地展现了瑶族民众欢歌热舞的喜庆场面。乐曲用优美的旋律,表现了能歌善舞的瑶族人民的生活情貌。

学情分析:

六年级的学生学习积极性和主动性很高。能踊跃参与到教学的各个环节中。但是,音乐基础知识和欣赏作品的能力还不足,需要不断在授课时引导。

学习重点:

了解作品的音乐要素与乐器分类。

学习难点:

能为作品分段,分辨各乐段的音乐特点。

教学过程：

一、导入

（一）（复习导入）上一节课我们欣赏了……歌曲，这是什么民族的歌曲……

（二）我国是个多民族的大家庭，因此，音乐也是丰富多彩。今天这堂课，首先由老师为同学们演唱一首歌曲，请同学们边听边思考：歌曲描绘了怎样的场面？歌曲中的旋律表现了怎样的情绪？给你带来怎样的感受？

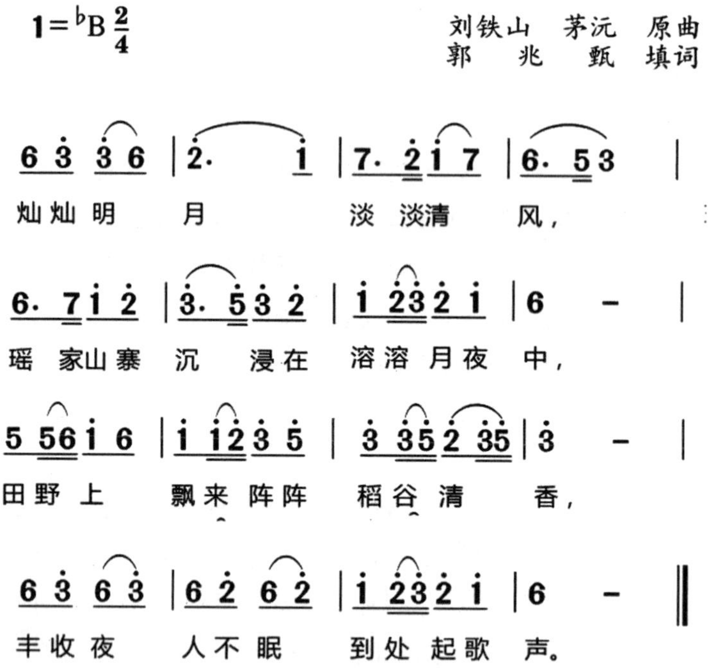

图1 《瑶山夜歌》歌谱

（三）教师演唱

师：请同学们回答以上问题。

生：……

师：同学们的感受能力很好啊！这首歌的歌名是《瑶山夜歌》。歌曲描绘了在丰收时节的瑶山夜晚的美丽景象：明月高悬在天空，清风徐来，歌声四起，山寨一片安静祥和。

（四）师：如果这个旋律没有歌词，用纯乐器来演奏，它能表现出这样的意境吗？下面聆听用乐器演奏的瑶山夜歌，思考：这段器乐曲描绘了怎样的意境，带给你的情绪感受。[听主题（一）]

生：宁静、安静……

（五）师：为什么会有这样的感觉呢？

生：因为很慢，优美抒情……

（六）师：就是说即使没有歌词，音乐同样能引发你的想象，描绘意境，这就是奇妙的音乐要素的作用，是表现音乐的语言（出示）。今天，我们要通过欣赏，了解音乐要素的重要作用。

二、欣赏《瑶族舞曲》

（一）赏析导入

师：其实刚才这首《瑶山夜歌》的旋律源自我国一首大型民族管弦乐曲《瑶族舞曲》。（出示课题瑶寨风情——《瑶族舞曲》。）这首民族管弦乐曲是作曲家根据瑶族民歌的音调改编创作而成的。是中国民族管弦乐曲的开山之作。整个作品有6分多钟，今天老师截取其中3个主要的旋律主题和大家一起欣赏，听听作曲家是如何用乐器描绘瑶山美景的。

（二）分段赏析

1. 教师导入《瑶族舞曲》，赏析第一主题

（1）师：让我们回到刚才欣赏的《瑶山夜歌》旋律，这是乐曲第一个主题旋律。再聆听一遍，请从旋律特点、节奏特点、速度等"音乐要素"上说说第一主题的形象特点。（听音频）

生：（在老师的启发下回答）

师：（教师边讲边出示）旋律：优美舒展，节奏宽舒，速度缓慢，力度较弱。

（2）师：这样的音乐要素表现了怎样的情绪呢？

生：宁静，祥和……

（3）师：让我们怀着这样的情绪哼唱乐曲的主题旋律（出示乐谱，跟钢琴哼唱乐谱1遍）。

（4）师：这段主题描绘了什么情景呢？

生：……

师：其实刚才老师唱的歌词非常形象地描绘了这样的情景。让我们跟着乐曲轻声唱词（又出现谱子）。

（5）师：这首乐曲有一个很短的"引子"。聆听一下，记住它有很简短的节奏型。（出示）

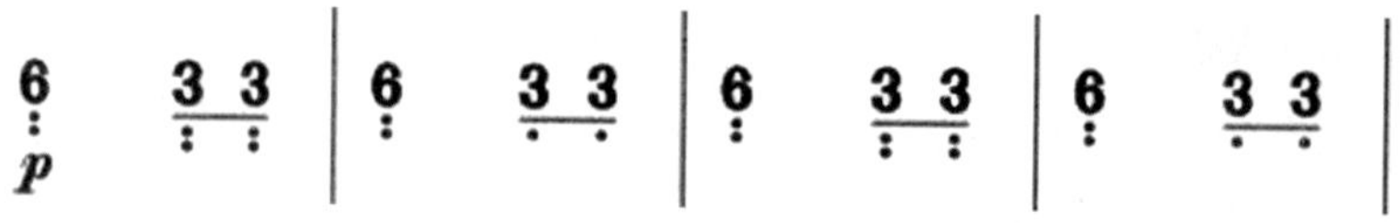

$$\underset{p}{\overset{6}{\cdot}} \quad \underset{\cdot\cdot}{\overset{33}{\cdot}} \mid \underset{\cdot}{\overset{6}{\cdot}} \quad \underset{\cdot\cdot}{\overset{33}{\cdot}} \mid \underset{\cdot}{\overset{6}{\cdot}} \quad \underset{\cdot\cdot}{\overset{33}{\cdot}} \mid \underset{\cdot}{\overset{6}{\cdot}} \quad \underset{\cdot\cdot}{\overset{33}{\cdot}} \mid$$

图 2 引子曲谱

（6）师：这是模仿了瑶族长鼓的节奏。（出示图片）请女同学唱歌，男同学模仿长鼓节奏伴奏，就把我们的身体做鼓吧！（× ×× × ××）
×——拍击凳子，或跺脚，××——拍手。开始——

2. 欣赏第二主题

（1）师：接着我们听赏第二主题，这以主题欣赏后请同学们自己分析音乐要素特点与音乐形象特点。（这一段要听完整）

（2）分组讨论后汇报。（……2分钟）

师：归纳。（出示主题对照谱例）

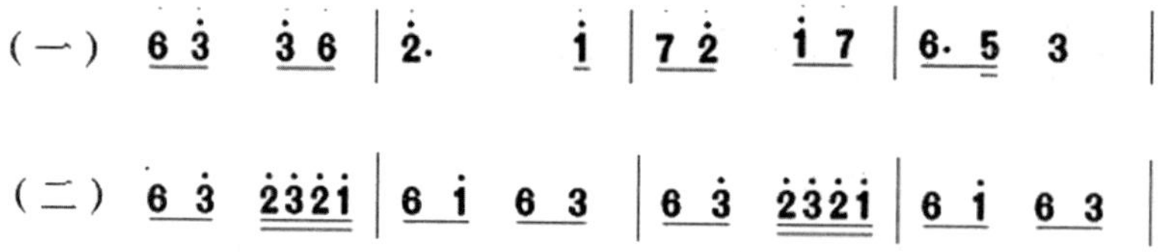

（一） 6 3 3 6 | 2. 1 | 7 2 1 7 | 6. 5 3 |

（二） 6 3 2321 | 6 1 6 3 | 6 3 2321 | 6 1 6 3 |

图 3 主题对照谱

乐曲的旋律骨干音 6 和 3 没有很大的变化，但是节奏紧凑密集，速度加快，力度增强，使音乐情绪变得热闹欢腾。与第一主题形成鲜明的对比。（出示关键词）

（3）瑶族人民有心爱的长鼓，我们有小鼓、腰鼓、身体。

请为主题（二）创编一小节节奏，要求：与第一主题节奏不同，能表现欢乐的气氛。让我们通过敲击模仿，感受和瑶族人民同样的喜悦快乐。（或用选择法）

× ×× | 0 ×× | 或 × ××× | 0 ×× | 或 0 ×0 ×| 0 ×× |

（4）师：同学们，结合主题（一）和主题（二），你能说说你感受到了怎样的一幅画面吗？

生：火把节、夜晚……

（5）师：乐队奏出委婉的主题，我们仿佛看到一座美丽纯朴的苗寨，在皎洁的月光下，身着盛装的瑶家儿女陆陆续续来到旷野，长鼓奏响，歌声轻起。音乐渐渐活泼欢快，仿佛有许多村民来到这里加入歌舞的行列狂欢。人们欢聚一堂，分享快乐与幸福。

3．欣赏主题（三）

（1）师：音乐进行到了第三个主题旋律。请同学们思考主题（三）的意境是怎样的？又有哪些音乐要素的变化？（聆听）

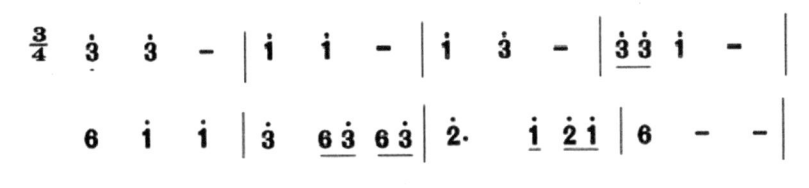

图 4　第三个主题旋律

师：请同学们来说一说，你感受到的意境是怎样的？

生：抒情的、浪漫的、柔和的……节拍变成 3/4……

（出示要素变化关键词）

（2）这段音乐与第一、第二主题旋律有很大的变化。好像有一位美丽的瑶族姑娘走向圆圈中间翩翩起舞，婀娜多姿的舞步使人们停下喧闹，静静观看。三拍子的节拍最适合跳舞了。下面就让老师跟着旋律先跳起来。仔细欣赏给我鼓励哦！

4．欣赏教师范舞

（1）师：让我们一同来感受瑶族舞蹈的魅力。

（2）教师分解教授瑶族舞基本动作。PPT 中出示视频，分两个视频框循环演示手脚分解动作。

（3）师：同学们跳得很不错。接下来让我们跟着主题（三）的旋律一起跳起来吧。

5．全体跟着音乐跳瑶族舞

小结：由于音乐要素的变化，改变了音乐的形象，同时使一首很长的乐曲能分出一个个不同的段落。所以说，音乐要素是音乐表现的重要手段。（可以看书上的文字）

6. 在音乐要素中还有一个重要的要素是"音色"。音色变化的重要原因是乐器。下面我们欣赏《瑶族舞曲》第一、二、三主题视频。要求思考：

（1）一、二、三每个主题中用什么主奏乐器？注意每个主题都反复多次的，每一次用的乐器都是不同的。

（2）这些乐器在乐队中的位置。

（边看边出示教师出示 PPT 板书）

表 1　民族乐器分类问卷

乐器＼主题	引子	主题（一）	主题（二）	主题（三）
		高胡 二胡		二胡
	阮	琵琶 扬琴	琵琶	
		笛子	笛子	笛子 笙
			鼓	

不同的乐器有不同的音色，高胡的明亮，二胡的柔和，独奏的纯净，合奏音响的丰满，使同一主题得到不同的情绪渲染。

乐器的音色丰富多彩。根据它的结构、演奏法与音色特点。中国民族乐器可以分为哪几类呢？

（与学生互动填入表格上的空缺）

表 2　民族乐器分类答案

乐器＼主题	引子	主题（一）	主题（二）	主题（三）
拉弦乐器	低音提琴	高胡 二胡		二胡
弹拨乐器	阮	琵琶 扬琴	琵琶	
吹管乐器		笛子	笛子	笛子 笙
打击乐器			定音鼓 大鼓	

三、课堂练习与反馈

看视频,完成两个作业。要求:

(一)根据要素的变化,音乐出现了哪两个主题?

(二)根据视频把乐器排列在乐队座位上。

(每个学生或分组进行,有一张表格,填上去,有一位在 PPT 上操作)

师:中国民族管弦乐队是在 1949 年之后借鉴了西方管弦乐队编制而创建的。不仅是我们民族所特有的,也是世界上所独有的非常完整的民族管弦乐队编制。让我们把刚才出示在白板上的乐器一起来排列成乐队吧!看谁做对了。(拖乐器图)(先分类,后放位置)

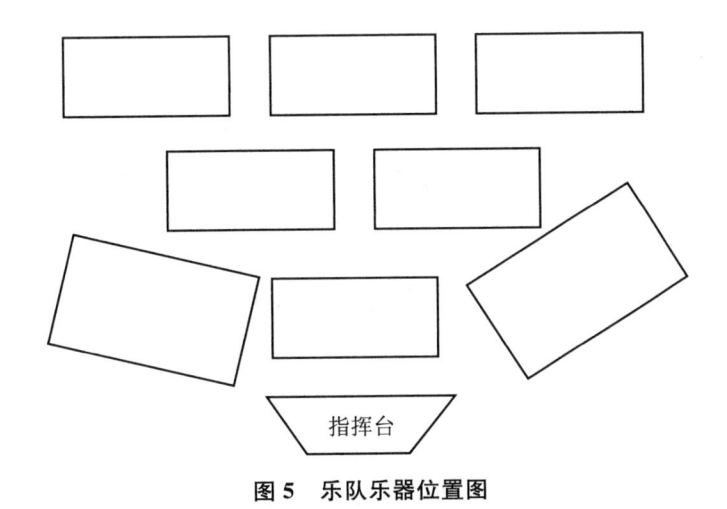

图 5　乐队乐器位置图

四、课堂总结

师:(小结你自己写)今天我们欣赏的《瑶族舞曲》让我们感受到瑶族山寨美丽的夜晚,幸福的生活。知道了音乐要素的重要作用,也增强了对民族乐器的认识。《瑶族舞曲》是民族管弦乐曲中的范例,也只是众多少数民族作品中的一首,还有很多少数民族的音乐作品等着大家去探索。让我们在愉快的《瑶族舞曲》音乐声中结束我们今天的课,同学们,再见!

乐,诗中的月夜
——《春江花月夜》欣赏课

上海市复旦初级中学　王世明

【教学构思】

《乐,诗中的月夜》这节课以《春江花月夜》为例,通过我国古典名作《春江花月夜》的赏析,领略《春江花月夜》中的古典艺术之美,体会作品中的意境之美,从而增进对我国古典名作《春江花月夜》中文化的理解力,激起对艺术作品含义的深层次探索的动力,以达到以艺术启迪思维的育人目的。

教学中所涉及的作品皆和教材关联,如民族管弦乐《春江花月夜》、唐代诗人张若虚的诗《春江花月夜》以及笛子独奏《平湖秋月》等。

【学情分析】

八年级的学生经过小学、初中阶段《音乐》的学习,有了一定的音乐文化的积淀,有了一定的音乐基础知识的积累和音乐基本技能的储备,他们渴望从多元化艺术的交融中获得美的熏陶,提升自己的审美情趣,他们有着对艺术表现的渴望,也希望多多益善地提升自己艺术的创意能力。因此,应从多元艺术文化的角度,提升学生艺术的审美能力。

【教学目标】

一、通过古典名作《春江花月夜》的学习,增进学生对古曲、古诗《春江花月夜》的感情,领略作品所表达的意境,并从月文化的高度,理解月亮所负载着的深刻的文化内涵。

二、以《春江花月夜》为例,通过对《春江花月夜》听赏、吟唱、吹奏、吟诵等学习途径,学会欣赏我国优秀经典名作《春江花月夜》。

三、在古典名作《春江花月夜》的学习中,了解其作品的背景,知道中国传统音乐"鱼咬尾"的写作手法和结构特点。

【教学重点】

本节课着重在于对古曲、古诗《春江花月夜》作品中所表达意境的理解,因此通过多种的实践活动,帮助学生对作品中所表达意境的理解。

【教学难点】

一、技术性的难点

学生在表达、表现作品过程中难以表现的内容。比如旋律部分的附点八分、高音区、后十六节奏、前十六节奏、全十六节奏等难点的表达。歌唱中高音区的表现。

二、领悟性的难点

对古典名作《春江花月夜》所表达的意境的感悟。

【资源准备】

笛子独奏《平湖秋月》的音频。

2008年北京奥运开幕式礼乐篇中《春江花月夜》的表演视频。

1998年维也纳金色大厅虎年春节中国民族音乐会《春江花月夜》的演出音频。

著名演播艺术家姚锡娟《春江花月夜》的朗诵视频。

【教学过程】

一、导入

(一)笛子独奏《平湖秋月》的音乐片段的聆听,引入本节课的课题——《乐、诗中的月夜》。

(二)以2008年北京奥运开幕式礼乐篇中的一个片段欣赏,引入本节课的主要学习内容,即以《春江花月夜》为例,领略乐与诗中月夜的艺术魅力。

说明:以2008北京奥运会幕式礼乐篇中《春江花月夜》片段作为欣赏导入,引发学生对古典名作《春江花月夜》的学习兴趣,及对《春江花月夜》艺术魅力及人文内涵的探究愿望。

二、赏析——乐之韵

(一)简要介绍古曲《春江花月夜》。

(二)引入学习内容"赏析——乐之韵"。

(三)欣赏乐曲引子部分,听辨乐曲主要运用的乐器,感受作品所描绘的意境。

(四)欣赏主题部分,从鲜明的音乐要素出发,理解作品所表现的意境。

（五）视唱主题部分旋律，用竖笛吹奏，分析旋律的特点及其作用。

1. 视唱主题部分旋律，注意旋律部分的附点八分、高音区、后十六节奏、前十六节奏、全十六节奏等难点表达。

2. 用竖笛吹奏旋律，注意高音指法的转换，以及附点八分、高音区、后十六节奏、前十六节奏、全十六节奏等难点表达。

3. 以五句分接龙式的吹奏表达，体会旋律的结构特点或创作手法。

4. 理解旋律表现手法的作用

（六）为该部分起个标题，更加理解作品所表达的内涵。

> 说明：意境，是中国古典美学传统的一个重要范畴。以"乐之韵"从《春江花月夜》的音乐中领略《春江花月夜》中的古典艺术之美，体会作品中的意境美，同时通过对主题音乐的唱、奏表达及古乐在结构、表现手法手法上的领悟，加深对作品的理解。

三、过渡

3 首与月亮关联的诗句的呈现，引入对古诗《春江花月夜》的学习。

四、品析——诗之意

（一）聆听配乐诗朗诵，从抑扬顿挫的配乐朗诵中，联想作品所展现的画面。

（二）交流赏诗后联想到的画面。

（三）诗歌吟诵，品味诗的意境。

（四）诗乐结合，填词歌唱，体会乐、诗结合的特有魅力。

> 说明：品诗是一种高级的精神享受，它有着一品音韵，二品内涵，三品意境。有人说，中国文化以"诗乐合一"为最高境界之美。中国文学传统常称诗为"诗歌"，足见诗与音乐有多深的渊源。本部分以诗乐结合，填词歌唱，体现了乐、诗结合的特有魅力。

五、拓展——诗意的月亮

由学生用我们自己方式，一起唱唱月亮，一起诵诵月亮。

> 说明：拓展是培养学生学会自主学习、学会自主表达的途径，是审美实践能力得以体现的标志性所在，是实践力行所不可缺少的组成部分，也是开放性作业的体现形式。学生通过一起唱唱月亮，一起诵诵月亮及其准备过程，便是实践能力能得以实现的所在。

六、小结

从月文化的高度，让学生理解月亮负载着深刻的文化信息，凝聚着我们古老民族深厚的生命感情和审美感情,代表着中国传统文化和民族艺术,走向了世界。也知道只有民族的才是世界的。

【教学反思】

本节课以《春江花月夜》为例,充分围绕学科核心素养,通过我国古典名作《春江花月夜》的赏析,及唱、奏、吟诵等多样化的艺术实践及艺术表现等活动,增进了学生对古曲、古诗《春江花月夜》感知能力,并从月文化的高度,理解月亮所负载着的深刻的文化内涵。

教学中注重知识与技能的学习,通过多样化的艺术实践活动和艺术表现,注意到了学生艺术学习方法的积累,也注意到了学生对古典民族文化艺术魅力和文化内涵学习探究的动力。

在教学的设计与实施上,如果更加注意学生对作品的综合表现,或许会更加完美。

《红色娘子军》(舞剧)欣赏课实录

上海市姚连生中学　戴　玮

【教学目的】
　　一、欣赏舞剧《红色娘子军》选段《娘子军出操》《快乐的女战士》《斗笠舞》，让学生对这一舞剧代表作有比较直观的印象。
　　二、通过本课的学习，了解中国芭蕾的特点。

【教学重点】
　　了解中国芭蕾的特点，知道3个选段中的主题动作。

【教学过程】
　　一、导入
　　(一)大屏幕播放歌剧《红梅赞》、舞剧片段《丝路花雨》
　　提问：两个片段分别是哪两个艺术表演形式？
　　生：第一种是歌剧；第二种是舞剧。
　　师：不错。第一个片段的表演形式是歌剧；第二个表演形式是舞剧。歌剧和舞剧原本都是国外的表演形式，但是自从中华人民共和国成立以来我们在歌剧和舞剧的创作上有了很大的发展。这两个片段都是中国的歌剧和舞剧，是中华人民共和国成立之后创作的优秀作品。下面，请再欣赏两个舞剧片段，分辨一下在表演形式上有何不同？
　　(二)播放《丝路花雨》《红色娘子军》片段
　　生：《红色娘子军》是芭蕾。
　　师：是的，《丝路花雨》是用中国舞来表现的，而《红色娘子军》则是用芭蕾来表现的。今天，我们就来欣赏芭蕾舞剧《红色娘子军》。有谁知道它的故事吗？讲述的是在第一次国内革命战争时期，一个名叫吴清华的姑娘参加革命的故事。原先是一部电影，后改编创作成芭蕾舞剧。(同时PPT出示课题)

二、新授

（一）《红色娘子军》操练选段

1. 播放《红色娘子军》出操舞段

提问：该片段综合了哪些艺术形式？

生：唱歌、舞蹈。

师：是的，片段将歌曲、群舞等表现形式结合，舞蹈中有一个主题动作——后踢小跳步，体现了女战士英姿飒爽的女性风采。其中有一首歌曲《红色娘子军连歌》，我们一起来唱一唱。（出示谱例）

2. 学唱《红色娘子军连歌》

（1）欣赏歌曲，感受音乐形象、旋律、节奏。

（2）唱谱，注意16分音符的唱法（快速、均匀），变音要唱准。

（3）填词演唱，注意情绪把握：进行曲式，铿锵有力。

（二）《快乐的女战士》

师：在舞剧的第四场中，有一段女战士和老炊事班长的舞蹈——《快乐的女战士》。

1. 欣赏《快乐的女战士》

提问：这段舞蹈描述了什么情节？欣赏《快乐的女战士》，与《娘子军出操》选段相比，情感上与前者有何不同？

生：该选段比较活泼

师：这是一段情节性的舞蹈，在表现上比较生活化。主题动作有女战士的碎移步，体现出女战士活泼、调皮、有趣的性格。老炊事班长的舞蹈中有挑水的动作，非常形象。现在我们请一位男生来演一演老班长，老师来演女战士，让我们随着音乐共同来感受一下战士们愉快的心情。

2. 实践活动

舞蹈场景再现：男生先学基本舞步，挑选1～2名男生模仿老班长挑水的动作，老师表演舞蹈中主题舞蹈动作碎移步。

（三）斗笠舞

1. 欣赏《斗笠舞》

师：在这部舞剧中有一首优美的歌曲《军民团结一家亲》，歌中唱道："万泉河水清又清"，那么在这美丽的万泉河边究竟发生了什么故事，让我们一起来看一看。

提问:舞蹈描述了怎样的场景?

生:军民鱼水情。

师:同学们的判断很正确。舞蹈名叫《斗笠舞》,通过老百姓向红军送斗笠的情景,表现了人民群众与子弟兵的鱼水深情。音乐运用了民歌的元素,舞蹈也运用了中国民族舞的元素。这段《斗笠舞》动作简洁大方,主题动作是吸跳,通过队形的变化来展现大场面的互动。现在请我们班的女同学一起来模仿其中简单的动作。

2．实践活动

请4～5名女生学习《斗笠舞》开头4个8拍的舞蹈动作。

三、艺术小辞典

(一)中国芭蕾

师:在这部舞剧中,除了群舞还有双人舞、独舞,如《长清指路》(双人舞,欣赏片段)等。

提问:通过对舞剧《红色娘子军》中几个舞蹈选段的欣赏,请总结一下芭蕾有何特点?

生:脚尖上的舞蹈。

师:是的,芭蕾最大的特点就是用脚尖跳舞。芭蕾是一个舶来品,约在20世纪20年代,由外国侨民将芭蕾艺术传入中国。中华人民共和国建国初期,中国的舞蹈家们开始进行创作现实题材芭蕾的尝试,此后涌现了一大批经典作品,如《白毛女》《沂蒙山》《草原儿女》《梁山伯与祝英台》等。那么中国芭蕾又有哪些特点呢?

生自由发言,教师总结。

师:外国芭蕾只有音乐,中国芭蕾在外国芭蕾的基础上,将歌曲、音乐、民族民间舞蹈的形式相结合,这是中国芭蕾区别于外国芭蕾的一大特点。

(二)辨别

播放几个舞剧片段,请辨别哪些是中国芭蕾舞剧。(选上)

(三)总结

为什么《红色娘子军》会流传至今?因为他们在原有的基础上进行了创新,只有创新才有发展。曾经有人说,音乐是流动的舞蹈,舞蹈是跳动的音乐。今天这节课,我们初步感受了中国芭蕾舞剧。今后,我们还会在这座殿堂中更广泛、更深刻地去体会它的艺术魅力。

《劳动的礼赞》单元教学设计

上海市天山第二中学　王　玥

【教材选择】　上海市初中《艺术(音乐)》八年级第二学期。
【执教年级】　上海市天山第二中学八年级。
【执教教师】　上海市天山第二中学王玥。
【主题概述】

《劳动的礼赞》选自上海市初中《艺术(音乐)》教材八年级第二学期《第一单元社会——滋养艺术的沃土》,是该单元的第二课。《劳动的礼赞》这一课,在整体教学内容的选材上,以"劳动"为创作题材的音乐作品为主,结合舞蹈、影视等艺术门类,强调艺术通过音乐语言、肢体语言等艺术手法,反映劳动的艰辛与喜悦。在学生学习的过程中认识到劳动是伟大的,它创造了社会,造就了多种人才,是社会进步、人类文明的源泉。从而感悟到艺术源于生活、高于生活!

【教法分析】

教材选取了古筝独奏曲《战台风》、歌曲《邮递马车》、舞蹈《洗衣歌》、影视作品《潜海姑娘》等艺术作品,设计了创造与拓展活动三《劳动者之歌艺术沙龙》。这些教学内容以赞美劳动,歌颂劳动者为线索,带领学生体验不同艺术形式表现同一题材的多种手法,并启发学生的想象能力和创造能力,激发学生产生艺术情感共鸣,从而润物无声地落实学科的育人作用。

进入八年级,学生开始《艺术(音乐)》课程的学习。站在学生的角度,从单纯的音乐学习到综合的艺术学习,这是个需要慢慢适应的过程。《劳动的礼赞》这一课教材的教学内容虽是运用丰富多元的艺术语汇赞美劳动的伟大,但音乐艺术作品仍是统领。通过音乐艺术的学习拓展到其他艺术门类,对学生来说比较容易接受,能够帮助学生更快地建立"艺术综合性"的学习观。

【教学目标】

一、在对音乐及艺术作品的赏析及实践创造活动中,感受到劳动的伟大,体会到劳动是人类以及艺术的源泉。同时知道不同艺术形式表现同一主题的多种手法。欣赏《战台风》和《洗衣歌》的艺术实践活动中认识古筝、粗浅地了解一点古筝的演奏方法并熟悉歌舞题材,从中感受中国民族文化的魅力。在学唱歌曲《邮递马车》和吹奏《幸福在哪里》的过程中,学会用富有弹性的声音歌唱及吹奏,从而体会劳动带来的愉悦感。

二、通过欣赏、学唱、吹奏、创造等方式,在合作学习中认识艺术手法对反映艺术作品情感的重要性,主动投入艺术的实践与创作中,鼓励利用多种技术手段综合呈现学习过程,分享成果,从而激发学习兴趣,加深艺术感受和表现,建立不同艺术门类间的联系和通感,培养艺术综合能力。

三、关注艺术作品中蕴含的情感,树立正确的人生观、价值观,热爱生活,热爱劳动。同时建立关注民族文化作品的观念,体会民族文化艺术作品中的价值,热爱祖国,热爱中国文化,增强民族自豪感!

【教学资源】

本单元教学资源整合以教学内容的整合为主。教材选择了声乐、器乐、舞蹈、影视等多种艺术门类反映劳动题材的艺术作品,以艺术情感为主线,串联起了所有教学内容。单元教学意图整合这些资源,引导学生在艺术实践活动中,通过不同的艺术语汇,感受劳动的伟大,激发热爱劳动及劳动人民的情感。

【内容与要求】

本单元学习主体设计为3课时完成:

表1 学习课时设计

课时安排	教　学　内　容
第一课时 劳动的礼赞——劳动 创造幸福的生活	学唱歌曲《邮递马车》和吹奏《幸福在哪里》,能够富有弹性地演唱和吹奏;欣赏舞蹈《洗衣歌》,知道歌舞体裁。了解音乐作品、舞蹈作品通过音乐语汇、肢体语汇表现作品主题,在实践中感受作品中蕴含的情感,即劳动的幸福感
第二课时 劳动的礼赞——艺韵 筝声赞劳动	赏析古筝独奏曲《战台风》,略知古筝的演奏方法,了解演奏技巧及对乐曲表现的作用,想象热烈的劳动场面,感受码头工人的豪情,体会劳动的伟大!结合美术、诗歌中以劳动为题材的艺术作品,鼓励学生自行探索这两种艺术门类所用艺术表现手法,通过实践与创作加深理解劳动的意义,深刻体会艺术来源于生活并高于生活

(续表)

课时安排	教 学 内 容
第三课时 劳动的礼赞——多种艺术语言共赞劳动	进一步感受不同艺术形式表达同一创作主题时运用的不同艺术语言,尤其通过纪录片《潜海姑娘》的欣赏,强调艺术的综合性

【教学评价与引导】

本单元的教学评价方式采用师生互评、生生互评和学生自评等评价方式,运用多样化、趣味性、灵活性的评价方法,关注过程性评价与个体差异的评价,尊重学生的认知学习规律,激发学生参与学习的热情。评价内容不仅关注学生知识技能的掌握,更关注学生参与学习的热情。在学习过程中,关注学生对多样化学习方式的形成,与他人分工合作的能力与提升,情感态度价值观的投入。评价标准以"优""良""合格"与"须努力"呈现。

第二课时 劳动的礼赞——艺韵筝声赞劳动

【课时】 1课时。

【教学目标】

一、欣赏古筝独奏曲《战台风》,认识古筝,了解古筝的历史及风格特点,培养对民族音乐文化的热爱,激发民族自豪感。在赏析作品的过程中,知道疏密有致的节奏,快慢交替的速度,强弱变化的力度等音乐要素对表现作品描绘内容及情感表达的作用。了解简单的古筝演奏技法,感受作品中蕴含着的对劳动、对劳动者的赞美、歌颂之情,体会劳动的伟大!

二、结合多种艺术门类,探寻不同的艺术表达方式。运用擅长的艺术表现手段,结合自身情感体验,创编赞美劳动,歌颂劳动者的艺术作品。

三、在欣赏过程以及编创过程中,知道艺术作品表达的主题,感受劳动对人类社会发展以及艺术作品创作的意义,从而产生热爱劳动、热爱劳动人民的情感。

【教学重点】

了解古筝独奏曲《战台风》中为展现作品主题而使用的艺术表现手法,感受作品描绘的劳动者艰辛的劳动过程,体会到作品对劳动者的赞美之情。

【教学难点】

运用所学所知所感,发挥想象及创造能力,编创以"劳动"为主题的艺术作品。

【技术与资源应用】

一、教学技术：多媒体教学、现场演奏展示、合作学习等

二、教学资源：古筝独奏曲《战台风》视频、音频等

三、教学用具准备：多媒体设备、古筝

【教学过程】

一、复习导入

复习上节课的学习内容：

歌曲：《邮递马车》——略带跳跃感的演唱方式表达了乐观、喜悦的心情。

舞蹈：《洗衣歌》——通过丰富的肢体语言展现了热烈的劳动场面。

（从声乐作品、舞蹈作品不同表现艺术手法入手，引导学生思考用其他艺术形式来表现劳动这个主题。）

二、介绍古筝的结构及传统古筝作品的主要技法及风格特点

（一）介绍古筝的结构。

（二）请同学来找一找古筝被琴码分成的左右两边音色有何差异？

（三）教师弹奏传统古筝曲目《渔舟唱晚》的片段，观察左、右手的弹奏技法有何特点？并体会传统曲目的听赏感受。（左手润音，右手取音。传统古筝曲目风格可以用"轻弹慢揉"来形容。）

三、演奏风格如此"温婉"的古筝如何来表现热闹的劳动场面呢？

结合课本，欣赏古筝发展史上有重要意义的作品：《战台风》（创作于1965年）

（一）介绍作品的作者及创作背景

1.上海常遇台风，引导学生回忆看到的、听到的防台抗台知识。

2.王昌元有感于码头工人紧张、辛苦、危险的劳动而作此曲。

（二）分段欣赏

1.欣赏第一、第二段，并思考：

（1）作品的力度、速度是怎样的？（力度强、速度快）

（2）这样的力度、速度是为了表现怎样的场景？（表现狂风暴雨中码头工人紧张热烈的劳动场景）

（3）视唱音乐主题，体会古筝演奏的特点。（刮奏）

（4）展开想象，古筝模拟了什么声音？（风）

（5）古筝用怎样的演奏技法模拟出这种音效？（反向刮奏、扣摇）

2.欣赏第三段，并思考：有没有重复出现的旋律节奏？此节奏有什么特点？想象音乐所描绘的场景。（节奏紧张密集，再现了工人与台风搏斗的场景）

3.欣赏第四段，并思考：这段和前面几段相比速度、节奏、音色有什么变化吗？这一段描绘了怎样的景象呢？（速度变慢，节奏舒散，音色柔美。描绘了台风过后，雨过天晴的景象。）

4.欣赏第五段，并思考：此段落再现了第几段的音乐主题？（第一段）

（三）总结

《战台风》用丰富多变的演奏技法为我们展现了台风到来之前码头工人紧张热闹的劳动场景，体会劳动过程的艰辛以及享受劳动成果的喜悦。

（四）完整欣赏由王昌元本人演奏的《战台风》，观察其绚丽丰富的演奏技法，此作品终结了古筝只能轻揉慢弹的时代。

四、创造拓展

（一）艺术形式多种多样，还有许多以劳动为主题的艺术作品。（出示米勒的《拾穗者》和古诗《悯农》。）

（二）讨论绘画和诗歌分别运用哪些艺术表现手法表达作品主题以及这两个艺术作品带给你怎样的艺术感受？

（三）鼓励学生用肢体语言把绘画作品中呈现的劳动者形象进行再现，并且尝试有感情地朗诵《悯农》。由此诞生了学生自己演绎的以劳动为主题的艺术作品。

（四）课堂总结：将课题内涵再次解读，强调艺术学科的育人功能。

（五）布置作业。

【作业与评价】

一、课后作业

以"劳动者之歌"为主题，开展艺术沙龙活动。运用自己擅长或是喜爱的艺术表现形式献上一个反映劳动题材的艺术作品进行交流切磋。艺术作品种类可以丰富多样，除音乐、戏剧、绘画之外，还可以拍摄一些反映劳动场面的照片或短片视频。可以独立完成也可以合作完成。（鼓励以小组形式合作完成）

二、作业评价表

表 2　作业评价表

小组名称：			
小组成员：			
作品名称：			
表演形式：			
评价项目	自评	互评	综合评定
主题诠释（20 分）			
艺术表现（20 分）			
分工合作（20 分）			
创意特色（20 分）			
综合呈现（20 分）			

【参评课教学设计说明】

这堂课的教学内容选自上海市初中《艺术（音乐）》八年级第二学期第一单元第二课《劳动的礼赞》。《劳动的礼赞》这一课以对劳动、劳动者的赞美歌颂之情为主线，由对音乐作品的赏析、歌唱、吹奏展开，再结合舞蹈作品、影视作品等，在培养启发学生热爱劳动、热爱劳动者的同时，帮助学生更快地建立"艺术综合性"的学习观。因此，在进行本节课，即第二课时的教学设计时，将赏析古筝独奏曲《战台风》作为重点内容。音乐作品的艺术表现手法学生比较熟悉，容易引起情感共鸣。由熟悉的艺术形式开始，拓展到综合的艺术表现形式，这样的操作便于学生接受适应。本课的课后作业也是来源于教材创造与拓展中的题目三。该作业在鼓励学生进行艺术实践的同时，也体现了艺术的综合性。

艺术学科的育人作用应该是春风化雨，润育无痕的。引导学生从丰富的艺术语言中感受劳动过程的艰辛、享受劳动成果的喜悦，从体会艺术作品的情感入手，在产生共鸣的基础上自然地进行德育渗透，从而起到育人的作用。选择民乐作品作为教学重点，也是期望引起学生对于中国民族传统乐器、传统音乐、传统文化的学习兴趣，激发民族自豪感。

这堂课在进行教学设计时，期望可以拉近学生与艺术间的距离，培养学生的想象能力和创造能力，鼓励学生大胆进行艺术创作，并勇于交流展示。为学生综合能力的培养起到积极的作用。

小 雨 沙 沙

上海市长宁区天山第一小学　邢灵燕

【教学内容】　九年制义务教育课本《唱游》一年级第一学期(试用本)。
【教学目标】
一、通过歌曲《小雨沙沙》的学习,感受春天、春雨的美好景色,培养热爱大自然的情感。
二、通过听、动、唱、演等实践活动,提高学生表现音乐、创造音乐的能力。
三、学生能用整齐柔美声音,欢快活泼的情绪演唱《小雨沙沙》。
【教学重点】
学生能用活泼欢快的情绪演唱歌曲。
【教学难点】
一、渐弱和渐强的表现。
二、"哎呀呀"和"哎哟哟"的歌词正确表达。
【教学准备】
多媒体课件、教具卡片。
【教学过程】
一、基训部分
(一)律动进教室。
(二)师生问好。
(三)律动游戏:小动物的歌。

设计意图:
跟随不同旋律进行各种律动,体现学生的课堂常规,要求学生时刻聆听音乐,动作优美有韵律,有着贴切的表情和甜美的声音,为音乐学习做好准备。
学习要点:
进教室动作有节奏感,能模仿老师的动作。
用优美的声音进行歌唱和表演。

二、引入部分

（一）我们上节课学习了音的长短,想想哪些好朋友也有长短音之分?

（二）第一次:两部分分开:呜——沙沙沙沙沙沙沙;第二次:合起来。

（三）模仿节奏,导入新课:沙 沙 沙沙。

（四）随着小雨点慢慢出现,我们该如何表现——"沙 沙 沙沙"(渐强);太阳公公出来啦,小雨点越来越远,该怎么表现——"沙 沙 沙沙"(渐弱)。

> 设计意图:
> 通过上节课"音的长短"的回顾,引出"风"和"雨点",在合作及模仿新节奏的过程中初步感受小雨"沙沙"的节奏,并初步体验歌曲中渐强渐弱的处理方法,为新授歌曲做好技能准备。
> 学习要点:
> 小雨点的节奏——沙 沙 沙沙。
> 用节奏的形式模仿小雨点渐强和渐弱。

三、新授部分

（一）学习歌曲

1. 完整感受歌曲

（1）小雨说,小朋友的模仿能力真强,它带来一首好听的歌曲作为礼物送给大家,小朋友们一起听听歌曲里面有些谁,发生了什么事情?

（完整播放第一遍）学生回答。

（2）【出示:小种子,发芽,出土和长大的图片】学生分组模仿小种子的动作,并用动作表现种子生长的顺序。

（3）完整欣赏第二遍,学生回答种子生长的顺序。

【出示正确的顺序:种子—发芽—出土—长大】

> 设计意图:
> 出示了种子生长的4幅图片,让学生根据自己的理解通过动作表演进行排序的同时,为歌曲表演打下基础,完整听第二遍歌曲后确定正确的歌词顺序。
> 学习要点:
> 学生创编种子、发芽、出土和长大的表演动作。
> 小组完成即兴任务。

2. 学习第一段歌曲

（1）听第一段,学生说歌词,老师出示相应的图片。

（2）师生念歌词。

(3) 学生补填"哎呀呀"和"哎哟哟"。(老师念"哎呀呀"和"哎哟哟")

(4) 学生思考"哎呀呀"和"哎哟哟"的字体为什么有大有小呢？

(5) 完整地朗读一遍歌词。

(6) 老师弹琴范唱第一段。

(7) 老师和学生对唱。

(8) 学生独立演唱。

(9) 学生演唱加表演动作。

设计意图：
"哎呀呀"和"哎哟哟"是本首歌曲的难点，因此将这两组词特地放在第一段歌词的最后进行表述，听老师进行演唱后填词能让学生有一个聆听和反馈的过程。在这两组词的显示上，我用了大和小的区分，并通过学生的思考明白大和小分别表示"哎呀呀"的大嘴巴以及"哎哟哟"的小嘴巴，为歌曲的正确演唱做好准备。在老师的范唱后能够用好听的声音完成歌曲的正确演唱。

学习要点：
仔细听辨歌词"哎呀呀"和"哎哟哟"，并准确填入空格。
用大嘴巴和小嘴巴的方式感受"哎呀呀"和"哎哟哟"不同演唱方法，以帮助记忆歌词。
第一段的演唱声音优美，歌词完整准确。

3. 学习第二段歌词

(1) 出示第二段的歌词谱，学生念歌词。

(2) 跟伴奏音乐唱一唱第二段歌曲。

(3) 边演唱加上表演动作。

4. 处理歌曲的开头和结尾

(1) 回忆小雨点的节奏，沙 沙 沙沙，渐强，学生唱一唱。

(2) 小雨点渐弱，学生唱一唱。

5. 完整演唱歌曲，加上开头结尾，并出示课题《小雨沙沙》

6. 歌曲加上表演动作完整表演

设计意图：
在第一段歌曲的学习之后，我利用知识的迁移，让学生立即感受第二段歌词，并跟随伴奏音乐进行演唱，通过学生的想象和入境的表演，2段的演唱后，将渐强渐弱的部分加进来，加深学生对小雨点和种子的感受度，完整地进行歌曲表演。

学习要点：
学生正确朗读第二段歌词。
仍然注意"哎呀呀"和"哎哟哟"的正确演唱。

（二）表演

学生按照歌词进行分组表演,老师布置任务。

4句歌词老师即兴分配,轮到演唱的小组唱完这一句就停住做造型。

> 设计意图:
> 一年级的孩子爱动,注意力集中的时间较短,在前面的教唱环节中,学生的情绪会越来越高涨。在这个环节中,我需要给学生进行任务的分配以集中他们的注意力,在正确演唱的基础上,通过不同形式的表演,切实锻炼他们听的能力和肢体动作的协调反应能力,让学生提高自我价值的认知。
> 学习要点:
> 用优美的声音演唱。
> 按照老师的要求完成即兴表演任务。

四、结束部分

（一）老师点评,并总结小雨如同老师和家长,给小朋友成长提供帮助,引起学生的共鸣。

（二）小朋友学着小雨点的脚步,轻轻离开教室。

孔 雀 舞

上海市长宁区江苏路第五小学　朱炫炫

【教学内容】

一、欣赏《孔雀舞》。

二、创《美丽的小孔雀》。

【执教】 江苏路第五小学　朱炫炫。

【教学目标】

一、欣赏乐曲《孔雀舞》，学跳傣族孔雀舞，感受乐曲优美、活泼的情绪，体验婀娜多姿的孔雀形象；愿意积极参与舞蹈的学习与表演，分享合作的快乐。

二、学会"孔雀漫步"与"孔雀戏水"两个基本动作；能跟着音乐有美感地舞蹈表演。

三、参与学跳孔雀舞基本动作、完整表演孔雀舞的音乐实践，运用观察、模仿、对比、归纳等方法，结合师生互动、生生互动、媒体演示等方式，表现音乐的情绪与形象。

【教学重点】

用律动舞蹈表现音乐的韵律美和形象美。

【教学难点】

尝试运用不同的方式及手段，学习《孔雀舞》的基本动作。

【教学任务分析】

一、教材分析：本课选自上海音乐出版社二年级第二学期第一单元第一课。本课的舞蹈学习素材选用了傣族孔雀舞蹈中的两个基本体态——"孔雀漫步"与"孔雀戏水"，通过这两个动作的学习使学生感知乐曲的情绪变化，了解傣族孔雀舞蹈的韵律特点，从而激发学生的学习热情。

《孔雀舞》由引子—A段—B段—A¹段构成。学生通过小组合作选择恰当的音乐、动作进行编排整合,感知音乐与舞蹈之间的关系。

二、学情分析:本次执教的班级共有38人,班级中男女生比例适中,班级中部分学生参加了学校的艺术团队,全班学生已经有3部歌舞剧表演经验。班级学生在唱游课堂中的学习兴趣高,音乐素养良好,但音乐基本技能存在比较明显的差距,需要通过教师的指导来提高他们的音乐表现力和合作交流力。

【教学过程】

一、复习歌曲《金孔雀轻轻跳》

要求:第一遍齐唱歌曲,第二遍歌曲表演。

> 教学说明:
> 学习要点:本环节旨在引导学生有感情地演唱歌曲。
> 教学意图:唱歌词的环节是为了让学生进一步体验到歌曲的意境,舞蹈律动环节是为了让学生进一步感受歌词所流露出的对美好生活的向往与憧憬,因此在此环节中教师引导学生做到以舞带情、以情带声、声情并茂的演唱。

二、欣赏《孔雀舞》

(一)整体感受

1. 完整初听。

关键设问:这首乐曲的情绪是怎样的?你的眼前呈现出一幅怎样的画面?

2. 揭示课题并介绍作品及傣族风土人情。

3. 复听,教师舞蹈表演。

关键设问:我的舞蹈中表现了哪几种孔雀形象?

> 教学说明:
> 学习要点:本环节是对傣族人文知识的介绍。
> 教学意图:通过观看教师舞蹈示范和交流,学生产生学习傣族孔雀舞蹈的兴趣,进而产生对傣族文化的喜爱之情,激发学生对祖国的热爱之情。

(二)分段欣赏

1. 感受乐曲第一段

(1)了解孔雀形象

关键设问:小孔雀仿佛在干什么?

(2)新授"孔雀漫步"

动作一:后踢步同时腰间握拳推手,表现孔雀在草坪上漫步。

动作二:经后踢步到旁点步半蹲同时孔雀手形放于五位,表现孔雀昂着头向远处眺望。

(3)集体模仿动作

(4)个别表演

(5)跟音乐表演

2.感受乐曲第二段

(1)了解孔雀形象

关键设问:这段音乐描绘了孔雀在干什么?

(2)新授"孔雀戏水"

动作:六位孔雀手形,在旁点步的基础上上下跳动,注意保持膝盖的松弛,表现孔雀在水中愉快地踩水。

(3)集体模仿动作

(4)跟音乐表演

要求:用耳朵仔细听,控制好节奏。

3.感受乐曲第三段

关键设问:第三段乐曲与之前的哪段相同?

> 教学说明:
> 学习要点:重点观察和模仿学会孔雀舞的两个基本动作——"孔雀漫步"与"孔雀戏水",并能够在音乐中表现孔雀的两种形象。
> 教学意图:旨在引导学生通过观察、模仿、合作,在师生互动中能乐于学习舞蹈动作。

三、编一编、跳一跳《美丽的小孔雀》

(一)小组活动

1.介绍不同的孔雀舞姿

说明:孔雀舞蹈中还有许多展现孔雀不同形象的舞姿,比如:摆尾、展翅、鹤立、抖翅等有趣的动作。

2.分组活动

要求:跟着小伙伴跳跳不同形象的舞姿;编排一个简单的队形,在队形上进行动作的学习;跟音乐进行练习。

(二)小组展示并评价

1. 分组展示

2. 相互点评

评价标准:(1)队形整齐;(2)舞姿优美;(3)表情投入。

(三)完整表演

1. 学生表演

2. 师生共舞

> 教学说明:
> (1)学习要点:本环节是对已学舞蹈内容进行运用,有效地将动作与队形组合。
> (2)教学意图:学生通过判断选择恰当的音乐与动作,既在表演中感受傣族孔雀舞蹈的基本特点,又体会了傣族舞蹈的多样性,培养了合作意识。

四、课堂小结

师:同学们,这节课我们欣赏了乐曲《孔雀舞》,学跳了孔雀舞,感受了不同的孔雀形象,今天这节课我们就上到这里。

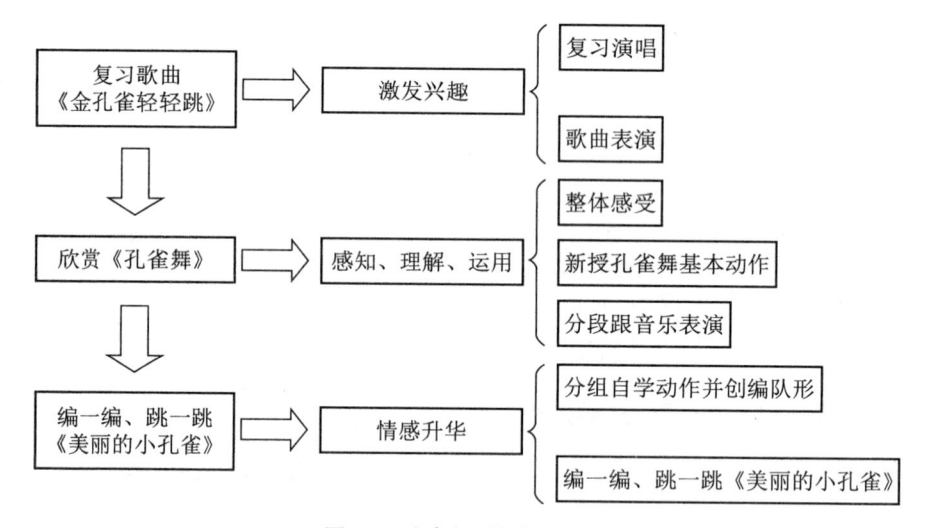

图1 《孔雀舞》教学流程图

你好，非洲

上海市第三女子初级中学　叶　莺

【年级单元】 七年级第二学期《非洲掠影》

【课题】 你好，非洲

【课时】 第一课时

【执教】 上海市第三女子初级中学　叶莺

【教学用具】 马林巴、钢琴、非洲鼓、多媒体等

【教材分析】

《雪神颂》是整个单元的重点，作品反映了非洲人民为了求雨而进行的祭祀活动，作品涵盖了鼓乐、舞蹈、歌唱3个部分，是非洲音乐的一个缩影。《雪神颂》是非洲尼日利亚约鲁巴地区最典型的鼓乐之一，复杂多变的节奏以及频繁交替的不同节奏类型使音色复杂多变。各声部即兴拍击，造成了不规则的复杂组合，形成多层跃动的音响效果。开展祭祀的过程中，男女随性舞蹈，动作夸张热情。歌唱部分则是运用了男声主唱，女生呼应帮腔，一领众和的演唱形式。

【学情分析】

八年级的女生心理日趋成熟，参与意识的愿望增强，获得知识和信息的途径多样化，在学习上形成了自己的经验。所以八年级女生的音乐教学模式，可以通过多种艺术实践活动，巩固提高表现音乐和体验音乐的基本功能。同时扩大音乐欣赏的内容和类型，更有意识地将音乐的人文内容融入教学中。

老师既是引导者又是合作伙伴，通过听、唱、奏、律动、欣赏表演等形式和丰富多样的活动，使学生的个性、创造性得到充分发展，从感知美、体验美上升到创造美。课堂是提供表现自我的平台，逐步培养学生的创新能力和表现能力。

【教学内容】

一、《雪神颂》（教材内容）。

二、Funga Alafia（拓展内容）。

【教学目标】

一、领略非洲音乐的特点与风格，在对非洲国家、民族音乐文化的感受和理解过程中，培养学生对多元音乐文化的兴趣，激发学生热爱世界民族音乐的情感。

二、在教学过程中，通过聆听音乐、观看录像、学唱歌曲、舞蹈模仿，节奏组合以及小品演绎等活动，充分体验和感受非洲"歌""舞""鼓"的艺术魅力。

三、通过对非洲音乐元素的探索与学习，让学生了解非洲音乐与社会生活、劳动的联系。体验非洲丰富多样而独具特性的音乐文化，拓宽学生的音乐视野和相关知识面，培养学生的想象力，进一步激发学生的创新思维。

【教学重难点】

一、重点

从歌、舞、鼓3个方面去了解并学会欣赏非洲独具特色的音乐文化。

二、难点

从实践中体会非洲音乐的核心——纷繁复杂的节奏。

【教学过程】

一、浮想非洲——导入

（一）老师自弹自唱《狮子王》主题曲——Can You Feel the Love Tonight

提问：1.刚才老师唱的这首歌选自哪部动画片？

2.知道这部动画片讲述的故事发生在什么地方吗？

（三）揭示课题——你好，非洲

> 说明：《狮子王》是学生比较喜欢的动画电影，故事情节大家都十分熟悉。其委婉动听的主题曲 Can You Feel the Love Tonight，也深受学生喜爱。老师自弹自唱这首作品能够瞬间把课堂气氛稳定下来，让学生沉浸于老师优美的歌声中、沉浸在动人的电影情节中。此时，不仅教师的专业基本功得到了适时的展现，师生之间的关系也拉近了许多。

二、唱响非洲——学唱非洲本土歌曲 Funga Alafia

（一）欣赏《雪神颂》的前半段（音频）

提问：1.作品中的演唱部分采用哪种形式？

2. 演唱时,伴奏乐器是什么?

(二) 学唱 *Funga Alafia*

1. 视唱谱例。

2. 配上歌词演唱。

3. 与教师互动演唱(教师领,学生和)。

> 说明:*Funga Alafia* 这首歌曲是一首简洁轻快的歌曲,由于其旋律朗朗上口,学起来非常快,且歌词也十分贴切本节课的主题。让学生通过这首歌与教师一同体验一领众和的非洲本土歌曲演唱形式是比较适切的方法。

三、舞动非洲——学跳非洲舞

(一) 欣赏《雷神颂》的后半段(视频)

提问:1. 视频中人们的舞蹈动作有什么特点?

2. 伴奏乐器是什么?

3. 非洲人又唱又跳是在干什么呢?

(二) 学跳非洲舞

1. 请学生模拟视频中的舞蹈动作。

2. 小结非洲舞蹈的特点——张扬随性。

3. 教师演绎一段非洲舞蹈。

4. 学生模拟教师的舞蹈动作。

> 说明:视频中,学生能够观察到非洲舞蹈热情奔放、粗犷有力的特点,但是学生不会注意到非洲舞蹈中一些细节的肢体动作,比方说胸部、肩部、头部等,且我们的学生大多比较含蓄害羞,如果要引导他们用肢体语言来表现出来的话,需要老师的分析归纳以及引导与示范。因此老师的示范与对学生的及时肯定尤为重要,同时也要给表现突出的孩子更多的展示机会。

5. 挑选个别学生进行展示。

四、鼓韵非洲——节奏模拟与创编

(一) 承上启下

提问:1. 我们所欣赏的音乐中,哪件乐器是一直贯穿其中?

(二) 向学生介绍非洲各种类型的鼓

(三) 教师演奏一段康佳鼓

提问:1. 仔细聆听老师这段鼓乐节奏中有何特点?

（四）节奏学习

1. 学习两条单线条节奏。
2. 两条单线条节奏组合。
3. 了解多线条节奏的特点。
4. 学生自编节奏丰富原有节奏。
5. 在老师的引导下鼓、歌、舞尝试组合在一起。

> 说明：非洲音乐融汇了歌、舞以及鼓乐中丰富繁杂的节奏，可谓无鼓不成乐，无舞不足以表达非洲人民的热情奔放。当教学进行到这个环节的时候，把之前学习过的歌曲、舞蹈做一个简单的融合，既是一种温故知新，也是一种铺垫与启示。学生在创造与回顾中领略到了非洲音乐的独特魅力。

五、欢腾非洲——情景创设

（一）创设情景

（二）角色分工，分组练习

（三）情景呈现

六、小结

非洲的传统音乐，其根源来自各个种族的部落活动，许多音乐基础虽然原始，但其表现出来的形式常令人叫绝，这片土地上凝聚着人类智慧的民族文化和文明成果。非洲音乐不仅在本土熠熠生辉，也对世界上其他地区，特别是美洲的音乐文化产生巨大的影响。歌舞和鼓乐伴随着非洲人民的生活和劳动，无论白天夜晚，他们都以这种方式感谢生活给予的一切。你们喜欢非洲吗？那下次再来非洲做客吧，非洲永远欢迎你们，让我们一起说"Funga Alafia Achi Achi"。

七、教学流程图

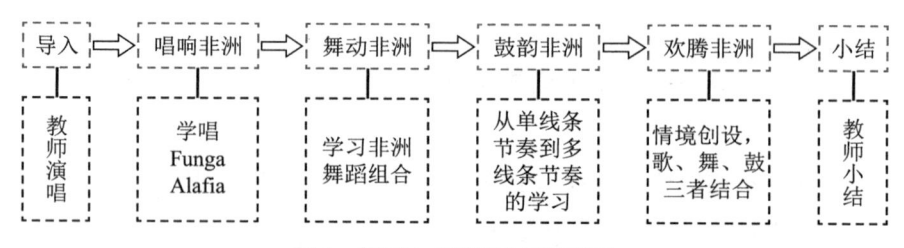

导入 → 唱响非洲 → 舞动非洲 → 鼓韵非洲 → 欢腾非洲 → 小结

| 教师演唱 | 学唱 Funga Alafia | 学习非洲舞蹈组合 | 从单线条节奏到多线条节奏的学习 | 情境创设，歌、舞、鼓三者结合 | 教师小结 |

图 1 "你好，非洲"教学流程图

《少年中国梦》教学设计

上海市复旦初级中学　张　蕾

【课型】　以歌唱教学为主的综合课。
【年级】　六年级。
【教学内容】　学唱歌曲《少年中国梦》，用身体动作为歌曲《少年》伴奏。（选自上海教育出版社《音乐》六年级第一学期第二单元《菁菁校园》）。

【教材分析】

《少年中国梦》由朱胜民作词，雷立新作曲，是一首具有进行曲风格的少年歌曲。其结构为两个乐段，大调式，表达了青少年昂扬向上的精神面貌与高尚远大的志向。作者把少年儿童对未来的美好憧憬与中国梦相联系，具有时代精神与正能量。其旋律激昂，节奏铿锵有力，歌词简单又寓意深刻、积极向上，是众多同类题材歌曲中不多见的优秀主旋律作品。

【学情分析】

上海市复旦初级中学是一所义务教育体制内的公办学校，学生在艺术活动能力、音准、节奏、肢体律动等方面的能力尚可，学生的表现欲望容易被激发。为此，在本课教学设计中，根据实际情况，在课时教学内容的安排和教学难度的把握上有所提升，力求在老师的帮助和引导下，营造一种愉悦、和谐的课堂学习氛围，让学生愿意融于课堂，乐于参与活动，善于同伴协作，积极自主创编，增强音乐修养。

【教学目标】

一、通过多种音乐实践活动，激发学生热爱生活，对未来充满希望的美好情感，成为一个奋发向上的好少年。

二、能用饱满的声音，充满朝气的精神面貌，坚定有力的情绪唱好歌曲《少年中国梦》，并加入身体动作打节拍。为歌曲《少年》编创身体动作打节奏并表演。

三、进一步理解节拍和节奏型的概念,了解节奏在音乐中的地位,感受其在音乐中的表现作用。通过节奏游戏和创编活动,进一步培养学生的节奏感和创编能力。

【教学重点】

进一步理解节拍、节奏型的概念,用饱满的声音唱好歌曲《少年中国梦》。

【教学难点】

通过节奏练习,创编身体动作打节奏。

【教学过程】

一、导入新授

课前播放歌曲《少年》,由此导入新课。

二、教唱《少年中国梦》

(一)复习《少年中国梦》第一段

1. 请学生用饱满的声音演唱一遍《少年中国梦》的第一段。

师:少年有举觞白眼望青天,皎如玉树临风的气质。上节课我们学习了歌曲《少年中国梦》的第一段,现在请同学们以正确的歌唱姿势坐好,打开口腔,注意气息下沉,用饱满的声音演唱一遍《少年中国梦》的第一段。

生:演唱《少年中国梦》第一段。

2. 纠正唱得不准的地方,调整声音,再演唱一遍《少年中国梦》第一段。

师:同学们整体唱得不错,我们的气息吸到腰腹这里,保持住(U)我们来试一下,我们再来演唱一遍第一段。

生:演唱《少年中国梦》第一段。

【设计意图】 通过强调发声方法,调整学生音色,纠正易错乐句,复习已学过的歌曲《少年中国梦》第一段。

3. 讲解节拍定义。强调节拍有强弱规律,请学生用能发出声响的身体动作打节拍。

师:同学们音色优美,节奏准确。我们看谱例左上方有一个4/4,你们知道这是什么意思吗?

生:以四分音符为一拍,每小节有四拍。

师:是节拍的拍号,4/4拍是以四分音符为一拍,每小节有四拍。像这样的节拍有很多种,例如2/4、3/4。节拍有强弱规律,四四拍的强弱规律是强、弱、次强、弱,就这样强拍与弱拍有规律地、周期性地反复出现就叫作节拍。我们用怎样的身体动作拍节拍,能较好地表示 4/4 拍的强、弱、次强、弱呢?大家可以用跺脚、拍腿、拍手、捻指等能发出声响的身体动作试试看。谁愿意来示范一下?

生:几位学生示范。

师:这位同学拍得怎么样,我们一起来尝试一下。如果不好,你觉得怎样改变一下能更好呢?

生:学生模仿(两遍)。挑 2~3 名好的示范,集体模仿。

【设计意图】 以歌曲为载体,讲解 4/4 拍以及 4/4 拍的强弱规律,并引出节拍的定义。讲完马上实践,请学生用身体动作打节拍,便于学生领会和掌握知识点,也是学生创编的初次尝试。

4. 歌曲的风格与节拍有关,尝试用踏步的方式来表示节拍的强弱规律。

师:歌曲的风格与节拍有关,像《少年中国梦》这种进行曲风格的歌曲,通常用 2/4 或 4/4 创作,下面,我们尝试用踏步的方式来表示节拍的强弱规律,我们一起来试一下。

生:集体跺脚。

5. 用坚定有力地情绪配上踏步,演唱一遍第一段。

师:接下来请同学们用坚定有力的情绪配上踏步,来演唱一遍第一段,好吗?我们注意踏步是伴奏,要控制力度。

生:演唱第一段,并用跺脚打节拍。

【设计意图】 请学生边唱第一段边用踏步的方式表示节拍的强弱规律,进一步理解节拍的概念,感受其在音乐中的表现作用。

(二)教唱《少年中国梦》第二段

1. 听《少年中国梦》第二段,设问:第二段与第一段相比,有怎样不同的感受?

师:同学们唱得很有激情,把坚定有力的情绪表现得淋漓尽致。我们来看第二段。先听老师演唱一遍,然后请大家说说第二段与第一段相比,有怎样不同的感受?教师唱 B 段。

生:节奏宽疏了,更抒情,更丰满,更深情了,情感表达更丰富了。

2. 拍击歌曲节奏。分析歌谱,设问:歌谱的节奏有什么特别的地方?

师:我们看一下乐谱,有很多长时值的音符,节奏变得更宽疏了。我们一起拍一下前两小节的节奏,(拍2小结PPT圈出)大家往后看,有没有发现歌谱的节奏有什么特别的地方。(看一会儿,如果没有看出来,PPT圈出四句)

生:四句基本相同。

3. 讲解节奏型的概念。

师:是的,这四句节奏基本是一样的。(PPT提炼出四句节奏型)我们一起把这四句拍一下。

生:学生拍四句。

师:像这样在乐曲中反复出现的并具有个性特征的节奏称为"节奏型"。我们把这四句歌谱唱一遍。

生:唱四句歌谱。

【设计意图】 请学生自己发现歌谱前四句的节奏基本相同,由此引出节奏型的定义。

4. 完整演唱第二段歌谱。

师:5-是两拍,唱完,注意在空拍的地方换气,听老师唱一遍,(老师示范5-05123),请学生试一下,再试一遍,唱到6。听老师唱一遍后3句。(唱剩下3句歌谱)我们把最后3句歌谱唱一遍。

生:唱最后3句歌谱。

师:最后一拍结束,不要拖长音。好我们完整演唱第二段歌谱,注意间奏。

生:完整演唱第二段歌谱。

5. 填词演唱第二段。

师:我们看歌词,我们填词演唱。

生:填词演唱第二段。

师:我们前四句是抒情的表达,请大家演唱时注意气息连贯,打开口腔,我们用饱满的声音再来演唱一遍第二段。

生:演唱第二段。

6. 演唱第二段,配上节拍的拍击。

师:还记得我们刚才用拍击身体打节拍吗,你们觉得哪种好?

生:2~3种,选一种。

师:好的,接下来就请大家再演唱一遍第二段,我们配上节拍的拍击,好吗?

生:演唱第二段,加拍击身体打节拍。

【设计意图】 请学生边演唱第二段边用自己创编的身体动作打节拍,为后面的创编和表演活动做好准备。

(三)完整演唱《少年中国梦》

1.完整演唱《少年中国梦》。

师:同学们做得很棒了,接下来,我们完整演唱这首歌曲,先不打节拍,注意情绪饱满。

生:完整演唱《少年中国梦》。

2.打节拍演唱《少年中国梦》,第一段踏步,第二段用之前做过的拍击动作。

师:很好,我们打节拍,再来演唱一遍歌曲,第一段踏步,第二段就用刚才做过的拍击动作,好吗?

生:完整演唱《少年中国梦》,加打节拍。

3.强调声音的重要性,用坚定有力的情绪演唱《少年中国梦》并打节拍。

师:请大家还是以唱为主,注意发声方法,气息下沉,口腔打开,我们用坚定有力的情绪演唱。

生:完整演唱《少年中国梦》,加打节拍。

【设计意图】 学生用饱满的声音、坚定有力的情绪唱好歌曲《少年中国梦》,并加入身体动作打节拍,为后面歌曲《少年》的创编和表演打下基础。

三、创意拓展

(一)节奏游戏

1.坐椅子游戏:分组把本组的节奏,用坐椅子的方式表现出来。

师:同学们表现得很棒,老师给你们点赞。音乐的要素有很多,像节拍、节奏、旋律、音色等,其中,节奏是音乐的骨架。老师给每组同学准备了一条4/4拍的节奏,请本组同学看到节奏后,快速把节奏用坐椅子的方式表现出来,我们大家一起看他们坐得对不对。一把椅子代表一拍,看哪组坐得又快、又准。第一条,请第一组同学做好准备,预备、开始。(椅子上贴标识)

生:第一组坐椅子。

师:他们坐得对不对,这条节奏应该是,我们一起拍一遍(学生坐在椅子上,可以不拍)。

生:集体拍第一条节奏。

师:好,第二条……

【设计意图】 通过节奏游戏将知识点从节拍引到节奏,激发学生学习的兴趣,巩固已学的节奏知识。

2. 集体拍奏四条节奏。

师:现在我们把四条节奏连起来拍一遍。

生:拍四条节奏。

3. 把节奏叠加起来,四组合奏,一组一组分层加入。

师:很好,这是单线条的节奏,如何让节奏音响更丰富呢?如果我们把节奏叠加起来,音响就更丰富了,请四组合奏,我们一组一组分层加入,第一组打两遍后第二组加入以此类推。

生:学生接龙合奏。(合奏两遍)

【设计意图】 通过节奏合奏取得丰富的节奏音响,进一步培养学生的节奏感。

(二)创编活动

1. 观看两段厦门六中学生的表演视频。

师:同学们做得很好,节奏拍击的方式是丰富多样的,接下来,我们看两段视频。

生:看视频。

【设计意图】 视频里的表演为学生的创编活动做了优秀的示范,也为学生的创编开拓了思路。

2. 分组设计:请学生为自己组的节奏自主设计身体动作,并练习整齐,之后为歌曲《少年》的副歌伴奏。

师:视频里的学生一边唱歌;一边用身体动作打节奏,现在请同学们也为自己组的节奏进行设计,待会儿我们为歌曲《少年》的副歌伴奏。给大家几分钟时间设计和练习,开始。(放歌曲《少年》)

生:自主设计身体动作,并练习整齐。(告知学生展示要全组起立,面向学生,边拍边唱前两句)

3. 四组展示表演。

师:我们看看每组设计得怎么样,请第一组起立,我们边唱歌曲边拍击。

生:一组组展示。

【设计意图】 让学生在看过视频受到启发后,为自己组的节奏设计身体拍击动作,通过创编活动进一步培养学生的创编能力。

（三）综合表演

1. 边唱《少年》副歌，边拍击节奏。

师：很好，每组都有自己的创意，接下来我们就边唱边拍击，要大声唱出来哦。

生：唱、拍《少年》副歌。（1～2遍）

2. 即兴表演《少年》。

师：很好。最后我们再完整演唱一遍《少年》，这次我们即兴发挥，可以每个人不一样，请全体起立。

生：即兴表演《少年》

【设计意图】 从表现 4/4 拍强弱规律的节拍拍击动作创编，到每组节奏拍击动作的创编，再到最后即兴的边拍边唱，先易后难，为学生开展创编活动提供了可能性，也充分调动了学生参与创编的积极性。

四、课堂总结

师：给我们自己鼓鼓掌吧，你们很有表演天赋，也有即兴创作的才华。正如歌曲《少年中国梦》中所说，少年努力学习，志存高远，少年刻苦钻研，锤炼意志，少年的你要将小小的梦想融入中国梦，少年的你就是未来最美的太阳。今天的课就上到这里，下课，同学们再见。

典雅的乐章
——海顿《第九十四交响曲》欣赏课

上海市开元学校　张　萍

【课题】　典雅的乐章。

【教材版本】　上海教育出版社《艺术(音乐)》教材。

【年级单元】　九年级第一学期第一单元《风格——凸现艺术的个性》。

【执教】　上海市开元学校　张萍。

【设计意图】

为了使学生能够深入海顿的《惊愕交响曲》作品中,整节课的听赏顺序是:导入—整体欣赏—分段赏析—实践体验。从开始导入中去调动学生的主体学习意识,激发学生对海顿及其作品的兴趣,并能主动去了解和探索。在初步整体聆听时,感知音乐的主题思想。在分段赏析过程中,利用聆听、演唱音乐主题等手段,充分调动学生的听觉思维,发展音乐听觉能力,记忆能力和感受能力,分辨乐曲的曲式结构。最后实践体验,师生共同合作,让学生在感受理解音乐方面和创作思维发展方面有所收获。

【教学目的】

一、通过欣赏欧洲古典主义的音乐作品,使学生领略音乐中的典雅气质及美感,从而培养学生对古典音乐的兴趣,认识其精华所在。

二、熟悉海顿《惊愕交响曲》第二乐章的主题旋律,能用吹奏、歌唱等方式积累优美的语汇旋律。

三、初步了解交响曲、变奏曲音乐体裁,了解作曲家海顿。

【教学重点和难点】

一、学会哼唱《惊愕》第二乐章主题,感受古典时期的音乐的风格。

二、感受、体验并表现旋律的变奏创编。

【教学过程】

一、导入与激趣

（一）欣赏影视片段，引出交响乐。

（二）复习讲解交响乐概念，引出交响曲。

> 说明：在本环节中，通过动画片的欣赏活动，在课堂初始就活跃起了课堂气氛。通过师生互动及老师深入浅出的讲解与引导，复习已学的交响乐知识，激发学生对交响乐的兴趣，为后续教学做铺垫。

二、欣赏与分析——欣赏海顿《第九十四交响曲》第二乐章

（一）介绍海顿及交响曲概念。

（二）初听"惊愕"主题。

1. 思考：根据音乐的特点，给乐曲取名。

2. 揭示"惊愕"，并说说惊愕的由来。

3. 出示谱例，学生跟唱，注意顿音记号及变化音记号。

（三）完整欣赏海顿《惊愕交响曲》第二乐章，感受乐曲中的主题变化。

思考：主题是否有变化？

（四）分段欣赏海顿《惊愕交响曲》第二乐章，分析每个主题的不同变化。

1. 老师提取音乐主题片段，提问：每个主题在音乐上有何变化？

2. 变奏曲式概念

（五）小结：海顿及古典主义时期音乐特点。

> 说明：本环节通过整体欣赏和分段欣赏，通过聆听、观看、演唱等手段，体验音乐各要素在各个主题中的不同变化，感受古典主义音乐的魅力，学生能更好地理解变奏曲式，为后面的音乐创作做好了铺垫。

三、实践与拓展——创作《小星星变奏曲》

（一）学唱并演奏法国民歌《小星星》片段，感受乐句的结构。

1. 出示谱例，学生跟琴演唱。

2. 口风琴吹奏，熟悉谱例。

（二）学生分组创作《小星星变奏曲》乐句。

（三）师生共同演绎。

> 说明：通过创作《小星星变奏曲》，理解变奏曲式。

四、课堂小结

《海顿第九十四交响曲》第二乐章 音乐笔记

一、欣赏音乐主题,选出与之符合的交响曲?   （   ）

1.《告别交响曲》

2.《惊愕交响曲》

3.《时钟交响曲》

4.《号角交响曲》

二、完整欣赏海顿《第九十四交响曲》第二乐章,准确填写主题的出现次序

主题 主题旋律简单、朴实、典雅,在乐曲的一开始由小提琴齐奏而出,反复时声音更轻,然后导致全乐队爆发性的一击,产生(告别/惊愕/时钟/号角)的效果。

(   )这一段主题是管乐器组的强奏,气氛热烈、热情,情绪已与第一次出现时差距较远;

(   )返回到 C 大调,节奏从八分音符变成了十六分音符,旋律分别由双簧管和小提琴、长笛奏出,音乐优美而舒展;

(   )保持了主题的结构,主旋律改用第二小提琴和中提琴演奏,句尾处用第一小提琴和木管乐器在句尾的空拍出用快速的十六分音符奏出短小旋律,与主题相呼应,显得更加活跃;

(   )调性从 C 大调转至 c 小调,音乐由明朗转为暗淡,形成色彩的对比。

尾声 双簧管轻轻地奏出主题旋律前半部分,又回到抒情的慢板乐章。

三、创编练习

1=C   2/4

1 1 5 5 | 6 6 5 | 4 4 3 3 | 2 2 1 | ……

图 1 练习谱例

八 音 和 鸣

上海市西延安中学 高 波

第一课时

【教学目标】

一、听赏本课的古代音乐作品,了解八音分类法。识别古琴、编钟、编磬,听辨其音色。

二、欣赏大型歌舞剧《编钟乐舞》中《八音和鸣》。

三、能积极参与本课的"听赏与体验""交流与探究"活动,大胆发表自己的听赏感受,与同学一起分享。了解中国古代"乐舞一体"的风采。

教学重点:了解古琴、钟磬、骨笛的音色,知晓八音的分类。

教学难点:感受中国古代音乐厚重的人文内涵。

【教学过程】

一、导入

师:2008年的奥运会大家还记忆犹新吧!今天我们一起来回顾一下开幕式中的精彩画面。

欣赏:《击缶而歌》。

问:请同学们思考一下为什么全球瞩目的奥运会的欢迎仪式用缶?

生:缶是我国传统的古老的乐器。

师:对,缶是我国很古老的乐器,能体现中华民族的厚重。今天我们就一起沿着历史的长河,了解中华古代音乐。缶读音同"否",是古代一种大腹小口、平底带盖的大型容器。最早古人们用泥土烧制而成,所以又叫瓦缶,古书上也写"缻"。"缶,出现的很早,是许多坛坛罐罐的祖型",汉字"缸、窑、陶、罄"……融入语言和文化。

二、中国传统乐器及器乐曲

（一）导入八音

师：缶在古代是用什么材质做成的？

生：土。

（二）介绍八音

师：周朝，我国已有根据乐器的不同制作材料进行分类的方法，分成金、石、丝、竹、匏、土、革、木八类，叫作"八音"。八音分类法是我国最早的乐器分类方法。在周末至清初的3000多年中，我国一直沿用八音分类法。

（三）师：缶属于八音中的土类，我们的八音是指：金石土木丝竹匏革。它们是根据什么分类的呢？

生：乐器的制作材料。

三、欣赏《八音和鸣》——选自大型歌舞剧《编钟乐舞》

（一）听赏

使用了哪些乐器？分别属于八音分类法中的哪一种？

（二）作品介绍

强调中国古代"乐舞一体"的风格。

（在这些歌、舞、乐中，我们不仅走近了古人的生活，也走近了他们的思想和悲喜。）

接下来，请同学们和我一起欣赏舞剧《孔子》中的一段名为《采薇》的舞蹈，一起来感受孔子曾经历过的思绪。

四、欣赏、学唱《采薇》

（一）欣赏

1. 思考

从舞者的舞姿、服饰的色彩角度谈谈作品传达给你的感受。

（提示：舞裙由青色渐变至白色，青色生机，白色冰雪，女孩儿们无忧无虑，天真烂漫）

2. 小结

舞步——纤腰微步，袅袅款款。

歌曲——旋律平缓悠扬。

让人沉浸在杨柳依依的滨水河畔，透露着温婉气韵的美。

（二）作品介绍

歌词选自诗经《小雅·采薇》,这是一首戍卒返乡诗。全诗六章,每章八句。

歌词：

> 昔我往矣,杨柳依依。
> 今我来思,雨雪霏霏。
> 行道迟迟,载渴载饥。
> 我心伤悲,莫知我哀。

1. 请学生直译内容,理解士兵的征战之苦和强烈和思乡情绪。

（三）学唱

1. 跟随钢琴哼唱旋律。
2. 分声部卡农演唱。

（四）吹奏

1. 识谱吹奏,讲解指法。
2. 吹＋唱（卡农）。

五、在舞剧《孔子》理解歌曲《采薇》

《采薇》出现在舞剧《孔子》中,借一个戍卒的经历究竟想表达些什么呢？

（一）介绍舞剧《孔子》结构

> 序 《问》
> 第一幕 《乱世》
> 第二幕 《绝粮》
> 第三幕 《梦回大同》
> 第四幕 《仁殇》
> 尾声

（二）第三幕《梦回大同》内容介绍

（三）欣赏舞剧《孔子》片段

（四）思考:联系孔子的处境,谈谈从舞剧音乐及舞蹈的肢体语言中看到了一个怎样的孔子？《采薇》对表达孔子又怎样的作用？

生:影射孔子的困境。孔子周游列国启程时意气风发,可现实是四处碰壁、沦为丧家之犬,再次回到鲁国时早已物是人非。孔子无法实现大同思想的绝望和痛苦及渴望实现远大抱负。

六、小结

古代乐舞融合了诗、舞、乐的综合艺术,在漫长的发展、演变中逐渐形成具有中国独特形态和神韵的东方舞蹈艺术。是我国古代历史进程中丰富文化遗产,同学们多多去关注和欣赏。

茉 莉 花 香

上海市建青实验学校　郭洁纯

【开课班级】 六(1)班

【教学年级】 六年级(上教版)第二学期

【教学内容】

一、分别听赏江苏与河北的民歌《茉莉花》,完成听赏思考(2)。

二、了解民歌中的另一体裁:小调。

三、学唱汉族民歌《茉莉花》。

【教学目标】

一、通过听赏、演唱不同地区代表性的同名民歌《茉莉花》,感受南、北方的民歌在风格上的差异,并试着能找出民歌变异性的根源。

二、通过欣赏、演奏、演唱、舞蹈等形式,领略我国丰富多彩的汉族民歌,了解民歌中所蕴含的丰富的人文内涵,从而更加热爱中国民歌艺术和传统文化。

三、通过教学活动,能完整地演唱汉族民歌《茉莉花》,掌握小调的体裁特征。

【教学重点】

掌握小调的体裁特征;能完整地演唱民歌《茉莉花》,并能背唱。

【教学难点】

通过茉莉花看整个民族音乐文化的本质,让学生了解我国民族音乐的发展、演变,从而更多地去了解、关注它们。

【教学方法、教学用具】

一、教学方法

范唱、欣赏、讲授法、实践法、研究法。

二、教学用具

钢琴、多媒体等(视频、音频、图片、文字介绍)。

【教学过程】

一、复习吹奏

(一)复习吹奏安徽民歌《凤阳花鼓》。

(二)师:还记得最后老师给大家留下的一个问题吗?此曲的曲调风格是否属于山歌或是劳动号子一类?

(三)在学生交流的基础上老师揭示正确答案:小调。

> 说明:解答上节课遗留下的问题,引起学生学习新知识的兴趣,并导入本课要学的主要内容。

二、导入新课(观看一组茉莉花图片,背景音乐是《紫竹调》)

师:今天老师首先给你们看一组图片,你们知道这是什么植物?(学生发言)

对了,它就是茉莉花。你们知道它分布在哪些地区?(学生回答)(出示地图)它分布在中国的福建、浙江、江苏、安徽、四川、广西等地。茉莉花生长在气候条件适宜的地方。哎,你们在上海看到过茉莉花吗?夏天街头卖花的叫唤"栀子花、茉莉花",那串成一个小花环的就是茉莉花。戴在我们的胸前,美化了我们的生活。那它还有什么作用呢?你来说说(随机)对了,茉莉花的作用真大。它芬芳馥郁、朴实无华,在人们眼里是很高雅、很圣洁的。在艺术创作中,茉莉花作为重要的题材,表达人们追求理想、追求纯真的美好愿望。今天就让我们采撷几朵艺术的"茉莉花",一起来感受中国民歌的魅力,一起感受茉莉花香。

(出示课题——茉莉花香)

三、欣赏江苏《茉莉花》和河北《茉莉花》

师:下面,我们先来欣赏两首不同地区的民歌《茉莉花》,用你们的耳朵去听辨,用你们的心灵去感受,听一听、想一想。

(一)江苏《茉莉花》

1.介绍茉莉花,听赏一遍歌曲。提问:这首歌曲是用什么方言演唱的?

(用江苏扬州方言演唱)

2.请同学试着哼唱一遍歌曲。分析:歌曲体裁、旋律特点及风格。

简单介绍民歌体裁中的另一类:小调及其特点。

3. 提问：旋律起伏怎样？表达什么情绪？

（不大，波浪线平稳流畅）（柔美、含蓄）

提问：从民歌《茉莉花》中，我们感受到它的音乐特点是什么呢？

4. 出示小调的音乐特点——旋律曲折流畅、节奏较均衡。

5. 出示小调概念——（小曲、俚曲）一般指流行在城镇、集市的民间小曲。最早出现在魏晋南北朝，成形在元代小令，大多分布在汉族。

师：一首曲子，地方流传越多，其变体也就越多。接下来，让我们一起听赏来自河北的《茉莉花》。

学生思考：两首《茉莉花》的音乐风格及表达情感的相同与不同之处。

表1 两首《茉莉花》比较

曲　名	江苏《茉莉花》	河北《茉莉花》
旋律线起伏	平稳、流畅	起伏较大
音乐风格	柔美、含蓄	热情奔放

为什么南北方《茉》有这么大差别？

民歌以口头传唱为主，由于流传地域不同，人们的语音、语调不同，乐曲在流传中产生变异。

江苏《茉莉花》匀称，表达情感较细腻、柔和；河北《茉莉花》旋律跳进、情感体现是刚直、干脆的，具有北方人的豪放、爽直的性格。

（二）河北《茉莉花》

1. 欣赏河北《茉莉花》，对比听赏江苏民歌《茉莉花》与河北民歌《茉莉花》，体会一下这两首歌曲有何相同与不同之处？（提示：可以从歌曲的节奏、方言、情绪及音乐风格等方面比较）

2. 学生讨论南北民歌的风格差异所在（音乐一直不停地播放）

3. 小结：比较南、北茉莉花的异同。（学生回答，老师补充）

相同之处：歌词和词义基本相同，字句及段体结构相似，调式相同。

不同之处：流传的地域不同，演唱的语言、语调不同。江苏的《茉莉花》旋律柔和委婉，旋律高低起伏，以渐上降渐下、级进、小跳为主，词与曲搭配匀称，表达情感交细腻柔和。河北的《茉莉花》旋律跳进、高亢，语言朴实，更趋于普通话，情感体现是刚直、干脆的，具有北方人的豪爽的性格。

4. 简单介绍歌曲《茉莉花》，据史料记载，《茉莉花》最早发源于江苏扬州，大概是明朝时期,原来的歌名是《鲜花调》。

5. 介绍其他地区的《茉莉花》:除了江苏、河北流传着《茉莉花》的民歌以外,我国还包括东北、山西、陕西、四川等省市流传着《茉莉花》的民歌。

6. 小结:显然由于地域、方言等各种因素,我国的民歌总是在人们的传唱过程中不断发生着变化。

说明:选用江苏扬州方言演唱的《茉莉花》更能显示其语言、语调的不同。
通过对比听赏,既体会小调特征在歌曲中的体现,又感受南北民歌的风格差异,帮助学生体会到民歌具有的变异性。能说出异同之处,也就不难发现其变异之处了。

四、学唱汉族《茉莉花》

(一)教师范唱《茉莉花》。唱两遍:第二遍加入简单的舞蹈动作。

请同学们对老师刚才的表演作评价,总结第二遍的表现形式更加丰富。

1. 听赏此曲,体验一下它与前面欣赏的两首《茉莉花》中的哪一首风格比较相近?(江苏的《茉莉花》)

2. 由于这首歌曲非常著名,学生都比较熟悉,请学生先看乐谱,尝试视唱乐曲。

3. 填唱歌词,要求:能用柔和的吐字、高位置的直声演唱,教师示范或请演唱基础较好的同学示范。

4. 说说此曲的风格特点:

轻盈活泼,淳朴优美,婉转流畅,短小精致,易唱易记,表达了人们爱花、惜花、热爱大自然,向往美好生活的思想情感。

说明:通过听赏、演唱,让学生进一步感受那江苏水乡的秀美、茉莉花的芬芳和中国民歌的持久的魅力。
如有基础,在唱好此曲之后,还可以加入舞蹈的形式表演,老师可以先教授学生一些基本舞步或动作,也可以让会跳的同学来做小老师。

5. 学生欣赏作品,回答问题。(师随机引导)

6. 师:刚才我们欣赏了河北和江苏的民歌《茉莉花》。你们觉得民歌动听吗?那么用我们自己的歌声来表现一下。

(二)学生学唱《茉莉花》。

(三)教跳简单舞蹈动作,并把这段动作加入《茉莉花》的演唱中,边唱边跳。

（四）请同学们自己创编一段舞蹈动作进行表演。

说明：通过听、唱、跳等方面，使学生对茉莉花有一个更加完整的了解。

五、拓展歌剧《图兰朵》片断欣赏

师：下面，老师给你们观看一段视频，你们从中听到什么？感受到什么？

（哼唱旋律片段，帮助学生听懂），中国民歌《茉莉花》，被19世纪意大利歌剧大师普契尼用在歌剧《图兰朵》里，刚才我们欣赏的就是其中的一个片段。你们想一想，为什么外国人创作的歌剧里运用中国民歌《茉莉花》的曲调呢？（学生回答）

师：中国民歌《茉莉花》随着这部经典歌剧的流传而享誉世界。你们在哪些场合看到、听到《茉莉花》？

（雅典奥运会闭幕式、广告、APEC会议、2008年北京奥运会闭幕式。2010年张艺谋用《茉莉花》做背景音乐的世博宣传片。）

说明：使同学们知道《茉莉花》不仅在中国被广泛传唱，更受到世界人民的欢迎。

六、尾声：宋祖英悉尼放歌（视频）

我国著名歌唱家宋祖英在澳大利亚悉尼歌剧院举办了一场世界性的演唱会。就在这场演唱会里，她深情演绎了《茉莉花》，将《茉莉花》再度介绍给了全世界，获得全场来自世界各国的观众热烈的掌声。

七、总结

《茉莉花》仅仅是我国众多民歌中的沧海一粟，真心希望同学们今后能够更多地去接近、了解、关注我国的民族文化！

> **说明**：被誉为"第二国歌"的《茉莉花》，能在国外著名的剧院被唱响，这是一件多么令人自豪的事啊，以此激励学生，增强学生的民族自豪感，同时印证了一句名言：越是民族的就越是世界的。

布置作业：民歌大搜索——寻找中国汉族的民歌，说出它的名称、地域并演唱几句。下节课交流。

说明：学生回家后通过上网等各种渠道寻找中国汉族的民歌并学唱，可以丰富他们的知识含量，开阔视野，加深对中国汉族民歌的了解和认识。

【**教学反思**】

本课主要围绕歌曲《茉莉花》而展开了一系列的活动。在听赏江苏民歌

《茉莉花》时，为了能更好地突出南、北方的风格差异性，没有采用课本教材，而是选择了同为江苏民歌但用方言演唱的版本，相信同学在对比两者之间的异同时，会更容易些。在最后的尾声部分，教师选用了宋祖英悉尼放歌的 MV，其实《茉莉花》在中国民歌中占有重要的位置。中国民族乐团出访欧洲时，曾经在世界顶级的维也纳金色大厅演出了具有代表性的中国民族音乐，其中就有《茉莉花》，很受当地观众的喜欢。又如，意大利著名的作曲家普契尼在他的歌剧《图兰朵》中就以江苏民歌《茉莉花》的旋律为主题再现了神秘而美丽的中国。再有，中国著名导演张艺谋在 2004 年雅典奥运会 8 分钟的闭幕式上也选用了歌曲《茉莉花》，以上种种都可说明它的魅力所在。

第五辑　课堂剪影

为什么公开课上的创编活动变成了乱编活动？
——声势律动与音乐课堂融合有效性的探究

上海市延安中学　戴建子

声势律动创编是学生在一定的情景中，根据教师引导的要求，受到触动和启发后自主产生的音乐创造性活动。声势是借助于拍手、跺脚、捻指等体态姿势发出音响的音乐律动，已逐渐走入中小学音乐课堂，尤其是在公开课形式的音乐优质课上运用增多。然而意料之外的问题也浮出水面，那就是音乐创编活动的教学运用是否合理有效。在本人的一节音乐展示课上，就发生了原本预设在最后阶段出彩的音乐创编活动变成了尴尬的乱编活动。

这节展示课的教材内容选择了高中音乐必修1的"音乐鉴赏"中的《阳关三叠》，原本的教学设计并没有加入音乐创编，但是为了突破以往古琴曲以人文欣赏为主的教学模式，本人预设在最后环节引导学生给《阳关三叠》创编声势律动，来表现当下比较热门的古曲新唱的音乐表现形式，从而增加课堂的趣味性和互动性。当本人与组内老师研讨时提出这个想法后，有老师并不赞同：需要增加律动创编吗？时间是否允许？学生做得到吗？而且她还屡次提醒，增加音乐创编活动可能会破坏整节课的完整性，但是本人拍着胸脯自信地说：绝对没问题，我会提前让学生体验声势律动，熟练运用不同的身体节奏律动，而且公开课的班级是年级中音乐素养最好的学生，最后环节肯定能够大放光彩。教研员保留意见，以开明包容的态度尊重我的想法。

当天展示课上，前面的教学环节进行顺利，师生互动也很融洽，教学进行到学生为《阳关三叠》创编声势律动环节时，学生们的现场反应给我当头一棒。我请学生们分组来展现他们给歌曲创编的律动时，学生们都面露胆怯。而被点名表演的学生所展示的节奏型或是毫无新意的简单拍手，或是无法模仿的复杂没无规律的乱打。面对事倍功半、七零八落的课堂效果和教室后排乌泱泱的专家和同仁们审视的目光,我内心开始忐忑,只能放弃创编活动,直接让学生模仿自己预设的律动节奏来代替学生创编的节奏。不尽如人意的律动创编不仅打乱了上课的整体节奏,使原本井然有序、层层深入的课堂氛围瞬间陷入了死循环,并且拖延了预留的时间,教学效果适得其反,收尾环节仓促被动。课后我反思为什么学生平时能够正常完成声势教学,却在公开课上表现得不知所措,创编的声势律动无法与歌曲融合;难道是我对学生的要求太高了,学生无法完成?

一、创编活动变成乱编活动的原因与分析

究其原因,可以从教师和学生三个方面来进行分析:

(一)这首歌曲是否适合声势创编

《阳关三叠》既是中国古代唐朝流传至今的一首琴曲,也是一首歌词精美、真挚感人的中国古典艺术歌曲。歌曲的曲调是中国古代五声音阶商调式,节奏旋律变化比较自由,声势律动教学法是奥尔夫音乐教学法的主要组成部分,基本运用于西洋调式为主的歌曲演唱中。声势律动教学一般运用在结构规整、演唱要求相对简单的当代声乐作品中,尤其是流行风格为主的歌曲较多。在《阳关三叠》的演唱中加入声势律动会打破歌曲本身连贯抒情、平仄有声的古曲风格,而增加了生硬感。

(二)学生是否具备了创编能力

高一学生已经具有独立思考、自主学习的能力,在教师引导并创设自由轻松的情境中,能够在熟练演唱歌曲的前提下,根据作品的风格和相关音乐特点进行简单的节奏创编,例如 cups 节奏、声势律动、小型器乐伴奏等。在课堂上大部分能够进行声势创编的声乐作品,以节奏规整,旋律抒情为主,《阳关三叠》与音乐教材中其他声乐作品风格迥异,是为数不多的中国古代艺术歌曲。对于中学生来说,这种古曲风格浓郁的艺术歌曲平时接触得非常少,比较陌生,有较大的距离感。歌曲节奏变化多样、琴曲律动自由,在演唱时特别强调意境感和吟诵感。学生只有在完整歌唱并富有感情的表达出诗词的含义前提下,才能够进行声势创编环节。这不仅对学生有很高的声音要求,而且对于教师需要做好充分的教学铺垫,并预留较大的体验时间,才能够充分调动学生融入作品的表演。因此在步骤紧密、内容充实的公开课上,要求学生即兴律动创编是有很高的难度的。

(三)教师导语是否准确清晰

声势创编活动不同于一般的音乐审美体验活动,学生即兴的创编没有明确的评价标准,完全取决于当时学生对于音乐的感觉随性而作的声势律动。教师在进行音乐创编教学时,只注重创编的内容而忽视了课堂创编过程的引导,就会导致课堂秩序混乱,教学效果不理想。当时的公开课上,我向学生们提出:以小组合作的形式为《阳关三叠》的前四句创编一个小节的声势律动。这个引导的要求非常不清晰:1.没有声势律动需要运用几种声势;2.小组合作的展现形式是怎样的?我观察学生的探究创编过程中,发现他们都显得非常不自信。第一组学生展示的声势创编没有节奏的变化,只是加了单一的拍手,这让我大失所望,这个声势律动太简单了,根本不能够体现高中学生的音乐技能。于是我就说"这个声势太简单了"作为这组学生的评价,这样一句笼统模糊的课堂评价,导致第二组学生的声势律动展示特别杂乱无序。教师导语不够准确和清晰,明显地影响了学生对于声势创编认识的偏差性。声势律动的创编的评价不同于体态律动的模仿或音乐要素的分析,不是"对或错"的问题,而是学生及时做出音乐判断的一种创造性音乐能力。教师的课堂导语和评价随性、不够精准,就会导致学生在操作时出现迷茫、教学效果偏差。

纵观这些原因,其实都是在平时课堂律动创编环节普遍存在的问题,怎样才能够让创编活动与音乐课堂有效地结合,让学生将音乐知识和技能通过音乐语言——声势律动来塑造形象、表现情景,体会音乐创编的快乐。

二、声势律动创编有效教学的策略

(一)把握难易度,选择适合学生创编的歌曲

兴趣是个人探究新事物的内在动力,当学生对歌曲感到有趣时,才会积极主动地参与到音乐活动中来。声势律动创编的前提,是学生对于歌曲本身已经饱含热情、熟练演唱,才能够具备发挥创造性的空间与想象。教师需要给学生创设好音乐情景,铺垫好音乐情绪的主题,采用多种多样的教学形式,调动全体学生的积极性,为声势律动的创编提供动力条件。

(二)挖掘音乐作品内涵,加强学生节奏律动的训练

声势律动的教学难点体现在身体节奏与音乐律动的融合。教学的关键点在于学生对于各种节奏型的掌握。声势节奏训练是一个实践性和操作性极强的音乐审美活动,要求学生探究敲击身体不同部位发出音响,来探索音乐相关的力度、速度、长短、高度。教师应当注重学生对于音乐作品的体验,尽可能地为学生提供声势律动的节奏模仿和节奏创编的实践活动,增强学生在这方面的音乐积累,提高学生实践声势律动的信心。

（三）创设自由放松的空间，提高教师灵活选择有效教学的教学方法

1. 处理好预设和生成的关系

预设是教师对于课堂教学有目的有计划的备课活动。教师不仅要备教材、备教法，更要备学生。备学生是备预设的难点，学生的状态是课堂最大的变数，每一个学生都是一个富有个性的思维个体，而性格活跃的学生对于班级学生的整体反而有推波助澜的作用。音乐教师要了解班级学生的知识水平和接受能力，摸清学生真正理解和掌握的教学内容，才能了解学生在学习方面的存在的问题与疑惑，从而做出合理的教学设计，提高音乐课堂教学效率。

2. 注重教学方法多样性、灵活性

音乐教学方法是教师思想的体现，音乐教学方法的优劣与音乐教学效果有直接关联。灵活运用有效的教学方法，对于提高音乐教学质量和学生学习的兴趣点有重要的意义。教师根据课程的教学目标结合自身的特长和风格，灵活运用各种教学方法，实现各种方式的优化组合，让教师和学生在有序开放的空间获得最大的实惠。没有一种教学方式能够解决课堂上所有的问题，尤其是声势律动的教学，教师要灵活选用多种教学法，如模拟法、体验法、讨论法、视奏法、示范法等，并探索、实践各种教学方法与学生学习成效的正比关系。多样化的教学方法可以激活学生的学习积极性、主动性，让学生"乐学"，教师"乐教"，从而提高教学效益。

音乐课堂中运用声势律动教学能够活跃课堂气氛，让学生通过探索自身肢体动作的律动感来感受不同节奏规律的音乐表达，从而增强作品的音乐表现力。教师应当从提高学生音乐审美体验出发，设计合适的音乐作品进行声势律动创编，从而激发学生自主探索兴趣，培养学生敏锐的听觉反应能力和声势体态应用能力，体现个性、增强自信。

我的"音乐药方"

——一个音乐老师和自闭症孩子的故事

上海市天山初级中学　汪　微

"老师……我……也想上台……"下课铃声响过了,七(2)班的孩子们哼着小调一窝蜂地从音乐教室散去,而我正低着头整理讲台上的教案与学具,冷不丁听到一句弱弱的恳求。我抬眼一看,原来是小梦。于是,我诧异地轻声向其确认道:"小梦,你是说,你也想上台表演是吗?"小梦没有和我进行眼神交流,只是怯生生地点了点头,依然习惯性地低着脑袋。

事情的起因源于一个月后要举行的升旗仪式。七(2)班将承办那次升旗仪式,因此他们班的班主任找到我,希望我帮他们班级排一个节目。我征求了学生们的意见后,就决定排练吹奏课上学习的三声部乐曲《欢乐颂》。由于舞台的空间有限,在自主自愿的情况下,我挑选了10名小乐手。没想到,下课后小梦独自留在了教室。见同学们都离开了,才小心翼翼地走上前,向我轻声表达心愿。

也许大家已经从我的描述中读出了一些什么。是的,小梦是个特殊的孩子——一个自闭症患者。在小学三年级时,她不幸患上此症。自此,她每天回到家就把自己关在房间内,还必须通过服药来减轻自己的症状。此前,在我的课上,小梦安静得如同影子,从不举手也很少抬头看我。这样的一个孩子竟然在课后向我提出上台表演的请求,怎不令我惊喜意外?

"看来小梦是喜欢上我的多声部口风琴吹奏课程了呢!""接下来我该如何帮助她尽快融入小乐队中呢?""哎?这件事可不可以成为转化小梦的契机呢?"……我的脑海里迅速地闪现出各种火花,欣喜过后更多的是希望自己把握住这个教育契机,改变她曾经消极的学习状态,加强她的学习动力。当然,关键的第一步应该是了解病症。

于是，我从网上和书本上查阅了相关资料，了解到自闭症又叫孤独症，是一种发育方面的障碍。此症有两个方面的主要特征，首先是社交功能障碍，他们往往不能对周围环境产生针对性的反应，有比较明显的社交退缩现象，比较恐惧接受新的环境等。其次是刻板的行为和狭窄的兴趣范围，患自闭症的孩子大多感兴趣的东西少，常伴有一些刻板的行为。

看着这些资料，联想到小梦的学习生活状态——孤独离群，等同学散去了才向老师提出请求；与老师对话期间，手指在胸前反复揉搓；不愿意注视老师，甚至回避老师的目光；面对他人的热情帮助，她只愿意自己独立完成某件事情，等等。我的脑海里忽然掠过一个念头：既然我从事的是音乐教育，那我能不能运用当前很前卫的医治方法——音乐疗法，来治疗小梦的身心疾病呢？从媒体上我也得知国内的部分音乐院校、科研机构已经针对此病症开展了实践研究，也有了一些成功的案例。我想：要不，我也尝试着用音乐来帮助小梦吧，帮助她走出孤独的堡垒，学会阳光地面对世界。想到这，我不禁心里暗喜。

首先，我运用音乐"药方"调节小梦的单一情绪。我翻看了很多资料，了解到不同的音乐具有各异的调节功能。于是，我用维瓦尔第的《四季》缓解其抑郁，用莫扎特的《单簧管协奏曲》消除其焦虑，用德彪西的《大海》抚慰其悲伤……当我准备的大量的"药方"以其特有的旋律、节奏与力度不断作用于小梦大脑时，我看到的是小梦明显的生理反应和被激发的情绪。

其次，我运用互动的方法打破小梦自闭的圈子。每当她一个人在教室里默默练琴时，我总是陪在一旁。肯定她的努力与进步，帮助她改正一些气息及指法上的小瑕疵。当小梦完全掌握了《欢乐颂》主旋律的演奏时，我干脆拿出我的口风琴与小梦进行两声部的重奏。对于我的介入，小梦起初有些抗拒也不懂得配合。不是稀里糊涂地按错键就是惊慌失措地加速度。而我则坚持用最大的耐心拉着她的手一起向前走。"这个节奏你还要稳一些""记得用眼神和同伴交流，这样才能做到气口一致""结尾这里要减慢、音色处理得柔和些"……经过一段时间的磨合，我和小梦的配合越来越默契了。除了技能上的进步，更让我高兴的是小梦情感上的变化。虽然她在行为上依然是小心翼翼的，但是明显地合群了，表情也丰富了。我知道：小梦明白了与人协作的重要性。她学会了观察我的呼吸、跟紧我的节奏、领会我的暗示……

一个月后的升旗仪式，小梦勇敢地和同伴走上了舞台。聚光灯下，小梦显得非常紧张，俯视着脚尖，手指微微发抖。她会临阵退缩吗？能顺利地完成演奏吗？我惴惴不安。趁着上台摆话筒的间隙，我挪到小梦跟前轻轻地说："没问题的，你已经很棒了！来，目光平视前方，相信自己。"小梦缓缓地抬起头，眼里闪过一丝光。也许，我的话给了她鼓励与信心，只见她深深地吸了一口气、抬起微微颤抖的手，用眼神和小伙伴们短暂交流后开始了表演。我紧盯着小梦的每一个动作、每一丝表情，只见她指法娴熟、呼吸均匀、节奏准确、表情投入，与同学们近乎完美的配合赢得了全场热烈的掌声。那一刻，我分明看到小梦的脸颊透出了从未有过的红晕和兴奋，而我之前的担心也彻底消失，取而代之的是无比喜悦的释然和无比激动的泪眼。

自那以后，音乐课上的小梦变得越来越积极阳光。她不再毫无声息地把自己掩埋在人群里，而是用开放的目光接纳我的关心。3个月后的一天，我和七(2)班班主任沟通小梦的情况时班主任告诉我，小梦在大家的关心帮助下已经摆脱持续了3年多的药物治疗，医生觉得小梦现在的身心健康情况都很不错。听到这样的消息我真替小梦感到高兴，欣慰之余我也开始理性思考——对于自闭症的孩子，作为音乐老师，我们到底可以为他们做些什么？如何关爱帮助他们？

一、音乐欣赏　心理疏导

音乐作为一种独特的交流形式，最重要的交流意义是非语言的，当老师根据学生的心理状况，有针对性地选择一些曲目并反复播放时，能使他们的身心感到愉悦、性情得以陶冶。通过聆听音乐，能够校正自闭症患者听觉系统对声音处理的失调现象，通过刺激大脑皮层，从而改善行为紊乱和情绪失调。当悦耳的声音、优美的旋律、动感的节奏变幻着融为一体时，患者处于"休眠"状态的神经细胞就被激活。音乐形成的刺激信号就起到了唤醒、激励、安宁、抚慰、宣泄等生理和心理作用，从而获得药物和语言交流所无法达到的效果。

二、参与交流　融入集体

自闭症患者总是沉浸在自己的世界里，一般不容易与人进行主动交流，有时候就算参与到对话中，也常常词不达意，有着很大的沟通障碍。不过，音乐却不存在这样的障碍。当我们为学生创设歌唱、演奏、舞蹈的平台时，他们不仅体验到了艺术的感染力，同时也拥有了交流的契机。孩子们的心理状态在实践中被音乐所同化、感染，达到心理共鸣。当他们在其中感受到愉悦与尊重时，他们对于人际交流抵触就会减少，会表现出与他人交流的渴望，社交能力也会逐步地增强，从而逐渐融入集体。

三、技能训练　刺激肌体

音乐技能的训练能够大大淡化自闭症儿童异常玩耍行为和自我刺激行为的出现，促进其对外界生活的兴趣。特别是器乐学习，在音乐教育体系中既是学生学习音乐和表现音乐的重要手段，又是开发智力、协调肢体的重要途径。当学生在进行器乐演奏时，要求学生眼、耳、手、口高度协调，多方位的机能运动能平衡左右大脑神经中枢，开发大脑的形象思维。实践证明，肢体运动越复杂就越能使促使人头脑聪慧身体协调。对于自闭症患者而言，通过器乐技能训练能逐步建立他们与周围发生事情的联系，减少其急躁的情绪；使孤僻的人变得和谐，能够专注于做某一事情。

小梦就是在得到音乐熏陶、技能训练、参与表演后才逐渐走出孤独堡垒的成功案例。我们常把自闭症的孩了称之为"星星的孩子"。因为他们就像天上的星星，在遥远而漆黑的夜空中独自闪烁着。因为孤独所以他们需要伙伴、因为黑暗所以他们需要光明与温暖。作为音乐老师，我们就应该用好"音乐"这件武器，用满腔的热情、智慧的头脑、多元的方法关爱帮助他们。给他们多一些鼓励的眼神、肯定的语言、赞美的微笑，搀扶着他们融入集体、踏上舞台、找到自信的方向，让他们这些星星永远闪耀却不再孤单。

"老作品"的"第二春"

上海市娄山中学 王莉雯

翻开上海初中的音乐教材,你似乎打开了一本泛黄的老相册。因为,不费吹灰之力就能看到一大批背景久远的音乐作品,少算算他们也都有七八十岁了。很多作品还是我初中学生时代学习的内容。姑且,在这里我就称它们为"老作品"吧。可别看这些"老作品"已经有了年头,他们在教材中出现的频率和所占的比例却相当高,大致估算一下,至少占2/3的比例。作为一名已经在音乐教育岗位上工作了15年的中青年教师,对教材的熟悉程度当然不在话下。可是,每每教学中遇到这样的"老作品",却总能让我面露难色。心里琢磨着:现在学生的父母都到"80后"这个年纪了。这些"老作品"发生的时代背景,以及曾经的战争岁月是上上一代的经历,对他们的父母来说都不一定能理解并产生共鸣。何况这群听着周杰伦、饶舌音乐长大的孩子们。这些"老作品"能继续在历史的长河中,传承经典找回属于他们的"第二春"吗?可是,就因为一节课中无心插柳的一个环节,让我的想法发生了翻天覆地的变化。

那是一节区级公开课,我的重视程度不言而喻。授课内容是管弦乐曲《红旗颂》,这是一首颂歌,当旋律响起,令人遐想,无数先烈染红的旗帜,在开国大典上,第一面五星红旗冉冉升起时的景象,心潮澎湃思绪万千,多少坎坷多少苦难……为了让孩子们能更好地理解作品,在进行教学设计时我对教材做了深度分析,挖掘作品中的情感深度,利用各种音乐手段以及通过各种音乐要素的解析将爱国主义教育融入音乐教学之中,用音乐艺术激发学生爱国主义情感,培养学生的爱国主义情操,从而达到充分发挥音乐教学的爱国主义教育功能的教学目的。可是,作为一首20世纪60年代的音乐作品,我依旧担心着:孩子们能明白理解乃至喜爱上这首"老作品"吗?就这样经历了一次次反思与自我否定,终于在无数次秉烛达旦对教学思路的改进下,到了丑媳妇见公婆的那天。

还没到正式上课的时间，全区 100 余位音乐大咖、专家还有教师们都已经聚集到了我的专用音乐教室。虽然，曾有过许多次区级公开课的经历，但是，摸摸自己的双手，看着我手指尖冒出的手汗，自知还是紧张的。

随着《土耳其进行曲》响起（我校的上课铃声），我的公开课也开始了。不知是不是人来疯，还是由于之前精心的准备，我已经忘记了紧张。所有的教学用语恰到好处，一个一个教学环节如同行云流水般的顺利进行着。为了让孩子们更好地理解作品，我在一连串师生互动与生生互动的教学活动中，在一系列听听、学学、唱唱、演演的教学环节中，所有人和孩子们一起沉浸在管弦乐曲《红旗颂》的音乐世界里。一切都是那么的和谐与融洽，一个个教学目标都在我原先的预设中一一达成。或许是太过于顺利，或是由于我的紧张加快了语速，在完成了所有教学环节只剩下最后课后小结时，居然多出了 2 分钟时间，这和我之前几次在别的班级试上这节课时的情景完全不一样，从来没有遇到过这样的事情。面对这突发状况，我有点仓皇，耳朵里似乎响起了一个声音："怎么办？怎么办？如果提前 2 分钟结束这节课，情况肯定是非常难堪的。我怎么样都要把这 2 分钟时间撑满啊！"于是，我飞快地转动起自己的大脑，灵机一动，我向所有的小朋友抛出了一个本不在教学预设中的问题："同学们，你们喜欢这首管弦乐曲《红旗颂》吗？"其实，刚问出去这个问题我就后悔得直想拍自己的脑门，心想："要是有人说不喜欢我可怎么是好？我连顺下去的话都还没想好呢！"没想到，孩子们居然很给力并异口同声地回答："喜——欢——"瞬间，我提到嗓门眼儿的心放了下来。接着，我马上趁热打铁地追问下去："你能说说为什么吗？"一下子，孩子们的手如同雨后春笋般冲破了教室中凝结的空气，我随意抽选了其中一位学生发言。整间教室里师生们的眼神似乎形成了一束聚光灯照到了他的身上。

只见他带着一脸的诚恳与认真，用他睁得大大的眼睛望着我回答道："因为我现在能听懂它，所以我一定会再去欣赏。"

另一位举手的同学在我的示意下说道："随着一点点对音乐的理解，我感受到祖国的强大，一面红旗在迎风飘扬。所以，我还会去欣赏。"

"以后，我还能给别人介绍整个作品。我现在甚至知道三连音在作品中的作用，感受到中国人民前赴后继，向着中国的伟大富强前进，所以我一定会再去欣赏。"一个平时比较腼腆不太发言的女孩子回答着……

此时此刻，时间仿佛凝结了。我和所有老师一样，被孩子们发自内心的回答深深地震撼着。这不是作秀,也不在我设定的脚本里。这些动人的答案来自孩子们的心里。我的情绪激动了起来,孩子们也是热血沸腾。毋庸置疑的这节课的育人价值得到了体现,自然而然得到了所有人的一致好评。

当晚,我一个人静静地躺在沙发上,久久不能从下午这节公开课带给我的冲击中平静下来。各种各样的思绪如同搜索引擎般在我的脑海中浮现,曾经困扰我的疑虑"'老作品'还能找回他们的'第二春'吗?"也如同洋葱般一层一层的被剥开。我对为什么"老作品"已经青春已逝的想法做了反思。

一、"老作品"老在同现在学生的时代距离感。

在刚做教师的时候,拿到教材有种说不出的感觉。教材中很多的作品都是我以前做学生的时候学习欣赏过的。大部分都是很老的作品。要么是传承经典,要么是革命情节。总之,让我觉得和改革开放后的新时代格格不入。这种教材在学生眼中会是什么样的感觉虽然我不能妄自猜测,但是,也可以想象他们对这些作品的不理解甚至不屑。毕竟,和他们的生活离得太远。他们没有亲身经历过抗日战争;没有经历过中华人民共和国的成立;没有经历过"文化大革命",更没有经历过改革开放。所有的感受都是从语文课、历史课、参观纪念馆、看爱国教育电影和音乐作品中而来。谈不上感同身受,又何来的感悟与共鸣。打开孩子们手机音乐 APP 的歌单,肯定不会有这些"老作品"的身影。"80 后"的"哈日哈韩","90 后"的"k-pop、饶舌","00 后"的电声音乐,都可以称呼这些"老作品"一声老祖宗。没有了历史的沉重,没有了战争的残酷,孩子们听的音乐更多的是一种时代的节奏与一份丰富业余生活的惬意。正因为此,孩子们在还未了解"老作品"之前,就已经戴上了有色眼镜看它们。带着主观上的偏见又怎么能对它们有正确的理解和认识呢?

所以,在设计这堂课时,我做了两方面的准备:一方面从教师自身着手,在备课的过程中翻阅了大量与作品相关的资料,比如《初中音乐六年级音乐教学参考》《音乐百科》中对管弦乐曲《红旗颂》的介绍等。还搜集整理比较接近孩子们欣赏水平的视频,以达到更好理解作品创作背景和情感的目的。另一方面从学生着手,充分挖掘孩子们自主学习的主动性,利用开放性作业安排,使学生在课前就对作品有一定的理解与认识。这样,因为了解,距离感就被拉近了。

二、"老作品"在表现手法上比较传统且单一。

现在的社会瞬息万变,各行各业都在不断地推陈出新。创新这个词语在中共中央召开的大会小会上频繁出镜。代表着时代发展的潮流趋势就是创新。"老作品"在这个层面上就比较吃亏。音乐教材中的"老作品"受到曾经创作背景和时代的限制,为了传承经典,弘扬传统文化,在表现手法上会比较单一。举个比较典型的例子:《黄河大合唱》。作为一首非常经典的红色"老作品",局限于当时的历史条件与背景。作品的表现手法主要是朗诵、合唱与交响乐。虽然,气势磅礴,很令人鼓舞,可是,在孩子们的眼中还是会产生距离感:啊!那是革命战争年代!按照现在时代的发展,表现手法的跨界,用上网络、4D感官等,或许会有更强烈的感受冲击与情感冲撞吧。比如:如果幕布大屏幕乃至地板都是奔腾咆哮的黄河,也放一些有黄河气味的气体或者香氛让人身临其境,朗诵或者合唱的演员可以不要在现场,而是通过互联网形式全球联网直播,运用多种表现手法,吸引孩子们的眼球,让他们身上所有的感觉器官都调动起来,也就能把作品诠释得更加到位。

三、"老作品"的教授者——音乐教师对"老作品"的解读能力直接影响到其能否找回属于它们的"第二春"。

(一)在音乐备课过程中,教师对作品的有效解读,才能最终达到音乐育人的目标,使学生获得直接经验和丰富的音乐情感体验。

教师不仅要对作品创作的历史背景、包含的知识内容体系以及所蕴含的丰富思想情感进行深刻的理解,还要对创作者的创作意图和表现手法弄得十分透彻,从而产生自己对该音乐作品的个性化理解,对作品形成独到而又客观的诠释,用创新的眼光,找出不足、遗漏或是错误,这样的解读才是真正有深度且有效的解读。

(二)教师要学会把握作品的框架结构,了解作品的基本内容,把握教科书的知识体系。

在这样的基础下才能设计出适合学情适合学生的学生在知识与技能、过程与方法、情感态度与价值观三方面的教学目标。从而对本作品的教学进行整体规划,也就是有效编写教学设计。在音乐教学中,还应当突出作品的音乐性,不能趋向于文本鉴赏分析,避免脱离音乐本体,把"老作品"上成语文赏析、历史解读。对音乐文本的解读必须把握解读的"度"。音乐课过多地使用非音乐的教学方法去分析、理解"老作品"中所承载的"情境",如果在音乐的教学中忽视了音乐的本体性,就一定会偏离音乐作品的本意,背离了音乐教学的本质,不利于学生积累音乐体验、掌握技能以及把握情感。虽然在授课的过程中渲染人文气氛固然重要,但一定要将音乐性的内容作为音乐课堂教学的重点,才是正确的分析、解读作品。

(三)通过教师解读作品,适当使教材"变厚"。

为了更好地培养学生核心素养,很重要的一步就是教师在尊重教材知识、能力、情感等教材编写者编写意图的基础上,对学习内容进行合理补充,根据学生的实际学情,通过体验、感知、创作、探究等方法,将音乐知识与技能巧妙地结合在一起,用由浅入深的问题来激发学生们的表现力、创造力。老师通过哼唱主题,关注每个乐句走向、每个音乐动机的形成、每个和声音程的关系,了解乐曲创作背景、作曲家相关介绍等,才能恰如其分地把作品解读到位。

(四)教师在对作品正确解读的基础上,还需要对作品进行深度解读。

从学生实际情况出发,努力思考分析多种版本内容之间的关联,不仅把静态的作品变丰富,更要努力把作品变精,使学生在动态的积累音乐知识、技能的同时,拓展并升华到美的体验。教师可以在进行教学设计时学会以下3点:

1. 质疑自己、质疑传统和质疑权威,勇于并善于挑毛病、找问题,始终抱着"求是"与"审慎"的态度分析、解读作品,要"大胆假设、小心求证"。

2. 勇于实践。"纸上得来终觉浅,绝知此事要躬行。"坚持且做且思,边教边悟,渐学渐改,反复尝试与探究,以辩证的态度解读作品,依靠实践来求异纳新,依靠实践走向真知灼见。

3. 学会反思。只做不思,不可向前。深思自己教育教学工作中的弱点与亮点,不惜大胆地颠覆、拆除和重建知识结构,目的是为了更好地为教学服务。

夜一点点变得深邃,我的思绪还在不断延续着。音乐的育人性不因时代的不同而消亡。不要再主观地对历史背景久远的作品存在偏见。觉得古老的、曾经的一定是与现实脱节。也不应当受到社会舆论的影响,对"老作品"以偏概全妄加定论。在教材中的"老作品"也是如此,同样具有重要的价值。他们是弘扬民族文化,培养学生核心素养的重要组成部分之一。只要我们理解"老作品"的丰富的意蕴,挖掘它的深厚的内涵,改进、创新我们的教学方法,运用自己教学的智慧,对"老作品"进行深度解读,那么即使曾经让我们大部分人望而却步的"老作品",也完全可以焕发出它的青春,闪耀着耀眼的光芒。在一代又一代学子心中泛起片片涟漪,找回属于它们的"第二春"。

以鼓代琴,急智亦需积累
——论音乐教师基本素养的重要性

上海市泸定中学　李　晶

一、案例背景

一次,我在相关研讨会上向青浦区、长宁区两区的音乐老师展示一个单元的两节音乐课。因为开课的地点是青浦区崧泽学校,而我在此之前从未有过跨区开课的经历,而且我对该学校学生的音乐素养也毫不了解。由于时间紧迫、路途遥远,只有在开课前一天与学生们接触的机会。

这次开课的主题是《音乐风景画》——《大峡谷》组曲第一乐章《日出》,本课选自上海教育出版社出版的《艺术(音乐)》八年级第一学期(试用本)第二单元《自然——孕育艺术的乳汁》中的第四课内容《日出》。本单元以描写自然为主题的艺术作品构成课题,旨在使学生感性地知道音乐、艺术是如何表现自然的美,体验到艺术美、自然美的和谐与统一。《日出》一课就是以"日出"这一自然景观为主题而设计构建的,取材于美国作曲家格罗菲创作的管弦乐组曲《大峡谷》。该作以日出、如画的沙漠、在小径上、日落、暴风雨这五幅各具风格的音画描绘了美国亚利桑那州西北部高原的科罗拉多大峡谷的自然风光。《日出》是《大峡谷》的第一乐章。为了体现艺术的课改理念,本课时以音乐为切入,适时与美术相碰撞,为后面一课的综合艺术做好铺垫。

二、案例过程

本课通过分段欣赏对比日出"混沌""破晓""东升"3个阶段音乐的音色、旋律及描绘的意境的不同,来体验音乐的魅力并将自己的感受用艺术行为表现出来。为此,我为这3个阶段设计了不同的表现活动:"混沌"部分采用演唱方式;"破晓"部分采用绘画方式;"东升"部分采用小乐器演奏。3个阶段的活动设计展现了艺术教学的基本内容:演唱、绘画、乐器演奏。在我了解该校学生音乐素养后,才发现该学校并没有乐器进课堂这一教学内容,学生中会演奏乐器的只有1人。由于没有充分预设学情,当下现学或把我校乐器运过来,在时间上都赶不及!怎么办?忽然,我灵机一动,旋律乐器没有,那就用其他乐器代替!经过思考,有什么乐器是学校都配备的?鼓号队!对,就是鼓号队!我曾经是大队辅导员,辅导过鼓号队训练,对鼓号队的乐器配备了如指掌。但具体用哪个乐器才符合"东升"这段的音乐特性?我脑中响起了"东升"的音乐……随着木管、铜管的加入、演奏从齐奏到合奏、音量由弱到强,整个音响的情绪变得更加热烈与欢腾,仿佛蒸腾的太阳从地平线上喷薄而出,整个大峡谷呈现出一幅光芒万丈、五彩斑斓的七彩景象。大鼓!大鼓的音色低沉、有力,通过不同的演奏方法能表现出太阳东升时越来越灿烂,阳光洒满整个大峡谷后气势磅礴的景象。随后我指导学生学会了几种大鼓的演奏技法。第二天的开课取得圆满成功,获得了专家及两区同行们的好评。

三、案例评析

对于这次教学突发事件,我进行了反思,觉得要从以下几个方面进行提升:

(一)做好预设是保障课堂教学的关键

一位成熟的教师应该在教学之前进行全面的学情分析及课堂突发事件的预设,把课前准备工作做得更加细致和到位,确保课堂教学的顺利进行。因为预设学情也是保障课堂教学有效性的关键。课堂教学是以学生为主体的学习活动过程,适合学生的教学才是有效的教学。因此,教师课前应充分预设学生学情,主要包括以下几点:

1. 预设学生的学习情绪,了解学生上课前的心理状况,沟通师生情感。

2. 预设学生的学习起点、过程和结果,充分考虑不同学生的个性、层次、学习水平等问题。

3. 预设教学内容与学生校内外生活的联系。

4. 预设学生对老师引导的反应。

5. 预设可能出现的"意外"。

(二)面对突发事件要正确处理

针对课堂教学中发生的突发事件,教师应沉着冷静、积极应对、正确处理:

1. 要熟悉教材教法,熟悉学生学习情况及个性品质。只有这样才能充分预估到学生可能出现的情况,并能及时地发现问题,准确地进行判断,及时地妥善处理,并能迅速地再次集中学生的注意力,确保课堂教学的顺利开展。

2. 根据问题的大小,影响范围,影响的程度,采取不同的处理方法。如遇全面参与的整体问题,应当场处理;如遇局部问题或只影响到极少数人的话,可利用眼神、表情、动作手势等做出暗示,也可在教学过程中进行其他的无声处理方法,将影响面尽可能缩小,确保课堂教学的进行。总而言之,课堂上要用最快、最直接有效的方式进行处理,不影响课堂的正常教学。

(三) 以学生为本设计处理方案

教师要充分了解学生的兴趣点,并以此为抓手,以学生为本,以激发学习积极性为宗旨来设计处理方案。通过激发兴趣点,促使学生在课堂学习中紧跟教师的教学思路,有利于教学难点、重点的突破,更有利于教学目标的最终达成,师生共情,在课堂教学中达到共鸣。本课以鼓代琴,就很好地激起了学生的好奇心,并将此好奇心代入课堂,一步步引导学生参与到课堂教学的环节中,在音乐实践中感受节奏之震撼和音乐之美妙。

华东师范大学叶澜认为,一个真实的教育过程是一个师生及多种因素间动态的相互作用的推进过程……作为教师要尽我所能设计好每一堂课,以学生为本,充分调动学生的学习积极性,给学生一个美好、有效、印象深刻的体验。

男孩的舞蹈也要像女孩这般婀娜多姿吗？
——舞蹈教学中关于个性化培养的思考

上海市长宁区天山第一小学　邢灵燕

舞蹈和律动是音乐课的主要学习内容之一，在实际课堂教学中舞蹈学习的环节常常可以帮助学生感受歌曲的内涵。《上海市中小学音乐课程标准》（以下简称《课标》）中更是表达了舞蹈律动的重要性。因为这个原因，多年来我始终是将舞蹈作为音乐学习的重要手段来实施和完成教学的。抱着"一个都不能少"的信念，我严谨而又专注地实施着，同时也享受着由这种教学所带来的愉悦。

我校未来学习中心成立后的某一天上午，我刚到校就听说局领导要来校参观4楼的多功能教室。恰好这天上午我在4楼音乐教室有好几节课，这也就意味着我的课堂有可能被开放。不过我倒是镇定自若，因为1年多来，通过我的精心栽培和细心呵护，孩子们的音乐素养还是相当不错的。若是有机会让领导们一览风采，也算是给我一个展示自己的机会。想到这儿，不由得一阵小激动。

伴随着上课铃声，孩子们用他们富有感染力的律动跳进教室，与此同时，校长也带领了几位领导走了进来，看着他们面带微笑，孩子们的表情更甜了。可得让大家看看孩子们的看家本领，我暗自思忖。

随着《金孔雀轻轻地跳》那熟悉的前奏，小朋友们各自找到了点位，摆好一位手准备开始……

这是二年级第二学期第一单元《民族花朵》中的一首歌曲，在学会了演唱之后，我设计了用孔雀舞的动作将歌曲内涵进行升华，试图让孩子们通过舞蹈动作亲身体验歌曲描绘的小孔雀的形象，每个孩子事先在我的辅导下学会了动作设计与表情演绎。

此时，孩子们仿佛能感应到我的期待，每张小脸都笑得像花儿一样，唯恐输给自己的同伴。

音乐起，"小孔雀们"婀娜的动作稚嫩、卖力又标准，整个音乐教室顿时充满了欢乐，仿佛把人们带到了孔雀的故乡——西双版纳。在歌乐声中，领导们有的点头微笑，有的拿起手机拍摄，还有的在模仿孩子们的动作，看到这个场景，我心里别提有多得意了。

"男孩的舞蹈也要像女孩这般婀娜多姿吗？"

忽然，一句悄悄话轻轻地飘进了我的耳朵，抬头一看，正是那位模仿动作的男士笑着和边上几位嘀咕，语言中分明隐含着一丝不解与担忧，我的内心顿时掠过一丝不安……

下课了，校长很自然地向开放课堂的执教老师做了反馈。校长说，领导们认为我的音乐课很有特色，并对孩子们的音乐舞蹈素养给予了高度评价。而我却心事重重，那句"男孩的舞蹈也要像女孩这般婀娜多姿吗？"的话如同一块石头，明显压制了我本该兴奋的心情，我陷入了沉思……

翻开了《上海市中小学音乐课程标准》，醒目的几行字映入我的眼帘："音乐教育具有凝聚群体与张扬个性的作用……音乐教学能让学生的潜能得以开掘，个性得以张扬，主体性得以充分发挥。"而纵观我一直以来的教学方法，表面上看似科学严谨，事实上却忽略了一个问题——个性化教学。那么是什么造成我或者其他也在这样操作着的老师们的这种简单行为呢？

我逼问自己并开始反思，隐约中我忽然发现了造成这一现象的问题症结。

一、客观上，本人习惯按照教材进行统一的动作编排，因此并不会从《课标》的高度去深挖教材的内涵。不是吗？多年的教学实践，本人始终认为教学就是老师教，学生学，舞蹈不就是让孩子按照规定的动作学会就可以了吗？在习惯思维的定势下，本人对《课标》中的"以学生发展为本"的理念并未深思熟虑，因此，对个性化教学也常常是停留在口号喊叫上，对学生"想学什么""能学什么""该学什么"缺少感性认识，自然对"能教什么""该教什么""怎么来教"缺乏理性思考。

二、主观上，本人注重体现传统的课堂教学效果，因而忽视了由性别而造成的男女生之间的个性差异。在舞蹈教学的环节中，本人只专注于想要将舞蹈动作完完整整地教给学生，让每个学生都学会，但凡遇到没有"达标"的学生，不惜用大量的时间和精力，通过讲解、示范，让他们多练，导致男女生舞蹈中的动作是一样的,储存的动作元素也是一样的,上课时的表现更是一样的。因此在教学中,多了整齐的动作和积累的舞蹈语汇,却少了自我认识和对学生个性化的培养。

"这样的音乐课堂俨然成了一个模具加工厂!"

"男女学生进去,一种孩子出来?"

"所有的动作都是统一的,这是广播操还是舞蹈?"

"……"

各种质疑声在我的耳边回荡着……

是的,著名的教育家叶圣陶说过,教育是农业,不是工业。就如世界上没有两片完全相同叶子的说法一样,农业的成果是有个性的;而工业化的产物则是千篇一律、一个模板、没有生命的。艺术是启发想象的形象思维,艺术教育不就是农业教育吗? 我开始思考如何在音乐(舞蹈)课中赋予孩子更多的个性,以达到因材施教的目的。

一、精准地解读《课标》内涵

《上海市中小学音乐课程标准》提出:"音乐课程应体现音乐学习的基本特点与规律……在面向全体学生、关注个性发展的前提下,尊重学生个人爱好。"这意味着,作为教师要着眼于学生的长远发展,首先要从理念上摒弃以往统一制的教学方式,允许孩子们,尤其是男女生对事物有不同的见解和表现。如果在舞蹈的编排中,一贯地将男女生的舞蹈用完全相同的动作呈现,不仅可能让一部分学生渐渐失去对舞蹈学习的兴趣,还有可能弱化对自我的认同感。因此,音乐课程中的舞蹈教学应该加强对舞蹈本质的理解,通过不同的舞蹈动作来展现不同个性、体现不同情感,因为它不需要千篇一律,评价标准也不要求一概而论。

以文中的案例为例,教师不仅要将舞蹈作为音乐教学的一种方法,引导学生深入理解音乐内涵,更要加强男孩的自我认同感,设计他们喜欢并符合他们形象的动作,以凸显他们的个性特征。

二、精细地设计教学方法

男孩由于生理因素,不比同龄的女孩那样乖巧,他们好动贪玩、调皮捣蛋往往让老师很头疼,然而从另一个角度看,男孩比女孩更灵活,更好表现,因此,利用其优点来辅佐音乐教学不失为一种好的方法。

比如以上案例中,男孩子好动,教师就可以在舞蹈环节中设计一些幅度和力度稍大的动作让他们来完成，提高他们参与的兴趣；男孩子好斗，教师就可以在课堂中采用比赛的形式，用他们的好胜心带动整个小组力争上游，从而激发学习的潜能。这样的"自由空间"的创设，虽然教师的备课量大了，但却可以极大地发挥男生的学习特长与学习动力，从而做到个性差异的区别、教学方法的完善。

"男孩的舞蹈也要像女孩这般婀娜多姿吗？"这句话所带来的意义是深远的，因为这次舞蹈事件让我深刻体会到：每个学生都有自己的习惯与爱好、强项与弱点，而要使教育真正做到公平公正、让每一位学生阳光自信，作为教师就要以《课标》精神为引领，通过扬长避短来挖掘学生的兴趣与能动，因为"以学生发展为本"不是一句口号，而是实实在在的落地。音乐中的舞蹈教学就是要站在育人的高度，张扬学生肢体表演的个性、培养学生自我表现的能力，带领学生去体验无与伦比的艺术境界。

又是一届二年级，又是这首《金孔雀轻轻地跳》，但不同的是在女孩子柔美动作的映衬下，我们男孩的动作更加张弛有度，更富有力量。在本次公开教学的现场活动中，孩子们的表演赢得了在场嘉宾的阵阵掌声，他们是在为教室里的千姿百态鼓掌，更是在为孩子们的个性表现而鼓掌！

"博趣乐学"展硕果,艺术之花竞绽放
——学校艺术拓展教学特色之"小剧场"

上海市天山第二中学　王　玥

根据国家教育部对学生发展核心素养提出的三方面主要表现,结合我校"博趣"教育的办学理念,立足学生发展之本,我校艺术教育大胆探索以"剧场"运作模式开发艺术拓展课程,以此带动我校艺术社团的成长与发展,从而实现学生整体艺术素养的提升。

第一次探索

2015年10月,"聆听大师,经典留声——久石让经典作品视听音乐会"在经过前期的酝酿准备和2个月的辛苦排练之后,终于粉墨登场!初次试演便获得一致好评!这次音乐会从台前表演的演员,到幕后灯光、音响控制的工作人员,再到演出海报、门票的设计以及演出宣传推广的人员,均由学生自己担任。

图1　学生设计的海报

图2　学生自己设计的门票正反面

久石让是享誉国际的著名音乐家、钢琴演奏家、电影配乐大师。他的作品几乎首首经典,耳熟能详,流传度很广,容易引起学生的兴趣与共鸣。音乐会在钢琴独奏 Summer 中拉开帷幕。此曲出自日本著名电影导演北野武执导的影片《菊次郎的夏天》,久石让为该部电影做了配乐。而在在众多的合作者中,其与日本动画大师宫崎骏,当属最令人津津乐道的一对黄金拍档!他们共同合作了《风之谷》《天空之城》《哈尔的移动城堡》《悬崖上的金鱼姬》《红猪》《幽灵公主》等脍炙人口的作品。动画电影向来是孩子们的最爱!本次音乐会选择了电影《龙猫》的主题曲《风之甬道》、曾获奥斯卡最佳动画长篇奖的《千与千寻》主题歌 Always with You,以及著名的《天空之城》主题曲。通过钢琴独奏、演唱、朗诵及口风琴和钢琴合作,再配合电影的画面情节,让欣赏者身临其境,感受视听结合的感官冲击,领略电影与音乐完美结合的魅力!

一场完美的演出,仅仅依靠台上演员的卖力表演是不够的。音响效果如何?是否平衡?灯光是否起到烘托作用?道具谁来负责?包括场内观众席的灯光控制及秩序问题等,只要一个环节没有做好,都会影响演出的质量。所以,"剧场"为更多的普通学生提供了锻炼的机会。每位参与此次演出的台前幕后的同学,表现异常投入与认真。在老师的指导下,出色地完成了自己所承担的工作,并由此产生了极大的成就感,尤其是那些没有艺术特长的学生,因此次活动而突然发现:其实,舞台离我们每个人都很近。

成果与反思

2015 年的这场音乐会是我校历史上第一次真正的学生音乐会,而举办此次活动的灵感,来源于我校艺术(音乐)学科立足基础型课程,开发的"电影与音乐"这一"博趣"拓展课程。该课程既满足基础型课程拓展的需要,又符合学生的兴趣爱好。2015 年"聆听大师,经典留声——久石让经典作品视听音乐会"的成功举办是对此课程实施的成果展示。这场音乐会的成功举办,极大地带动了学生参与艺术表演的热情,也为接下来的发展打下了基础,树立了信心。

基于此次音乐会的成功,我校近几年大型校内艺术活动都按此模式,为学生的个性化发展提供更多机会和更广阔的空间,极大地调动了学生艺术学习的积极性。学校更是由此看出我校学生在戏剧表演方面的潜力,进而成立了校戏剧社团。而戏剧的"全人教育"作用也适合我校学生综合素养的培养与提升。

学校戏剧社团于2017年2月正式成立,社团成员从六至八年级学生中招募,由上海戏剧学院导演系青年教师夏帅担任社团的指导老师。在夏老师的带领下,学生从挖掘自我潜能开始,树立自信心,勇于表达。再通过对学生的启发性训练,本着"真看、真听、真感受"的原则,挑选适合学生表演的内容。于是,2017年5月,我校戏剧社团带着以环保为主题的情景朗诵《呼唤》,参加了上海市学生戏剧节长宁区朗诵专场比赛,获得了一等奖!这是我校第一次参加区级戏剧类的专场比赛,并以最高分获得代表长宁区参加市学生戏剧节朗诵专场比赛的资格。长宁区唯一参赛名额被我校收入囊中。从社团成立到参加区级比赛,短短3个月便取得这样的好成绩,实属不易,同时也验证我校艺术教育特色发展的探索之路选择的方向是正确的。而在学习和排练的过程中,学生们表现出了强烈的学习热情,同时体现出肯吃苦、肯钻研、肯拼搏的精神。戏剧社团的学习经历对学生健全人格的培养起到了积极的作用。

近几年来,我校每年的艺术节活动学生基本做到百分百参与,同时依然坚持在老师的指导下由学生掌控舞台的运作模式,培养学生的综合能力。而"博趣"小剧场系列活动也吸引着学生上台大胆展示自己的艺术才能。立足剧场化模式的艺术拓展教学对于学生全方面能力培养的优势慢慢显现,不仅仅带动了我校艺术社团的建设发展,更是全面提升了我校艺术教育的整体水平。近几年来,我校参加区级、市级层面艺术类竞赛的人数在逐年增加,获奖率也屡创我校历史新高。

图3　我校戏剧社团代表长宁区参加2017上海市学生戏剧节朗诵专场比赛

图 4　我校舞蹈社团全新亮相区艺术展演的舞台

图 5　校"博趣"小剧场暨区艺术单项比赛校级选拔活动

立足当下,展望未来,我校全体艺术教师将坚持正确的教育理念,继续探索具有我校特色的艺术教育道路,让艺术之花绽放在每位学子的心中。

哭声、蛙声与歌声

——自然笔记学习方式在音乐课的实践与探索

上海市虹桥中学　赵永新

中学音乐课程标准中指出要重视培养学生乐于动手、勤于实践、勇于创新的意识、习惯和能力。通过多种途径促进学生形成积极的学习态度、良好的学习策略和可持续发展的学习能力。我校正在全面展开"观察、记录、思考；交流、合作、展示；体验、实践、研究"的自然笔记学习方式的研究，那么我们为什么就不能用这种方式来进行音乐课的实践与探索呢？

为此我在六年级(1)班进行音乐教学实践，该班学生活泼好动，但是在音乐课上除了几个调皮的学生扯着嗓子吼着唱歌以外，大多数学生唱歌声音轻，音色虚而不实，歌唱呼吸浅而不深，导致班级集体歌声既不整齐，又不动听。歌唱教学是音乐课堂教学中的一个重要环节，学生的歌唱发声问题一直困扰着我，不管用描述性的语言来引导学生歌唱发声，还是用肢体动作辅助歌唱发声，我都感到效果不佳，学生高音区唱不上去，歌唱发声没有气息的支撑，音色也不透亮。

如何让音乐课堂教学有所突破，提高学生的歌唱能力呢？结合我校自然笔记课程的学习方式，我在六(1)班的音乐课堂中作了以下尝试与实践。

在课堂上，我问学生："你们有没有听到过婴儿的啼哭？""有的有的，我们家隔壁有个刚出生不久的小孩，哭闹起来声音很大，整幢楼的人都能听见。"我接着又问那位学生："为什么婴儿啼哭的声音有这么大的威力呢？让我们一起来观看婴儿啼哭的视频，请同学们注意观察、聆听和思考，然后我们交流一下你看到了什么。"在观看的过程中有些学生已经按捺不住地学起了婴儿的哭腔。观看完毕我请学生交流所看到婴儿啼哭的特点，有的说："婴儿擤着鼻子、嘴巴张得很大"；有的说："婴儿的脸涨得通红通红的"；有的说："我感觉婴儿哭得很投入,腿蹬手舞的,在用全身的力气哭"。

　　我赞赏大家观察很仔细,然后请同学们把自己当成婴儿,一起来体验婴儿的哭声,尤其要模仿婴儿的脸部表情。哇!教室里的分贝一下高了很多啊!有的哭得很认真,有的哭哭笑笑,在我的鼓励下平时比较羞涩的几个女生也终于加入了进来。过了一会儿我请学生谈谈体验后的感受,有学生说:"我脸部肌肉都酸了";"我的哭声可响了,但是喉咙感到很干,感觉要咳嗽"。我就追问:"我们为什么练习了一会哭声,就会感到喉咙不舒服了呢?脸部肌肉也有点酸了呢?请同学们思考一下。"同学们很有体会地说:"那是我们平时不太会张大嘴巴,除了吃大苹果以外,呵呵呵呵。""说得对,平时同学们唱歌嘴巴不太愿意张开,脸部的肌肉没有得到经常的运动,这样就给歌唱带来了困扰,那么我们该怎么办呢?请同学们一起来观看一下青蛙怎样鸣叫的视频,看看能不能从中得到帮助。"同学们很认真地看过青蛙视频之后,刚才说自己喉咙干的学生激动地说:"我知道了,我看见青蛙在鸣叫时,肚子用力,将嘴巴下面的气囊吹得大大的,发出的声音就连续不断,平静的水面都跟着微微震动,真是威力无穷!"我赞叹地说:"哇,你观察得真仔细,那我们现在也来用肚子发力,把我们的腮帮吹鼓起来,同时发出连续不间断的'嘟嘟嘟嘟'的声音,直到肚子气息用完了,再换气息。"我话音刚落,同学们已经迫不及待地学起来了。教室里立刻充满了学青蛙叫的声音,听似很乱,但同学们的敢于尝试的精神可嘉。过了一会儿我请同学们分享感受,同学们都叫道:"喉咙不感到干了,挺舒服的。""那是为什么呢?"我紧接着问道。"因为我们有了气息,就像汽车发动机有了油一样,润滑了。"我高兴地说道:"说得太棒了!老师为你点赞!"紧接着我就依据歌唱发声的教学要领,带领同学模仿青蛙的气息,再引导同学将婴儿的脸部表情相结合起来,进行发声练习,做不同口型的元音字母的歌唱发声训练(a、o、e、i、u、v),相比较以前的练声,同学们张嘴比较积极了,也注意了气息的运用。下课后,我布置学生继续寻找自然界其他小动物鸣叫的方式,进行观察、模仿学习,在以后的课上进行交流学习。

　　经过一段时间的训练,同学们歌唱发声的音色有了质的改变,音色比之前透亮。有些同学兴奋地说:"老师我高音可以唱出来了";"老师我学会用肚子这儿使劲了,嗓子就舒服了,感觉不错,嘿嘿!";"我学会了布谷鸟的布咕布咕的叫声";"我从视频上学会了公狼在母狼死去后站在山石上昂天长嚎";"我学会了大公鸡啼叫"。每节课上都有学生将观察到的声音模仿给大家听,从起初的好玩到后来的逼真模仿,对每一次的模仿小动物鸣叫,我都引导学生注意气息的运用。在音乐课堂的交流中,学生逐渐体会到了气息对歌唱发声的重要性,练声的热情也逐渐被调动起来了。终于,六(1)班学生的歌唱发声做到了有气息的支撑,声音有了根,音色也比之前透亮。在学校艺术节的"班班有歌声"比赛中脱颖而出,获得了第一名。明年我将带着这个班级参加区级的歌唱比赛,进一步接受挑战与考验。

为什么用自然笔记的观察法就能提高音乐教学效果呢?据科学分析,人类70%以上的知识是通过眼睛获得的,经过视觉观察的事物记忆深刻。原本学生的歌唱发声能力没有突破,音色虚而不实,让我很头疼与困惑,当我将学校自然笔记课程的学习方式运用到歌唱发声训练活动中来,引导学生正确的歌唱发声状态,音乐课堂教学就打破了传统的、机械的歌唱发声练习,而在这个教学的操作过程中,我特别注重运用自然笔记的以下几个要点。

一、在观察中模仿

在观察中学生捕捉自己看到的重要信息,激发了学习的兴趣,有了观察模仿的热情。观察模仿学习也是人类智力活动最为本能、最为直接的学习方式,是日常生活和学习中最为常见的行为表现和思维方式。在电视综艺频道我们也发现了卖菜大妈靓丽的歌喉、放牛娃清亮的歌声等,这些都是观察模仿学习的实例。观察、模仿、思考、体验、感悟对青少年尤为重要,对提高他们学习歌唱发声更有着重要的作用。

二、在交流合作中感悟

学生在相互的交流中对歌唱发声有了新的认识,愿意尝试与改变,在失败中寻找原因,愿意去探索歌唱发声的技能。在生生互动、师生互动中逐渐把握正确的发声方法,从而提高了歌唱能力。

三、在体验实践中表达

在不断的实践练习中,学生的歌唱音色有了改变,学生对歌曲高音区难度较大的地方的驾驭能力也有了提高,表现歌曲情感更加到位,这种成功的体验让同学们感到惊喜,同时提高了学生歌唱的自信心,更丰富和提高了学生的歌唱表现力。

为什么这种做法很有效果呢?

(一)结合了学生的学情

学生喜欢唱歌,但对歌唱发声练习活动不积极,老师采用一贯的语言引导,已经不能够激发学生探索歌唱好声音的热情,学生也就不能进入良好的歌唱发声状态,更不会懂得和掌握唱歌发声的技能,而观察、模仿、体验、实践等方法非常贴近学生的认知需求,符合学生的年龄和心理特征。

（二）体现了自然笔记的功能

自然笔记运用"观察、记录、思考；交流、合作、展示；体验、实践、研究"的三步九法很科学。从观察入手,从学生既熟悉又喜欢的小动物入手,符合学生的认知规律,体现了循序渐进的原则,让学生容易找方法。学生在观察、思考中了解了歌唱发声的要领,在体验、实践中逐渐学会歌唱发声的技能,从而更好地表现了歌曲的风格特点。

（三）发挥了老师的引领作用

当学生歌唱碰到困惑、胆怯、没有自信时,老师选用合适的视频,让学生观察,鼓励学生尝试；当学生不知道歌唱发声的方法时,老师运用自然笔记中体验与交流的方法,点拨、引导学生懂得歌唱发声的要领；当学生歌唱发声出现问题时,老师带领学生不断去实践,在失败中找原因,在成功中体验快乐。

观察力的培养提高了学生的学习能力,自然笔记的学习方式,改进了音乐课堂教学,教师运用自然笔记的得力引领,提高了学生的音乐素养。

运用感知觉补偿增强音乐表现力
——歌曲《党是雨露和阳光》教学案例

上海市盲童学校　陈　新

一、教学背景

歌曲《党是雨露和阳光》是一首深受少年儿童所喜爱的3/8拍歌曲。歌曲将形象的歌词与优美的旋律完美结合，让学生产生幸福感、自豪感、责任感，富有教育意义。尤其对于残障儿童，心理健康是相当重要的，通过"小树苗壮成长"的比喻，激发他们超越生理障碍的勇气和信心，展现他们自强不息、顽强拼搏的精神风貌，对他们的人生有着至关重要的作用。

这是一个五年级的全盲班级，有视障学生5人。通过4年的训练，同学们已经养成了一定的音乐素养，具备了相应的音乐表现能力。5个学生的音乐学习基础有明显差异，在教学中既要面向全体，更要关注个体。在课堂中，将通过师生、生生间的互助等方式完成学习。

其中，A层：有两位学生音乐素养较好，听音、识谱、记谱、竖笛吹奏能力强，不但能独立完成学习任务，还能帮助能力较弱的同学，起到带领同学共同学习的作用，在学习中鼓励他们独立自行完成歌谱的学习并流畅唱谱、吹奏，并能适当帮助困难同学。B层：一位学生能听辨单音、摸读歌谱，但课堂中常较自我，在课堂中要多加关注，鼓励其回应老师的提问，与同学能合作学习。C层：一位学生音乐学习能力较弱，虽可以独立学习歌谱，但节奏把握不准，使其较准确地学习歌谱节奏，摸唱歌谱；另一位学生由于是插班生，所以摸读盲谱、音准、节奏、协调能力等都较弱，在课堂中，需要在老师或同学帮助下完成歌谱的摸读。

二、教学实践

这是一群有着视力障碍的孩子，由于视觉的缺失，其他的感知觉则成为他们感知世界的途径。通过这些途径,他们认识世界、感知社会、体味人生。那么如何在音乐学科中发挥各种感知觉其独特的作用,让音乐在他们与世界之间搭建了一座桥梁,这是我一直以来思考与探索的课题,在平时的教学中,我也一直专注在课堂中运用多种补偿方式促进教学效果,激发视障儿童对音乐的兴趣、感知力以及表现力。

在教学中,本课通过这样几个环节来进行教学。音乐乐园、激发兴趣—初听歌曲、提问导入—学习歌谱、熟悉歌曲—竖笛吹奏、巩固旋律—体验歌词、激发情感—律动体验、感受韵律—拓展升华、展现自我。

片段一:听觉补偿　提升素养

师:在今天的音乐时光里,陈老师首先要考考你们的小耳朵哦,请听一段旋律,听完后请告诉我它是几拍子的?在听的过程中,大家可以跟着音乐打拍,记住是抢答哦!

旋律:

1 = 3/4

iii ｜ 666 ｜ 565 ｜ 3 - - ‖

(学生通过聆听进行抢答。)

【视障学生在失去视觉以后,听觉成为视障学生认知事物、认识世界的重要途径。视障学生的听觉特别敏锐,听觉感知是视障学生音乐学习的基础,通过训练,视障学生的乐音听辨能力得以提升。在音乐乐园、激发兴趣环节中,通过反复的、不断的练习以及运用适合小学生喜爱的抢答游戏形式切入,使单一的技能教学在游戏中不断深入,寓教于乐。同时复习3/4的强弱规律,为后面的学习打下伏笔。】

片段二:触觉补偿　学习歌谱

师:现在让我们一起去认识这首《党是雨露和阳光》,请大家将课本打开到第1页,把你们灵巧的手指动起来,摸读歌谱,注意拍号,注意观察节奏型,做到先摸后唱,手要比嘴快一步,有不明白的地方可以提出讨论,注意学习过程中不要忘记打拍。

(学生运用摸读熟悉歌谱。)

【视障学生由于失去了视觉,往往大量地使用触觉。手和眼的活动有许多共同之处。手也可以像眼一样依次察看,"触摸"图像和对象的轮廓。他们凭双手的触觉识别物体,凭双手学习文字,学习乐器。在学习歌谱、熟悉歌曲环节中,发挥了视障学生触觉灵敏的特长,以手代目,让学生自行摸谱进行学习,老师加以辅助,增强他们学习歌谱的兴趣与乐趣,激发视障学生主动认识事物、主动触摸的兴趣,提高他们感知世界、认识世界的自觉性。在竖笛吹奏、巩固旋律的环节中,运用了学生最常用的、喜闻乐见的乐器——竖笛进行吹奏,这里再一次通过触觉感知竖笛,进行新授知识的巩固学习。既加强了对歌谱的巩固与掌握,也增强了学生对器乐学习的乐趣。】

片段三:情感补偿　激发情感

师:在中国共产党的领导下我们现在过上了幸福的生活,尤其是我们学校的同学们,党和国家给我们免除了学杂费、住宿费、饭费等,给我们提供了优质的学习资源与生活环境,同时社会各界也有很多的爱心团体一直给了我们很多的关爱,比如说……

生 1:爱心奶奶给我们送毛衣。

生 2:地铁 10 号线的哥哥姐姐接送我们进出站台。

生 3:春秋航空的哥哥姐姐还带我们去迪士尼乐园。

(学生们争先恐后的滔滔不绝的讲述着……脸上洋溢着幸福快乐的笑容。)

【视障学生由于行动不便,与外界、与其他人交往少,形成一些视障学生性格内向,不易与别人融洽相处的特点,这一特点随年龄增长而变得愈加明显。同时也容易有自卑心理,对生活态度消极。在体验歌词、激发情感的环节中,通过师生交流,结合学生身边的事,从身边亲身经历的事谈起,让学生感知美好生活就在自己身边,并结合音乐的节拍韵律,体验歌曲愉悦、欢快的情绪。】

片段四:运动觉补偿　律动体验节拍

师:现在让我们随着 3/8 的强弱规律一起舞动起来,感受 3/8 的舞蹈韵律感,接下来,老师要邀请大家一起动起来,让我们一起去体验 3/8 给我们带来的欢快情绪。(请学生把手搭在老师的手背上,感受老师手臂运动时的方位与韵律以及强弱感觉。)

由于视力的障碍,视障学生的空间方位感缺乏,运动觉缺乏,为了帮助学生在课堂中感知动作的技能,在律动体验、感受韵律环节中,采用"手把手律动"体验法,通过老师将动作传递给视障学生,以律动等形式感受并理解音乐的节拍韵律,用肢体语言来体现音乐的韵律,用肢体语言来理解与表现音乐,使他们能在老师帮助下感受并学习一些明眼人做的动作,从而进行动作技能的学习,进行缺陷补偿,感知音乐的节拍韵律,让每个学生在学习过程中都得到收获的快乐。对于动作不一定要准确到位，只要他们能通过肢体语言体会到音乐的节拍韵律，就是很大的进步与成功。因此，在掌握基本动作后，发挥想象，表现出视障学生"眼"里 3/8 拍的强弱规律，并通过肢体语言表现出 3/8 拍的节拍韵律，不一定强求动作的准确性，以体验为主。

片段五：团结互助　超越自我

师：下面我把时间留给大家，请你可以用自己最喜欢的形式来表现歌曲，来表现你对 3/8 拍的这种欢快、愉悦、舞蹈性的理解，你可以唱、可以运用律动、可以运用身边的乐器、可以运用打击乐等。

（学生自行运用自己所喜欢的音乐表现形式练习歌曲。）

师：现在陈老师邀请同学们一起来表现这首歌曲咯，你可以运用你最擅长的方式来表现对 3/8 拍的理解就可以了。相信大家一定可以做得很好，加油！

（学生运用自己熟练的表现形式合作完成歌曲。）

在合作互助、表现歌曲的环节中，借助于摸谱唱谱、反复听唱、吹奏竖笛、打击乐等手段的辅助，学生能完整表现歌曲。在这一过程中，自学锻炼了视障学生自主学习的能力，互助则加强了同学们之间的合作，特别是对困难学生的帮助，培养了团队意识以及相互沟通、交流的能力和帮助他人的良好习惯。

在拓展升华、展现自我这一环节中，鼓励视障学生可以任意一种自己认为最好的、最拿手的表现形式来表现歌曲，通过这样的自我展示培养学生的自信乐观、自强不息的自我超越精神。

为了进一步巩固掌握所学内容，通过吹奏竖笛的作业方式，以小组师徒结对的形式，在课后复习巩固本课的学习，并且预习歌词，为下节课的学习做好准备。

三、教学反思

（一）综合运用缺陷补偿，提升音乐感知力

由于视力的缺失，使视障学生对于世界的认识受到了局限，但是同时也正是由于视力的缺失，使得视障学生其他的一些感知觉要高于普通人。那么对于视障学生的音乐技能的学习，在课堂中通过各种缺陷补偿练习，例如：听觉补偿、触觉补偿、运动觉补偿等。在本节课中，视障学生听觉灵敏，故采用听音游戏由听觉入手、帮助学生尽快熟悉歌曲旋律、掌握歌曲重、难点；用律动体验辅助，引导学生充分感受歌曲节拍韵律；发挥视障学生触觉灵敏的特长，以手代目，让学生进行歌谱学习，并运用竖笛吹奏，进行歌谱的巩固学习；在本课中采用"手把手律动"体验法,通过老师将动作传递给视障学生,使他们能在老师帮助下感受并学习一些明眼人做的动作,从而进行动作技能的学习,进行缺陷补偿,感知 3/8 的节拍韵律,让每个学生在学习过程中都得到收获的快乐。通过这些补偿练习,学生们都达到了预设的教学目标并且效果良好,使学生能更好、更快、更直接地感知音乐的魅力。

(二)重视课堂预设,巧妙引导意外生成

课堂教学重视预设,但在教学现场更有出乎意料的生成,当生成与预设相冲突时,教师是强行入轨按部就班,还是顺势而为,巧妙引导,激活思维,激发高潮,这需要教师的教学艺术与智慧。

在本课教学中,有一个环节我印象深刻。在体验歌词、激发情感的环节中,我正在和同学们交流,结合自己身边的事,感悟对党的感情时,突然,一位学生站起来,表情很神秘地对我悄悄地说:"陈老师,我告诉你一个小秘密,上次春秋航空的哥哥姐姐还在我生日的时候,带我去做生日蛋糕呢!"面对这突发的状况,看着他那激动的表情,我立刻也对他弯下了腰,靠近他的耳边说起了"悄悄话":"老师真羡慕你,你能告诉老师,你当时的心情是怎样的呢?"他扬起幸福的笑脸用快乐的语调说"我可开心啦,我现在想起来还很开心呢……"。

孩子的表现出乎我的意料也让我感慨万千。其实一个真实的教育过程是一个师生及多种因素间动态的相互作用的推进过程,一方面它不可能百分之百的按预定的轨道行进,会生出一些意料之外的,有意义或无意义,重要或不重要的新事物、新情境、新思维和新方法,尤其师生的主动性和积极性都充分发挥时,实际的教育过程远远要比预定的、计划中的过程生动、丰富得多。在本案例中出现的是事先未曾想到、也不可预见的情形,成了本堂课的精彩之处。同时也展现了课堂是师生共同开发课程、丰富课程的过程。

关于艺术教育的综合审美价值提升

——《声情并茂音乐剧〈悲惨世界〉传四海》教学案例

上海市建青实验学校　黎雯越

一、案例背景

本课选自上海音乐出版社《艺术》高中二年级第一学期第一单元《声情并茂音乐剧〈悲惨世界〉传四海》。本单元主题范例作品是音乐剧《悲惨世界》，它以法国革命为背景，由法国作家维克多雨果同名小说改编，以恢宏大气的音乐、鲜活的人物形象、梦幻般的舞台深受观众的喜爱。该作品与高一接触的《猫》有较大的区别，尤其是在表演形式上，更多偏向于歌剧和清唱剧的形式。剧中为人物精心设计了许多经典唱段，赋予了人物独特的音乐形象，随着剧情的发展，通过音乐、文学、人物表演、舞台布景等艺术形式完美地塑造了人物形象，刻画了人物内心，这些歌曲与剧情的有机融合，成为该剧的核心唱段，对剧情的发展起到了推动作用。

通过调查了解到，高二年级学生对于音乐剧这一艺术形式并不陌生，所熟悉的剧目有《猫》《剧院魅影》等，但对于同样名列百老汇四大音乐剧之一的《悲惨世界》，绝大多数学生却只知它是法国作家维克多雨果所创作的文学作品，对剧情和人物并不了解，甚至从没听说过这部作品还有音乐剧的版本。在这样的基础上，通过对作品中主要人物的分析、片段的欣赏，让学生对音乐剧《悲惨世界》、对音乐剧这种艺术形式有更深的了解，并且在学习过程中体会作品深意，达到综合艺术教育润育无痕的目的。

二、案例记述

根据该作品的特点，教学内容的整合与补充，将本单元设计为3课时，每一课时都是相互关联的。第1课时：了解作品背景及主要情节，欣赏音乐剧主要片断；第2课时欣赏剧中男女主人公冉阿让和芳婷的经典唱段，体会音乐剧对人物形象的塑造与人物内心的刻画;第3课时围绕《悲惨世界》中的小人物,体会音乐剧是如何演绎法国大革命的同时,介绍与之相关其他的艺术作品。本案例以第3课时为例。

(一)教学片段一:综合欣赏与对比

1. 欣赏珂赛特 Castle on a Cloud 片段

师:思考歌曲中珂赛特描绘了怎样的一种生活?现实中她生活在怎样的环境下呢?

生:肮脏破烂;希望自由的,快乐的,没有剥削的生活。

生:充满着责骂和哭泣,受到虐待。

说明:《云中的城堡》是珂赛特理想中的国度,梦想的一个家,体现孩子纯真的梦想和对美好生活的追求。通过进一步的引导,让学生从珂赛特的形象,音效对比,体现了酒店老板的强势,孩子的弱小。

2. 欣赏德纳第夫妇 Master of the House

师:德纳第夫妇的给你怎样的印象?这两个演员是如何来塑造他们丑角的形象?

生:诙谐、滑稽、黑心肠的。

生:丰富的表情、夸张的动作、奇特的服饰、搞笑的唱词。

复看视频,聆听音乐是如何塑造这一形象的?

生:铜管乐,萨克斯的演奏技巧表现了这对夫妇油腔滑调,一副小人嘴脸的形象。

师:《悲惨世界》故事中的人物他们都有哪些共同点呢?

生:都是生活在那个时期社会最底层的普通民众,他们希望生活可以转变,可以摆脱这样的悲惨命运。

说明:该唱段是本案例中的欣赏重点,引导学生比较演员的演唱表情、动作、服饰、音乐等因素对人物形象塑造的影响。结合前面课时所学知识,了解法国大时期革命平民人物的生活。

3. 欣赏革命青年 Do You Hear the People Sing

师:歌曲属于哪种音乐体裁?这首歌曲采用哪种演唱形式?

生:进行曲;能使人感受到起义者的坚定决心和无穷力量。

生:合唱形式;一唱一和能够一呼百应,让人民团结在一起。

观察音乐剧《悲惨世界》中的组合造型和舞美设计特点。

学生模仿图片中的人物造型并分析三角形构图能够让人感觉到稳定,圆形构图能够让人感觉到团结。

师:思考革命青年的呼声代表了什么?

生:所有法国人民的愿望,能够摆脱当下的悲惨命运。

说明:引导学生关注音乐剧对塑造群体人物形象的作用,理解在法国大革命背景下底层人民的悲惨世界,对法国大革命中那些青年所怀有的民族精神、共和理想,心怀敬畏与感激。结合图片的静止形式,学生模仿造型,引导他们关注舞台造型中的构图艺术特点和对人物形象塑造所产生的艺术效果。

(二)教学片段二:综合拓展与探究

本案例最后设计的拓展与探究环节,学生交流介绍在课外研究性学习的资料,同时谈谈自己对于这部作品的理解与感悟。

学生代表:《马赛曲》是法国大革命时期最有代表的音乐作品,它同时也是现在法国的国歌。

学生代表:除了《悲惨世界》,雨果晚年的作品《九三年》也描绘了法国大革命这个疾风迅雨的年代。还有狄更斯的《双城记》,书中描绘了法国大革命的标志人民攻占巴士底狱这一壮烈的场景。

学生代表:大卫的《马拉之死》和德拉克洛瓦的《自由引导人民》,用绘画的形式向我们讲述了法国大革命时期,社会的动荡与不安,人民激烈的反抗。

说明:通过这一活动,引导学生直觉感受与理性思考,把握艺术形式与内容相统一的审美视角,更提升对综合艺术的审美能力。

三、案例反思

(一)学科特点的体现

站在不同的学科角度,对作品的理解具有一定的差异性。艺术欣赏课是一门综合艺术的学习,音乐剧《悲惨世界》又涵盖了历史、文学和德育等课程的知识与情感。在欣赏教学中,游离于其间又凸显学科的特点是艺术教师的综合调控能力的体现。在课堂结构的设计中,关于历史背景、审美体验和情感共鸣这三块主体结构的教学时间和教学内容要做充分和合理的布局。

(二)师生的互动与学生的参与

师生的互动、学生参与及体验能直接投入作品本身,感知自身对作品的独特认识,捕获真实,从而激发学生其与生俱来的创造性。课堂学习的模式由于学习实际的需要,不再局限于常规的教室,学生可以从课外查阅资料并整理收集,观看音乐剧等方式。在课堂学习和课外学习的过程中,侧重学生的独立思考和表达能力的形成,并完成个人的学习体会,教师则退居幕后,将学习的空间和主动权交还给学生,使学生真正成为学习的主人。

(三)价值观的引导

如何把这种的思想性教育,用怎样的方式让学生在短暂的一堂课内尽可能多的感知、认同、共鸣,是把握这课堂成功与否的关键。在课堂上我们不是简单地欣赏这部作品,而更多的是能让学生自我生命意识得到调动,激发学生的精神品格与自我提升,或者说这是当代学生所具备的一种青年精神。在教学过程中,教师会从学生的提问和回答中发现当下学生的一些真实的情感、价值、哲学意识的基本状况,这些状况对于教学又派生出新的问题、质疑。如何理解这些问题、疏导或是解决这些问题,教师则必须作出相应的预见与引导。

(四)发掘艺术学科的综合审美育人价值

艺术欣赏课是通过引导学生对艺术作品的欣赏来了解和解读作品的具体结构和其所呈现的艺术现象,通过实践加以巩固与再造。从当前高中艺术课程角度来看,综合性是艺术课程的重要特点之一。《上海市中学艺术课程标准(征求意见稿)》中提到:"艺术是人类文化的重要载体……在熟悉、了解本民族艺术文化传统的同时,使学生接触多元的艺术文化……培养对世界人类文化遗产的尊重和保护意识。"的确,通过这个标准,让学生以积极心态,正确的价值观来看待这个纷繁芜杂的世界艺术文化,体现了艺术学科的育人价值。作为教师的我们不仅是向学生传达作品恢宏壮丽的场面、细腻而深邃的情感,最重要的是作品中所蕴含的审美价值,充溢着一种浓厚的人道主义精神,能够给予学生以灵魂的震撼,使得这部作品在具有无与伦比的形式表达的同时,更是具有深沉的、厚重的,能够触动心灵之弦的内在之美。

让学生在课堂活动中获得身心感受

上海市延安初级中学　杨　琴

前几天,在上七年级音乐教材第五单元《音画诗韵》时,我设计了一个学生活动环节,请他们选用音乐、美术或诗歌的方式表现"少女"一词,学生们纷纷跃跃欲试,他们有的选用音乐表现,有的开始创作诗歌,也有的马上就在纸上画了起来。看着他们个个信心满满,积极投入的样子,我不禁暗自高兴,这个活动的设置是成功的。在5分钟后的作品展示阶段,我更是惊喜地发现,学生们的作品不但丰富多彩,而且充满个性。擅长美术的同学用画笔描绘了一个个或沉静、或时尚的少女;爱好音乐的同学用歌声、用琴声展现了少女的活泼可爱;也有不少同学用诗歌将少女美丽的身影带到我的面前。他们都充分发挥了自己的优势,积极参与了课堂活动,享受了创作的过程,感受到美的熏陶,从而达到了身心的愉悦。

教师反思:

在二期课改进行得如火如荼的大环境下,课堂活动的设计早已不是什么新鲜的话题,可如何通过课堂活动,将学习的过程变成一种享受,让学生在学到知识的同时感受到身心的愉悦,将是值得每位老师思考的问题。下面就此问题谈谈我的感受:

一、任何一种身心的愉悦都离不开宽松的氛围

课堂教学依然如此,只有在身体、心情完全放松的前提下,学生才会去体会、感受音乐;才会积极主动的参与到教学活动中来。

(一)为营造宽松的课堂教学气氛,我从自身做起

努力保持活泼、亲切的教师形象,这样不但拉近了师生间的距离,更让许多学生因为喜欢我,而喜欢上音乐课;因为喜欢上音乐课,而喜欢上音乐。

(二)鼓励教育占主导

在我的课堂教学中,采取了平时成绩记录制度,也就是说,学生在课堂上

每回答对一个问题,或在课堂活动中表现优秀,都会获得不同分值的加分,此加分期末结算汇入学期总成绩,这里要值得一提的是,答错问题从不扣分。在这样加分制度的鼓励下,每个同学都活跃起来,在课堂中感受到自己点点滴滴的成功,不断地增强自信心,当然也就会自然而然地主动参与到课堂活动中来。

二、课堂活动的设计要注重系统性、科学性

（一）课堂活动是实现课堂教学目标的重要途径

活动设计难了,学生无法完成,还可能产生畏惧心理；太简单,又形同虚设,所以,课堂活动的设计要循序渐进、层层深入。既能把深奥的知识简单、分解化,繁杂的内容步骤化,又能让学生在参与活动的过程中,不知不觉地理解、掌握知识。例如：在进行八年级《丰收歌》的教学中,我就通过一系列层进的课堂活动突破了教学难点,实现教学目标的。针对这首歌曲的难点×× ×的切分节奏,我设计了3个活动。第一个活动：在教歌之前,我首先出示了一段歌曲的主要节奏2/4 ×× | ×× | ××× | ××× ||,用加分的方法鼓励学生们自己尝试拍奏,找出第三小节的难点,并在老师的引导下完整拍奏。第二个活动：请学生通过小组讨论,将歌曲的前四句歌词加入节奏中,尝试手口并用,以拍带念。第三个活动：将学生已经念熟的有节奏的歌词加入歌曲旋律,并跟着钢琴演唱。这样就解决了歌曲《丰收歌》中的难点教唱,整个教、学过程清晰、流畅、自然,活动层层深入,多而不乱,教学效果颇佳。

（二）课堂教学动静结合,活动设计张弛有度

学生需要安静的感受和思考,也需要动起来的体验和创造,两者相辅相成,缺一不可。例如：在六年级教材《校园菁菁》这个单元的教学中,我先让学生欣赏了《少先队歌曲连奏》,了解少先队的历史,感受不同拍号的强弱规律,体会少先队员们朝气蓬勃的风采。在此基础上,我安排了一个课堂活动——少先队队列练习,在活动中要求学生用整齐划一的步伐表现拍号的强弱规律,用饱满的情绪体现作为一名少先队员的自豪感。因为有欣赏、感受在先,所以学生们参与这个活动十分踊跃,并能高效率、高质量地完成。所以说,任何课堂活动都是建立在一定知识积累的基础之上的,反之,也只有学生获得了一定的知识积累,才能更好地参与到活动中来。

（三）在课堂活动中真正发挥学生的主体作用

课堂活动的设计既要给学生一个明确的操作要求,又不能太过具体,束缚

了学生的思维；既需要教师的引导，又不能因此而忽视了学生潜能的发挥，而且针对不同音乐能力的学生，活动设计应该还具备可选择性。正如文章开始时的那个案例，教师设计的课堂活动是表现"少女"，至于选用哪种方式，学生是具有自主的可选性的，他们可以在自己所擅长的领域进行创造，也可以按照自己的想法进行构思。这就大大激发了学生的创作兴趣和创作热情，全面调动了每一个学生，才会出现前面案例所展现的那个场面。

总之，课堂活动并非只是学生的活动，课堂活动的好坏也并非只取决于学生。一个好的课堂活动，应该是由教师精心设计，学生愉快完成的，是大家共同创造的结果。不但体现了高效的教与学的过程，更体现出教、学过程中愉悦的身心感受。

第六辑　音教畅想

学做"无声无形"之师
——谈教育的润物无声

上海市天山初级中学　汪　微

相信大家都读过陶行知用4颗糖教育一个孩子的故事,堪称人类历史上最伟大的教育事件。在与陶校长的对话里,孩子没遭遇到严厉的批评、没感受到彼此的距离,甚至都没有就事论事提出建议。他们之间的谈话就像是与一名和蔼可亲长者的闲聊。那4颗分别代表尊重和理解、信任和支持、赏识和鼓励、宽容和体贴的糖果如同一束光,直接射进了孩子的心房,且一直延伸,照耀到遥远的宇宙边缘之上。

孩子在成长的过程中总会发生这样那样的问题,这显然无法避免。关键在于我们处理这些问题的方式方法上,是疾风迅雨还是润物无声。疾风迅雨般的教育方式确实能做到及时警醒,但以一颗宽容的心,冷静地对待孩子身上存在的问题,用爱与智慧给孩子一个走出错误与尴尬的台阶,呵护他的自尊,更能收到教育的实效。更多时候,和风细雨的教育反而比雷霆万钧的方式更有力量。

唐代诗人杜甫有句名句"随风潜入夜,润物细无声。"意为:春雨随着春风在夜里悄悄地落下,悄然无声息地滋润着大地万物。因为,春雨与大地柔情的关系,终于换来大地的生机勃勃。这个雨无形,因为在夜里;这个雨也无声,因为非常细腻。其实,为师者也应如春雨一般,无声无形,默默地深深影响孩子,用爱细腻灌溉,而后静待花开。

苏霍姆林斯基说:"教育的最大技巧是让学生感觉不到是在受教育。"在教育工作中体现无为教育,实际是一种教育艺术。正如有人评价王羲之书法艺术所云:"无声而有音乐般的轻重疾徐,无色而有图画般的光辉灿烂。"

《中国教育报》曾以《不教而教的启示》为题刊登了这样一个教育故事:一

个女孩初学小提琴,琴声如同锯木头,父母责备她。孩子一气之下跑到幽静的树林中学练。突然,她听到一位老人的赞许,老人说:"我的耳朵聋了,什么也听不见,只感觉你拉得不错!"小女孩受到鼓励,于是每天都到树林里为老人拉琴。每奏完一曲,老人都鼓励说:"谢谢,拉得真不错!"终于,家长惊讶地发现女儿优美的琴声,忙问是哪位名师指点。这时,女孩子才知道林中老人是位著名的器乐教授,而且她的耳朵从来没有聋过。这个故事给人以深刻的启示。教授虽精于拉小提琴,可她装成"聋子",认真倾听孩子的琴声,对孩子不断鼓励,既没有具体施教琴艺,又没有任何说教,但却给了孩子动力。女孩在一遍又一遍,一天又一天的练习中和赞美中受到了磨炼,体验了成功,得到了单靠说教所不可能有的收获。这实际是教育者的崇尚自然,不教而教,也就是"无为教育"。

我也曾遇见过一位无为的班主任,虽时隔近二十载,但我的心中已然清晰地珍藏着他每一束慈爱的目光。那时我正读高二,一次化学测试,我破天荒开了红灯,被化学老师狠狠批评后,我呆坐在一旁神情恍惚,毫无斗志。这时,班主任李老师缓缓地走了过来,他轻轻地摸了摸我的头,关切地问:"这次没考好,难过了吧?"就这一句话,我立刻泪如雨下,心中的阴霾也随着眼泪一泄而空。在考试失利的阴影下,我需要的是理解与安慰,需要的是信任与鼓励,李老师的一句话、一个动作突然把我从自暴自弃中的阴影中唤醒,于是,反思自己,并从内心升腾起一股强大的动力,之后的每一次考试我都没有让任何人失望。

如今,我也为师,从教十八余载,讲台前曾留下我苦口婆心的身影、絮絮叨叨的说教、严厉深刻的批评……而这些疾风迅雨般的教育留给我和孩子们的仅仅是记忆中的一抹灰,我不希望灰色是我工作的唯一色彩,我更不希望学生的青春画卷里只有暗淡,于是,我尝试改变。

对于那些表现欲特别强而常常影响课堂纪律的孩子,我就给他们创设展示的舞台;对于那些缺乏自信整堂课都一言不发的孩子,我就为他们量身定制一些简单的问题与活动;对于那些音乐习能力比较薄弱的孩子,我就经常夸奖他们在其他方面的优异表现……于是,表现欲强的孩子因为有了个性的舞台而严谨起来;自卑的孩子因为屡屡答对问题而开始充满自信;学习能力薄弱的孩子也因为老师的经常表扬而充满喜悦,对音乐课堂满怀期待。

写到这里,我想起了电视里经常放的一则广告:一名幼儿园老师和小朋友做游戏,她问孩子谁愿意做警察,结果人人都举了手,她接着又问,谁愿意做坏人,结果人人都摇头。这说明什么,所有人的潜意识里都是向善的。道理也一样,所有的学生潜意识里也是想进步的,没有人愿意被批评,没有人愿意考低分,没有人希望被老师讨厌,只是在一些恶性循环里,一些向上的积极的思想被淡忘、磨损了。我们要做的仅仅是唤醒他们尘封的记忆,让他们自主自动地督促自己、超越自己。

老子主张"道法自然""无为而治"。无为,并不是不为,而是不妄为,要顺其自然而不强求,要合乎规律,而不妄动,达到"无为而不为"的境界。"无为教育"要求摒弃空洞、枯燥的说教,它要求教育者呕心沥血进行以孩子为主体的自我教育。陶行知校长的4颗糖,化解了孩子所有的愤怒、羞愧与恐惧,让孩子自己认识到了错误;我高中时代的班主任用关切的问候代替了严厉的批评,却在我的心里激起奋起的决心……身边的案例、亲身的经历都在向我们验证"无为"达成的奇迹。

文末,我想再一次吟诵杜甫的诗——"好雨知时节,当春乃发生。随风潜入夜,润物细无声。"不如就让我们成为春雨,悄悄地来,悄悄地走,留下姹紫嫣红装扮大地。

艺术教育从心开始
——读《守望音乐教育》有感

上海市复旦中学　禹　昕

《守望音乐教育》是良帅推荐买来的一本书，看书名觉得应该又是一本中规中矩的理论派书籍，所以一直搁置没能静心阅读，偶然间随意翻阅，代序中的一些话紧紧抓住了我的眼球，"当其他主科老师在为传授给学生书本上的知识而绞尽脑汁时，我们正在和学生一起畅游美妙无限的音乐世界；当其他主科老师只能通过讲授为学生解惑答疑而口干舌燥时，我们正在让学生载歌载舞尽情地进行审美体验；当其他主科老师为了成绩不得不牺牲教学过程的快乐体验时，我们正在享受着教学过程贯穿始终的审美愉悦"，作为一名艺术老师也确是如此……贴心的语句，与其他理论书籍大相径庭的语言风格，一下拉近了我和它的距离。

全书大致分为六部分，"让生命融入音乐教育""与一线教师快乐分享""为人师的使命与责任""纯真深厚的师生情谊"等。书中字里行间少了学者的阳春白雪，多了份朴实如华；少了份复杂的创新理论体系，多的是立足根本解决实际问题；少了份学术的理想与境界，多了份普通教师的视野与情怀。在接下来的细致品读中我越发觉得它是本难得的好书，大到教学理念，小到教学方法，敢于正视问题，批判现状，为一线音乐、艺术教师明道理、指方向。主编郭声健老师，湖南师范大学音乐学院教授，虽不相识，但通过他的文字我能断定，他一定是一位平实、谦和、脚踏实地好老师，将自己的所见所闻、所思所想，将自己的点滴积累用贴切的文字而非说教的方式分享给大家，这一份对艺术教育的热爱与强烈的责任感是从心开始。

书中的几处内容给我留下极为深刻的印象，不由得引发出诸多思考，其描述的正是我现在所面临着的问题。

解惑——心中有惑,但这惑倒不如说是因怨而起。硕士毕业于华东师范大学,怀揣着满腔教育热情走进课堂,真想把满身的技艺传授给学生,但当你真实地面对他们时,学生给我的反馈却是艺术知识薄弱、基础差、不会看谱,一条准确的旋律都唱不出,这让我真是抓耳挠腮不知如何下手。随着高考改革的进一步推进,艺术成绩也纳入其中,学生对艺术课程有所重视,但远不能和决定自己命运的主科相提并论。学生的学业压力大,艺术类活动时间相对较少,我们完全能够理解,虽然无法取代主科老师,成为他们心目中"重要的人",但也不愿看到学生在我们的艺术课堂、艺术活动中不够热情的表象。加之近年来,国务院办公厅、国家教育部关于美育教育、艺术教育各类文件的陆续颁布,新课程标准、学科核心素养、学科教学基本要求的纷纷出台,又是对当下音乐、美术、艺术学科教师提出了更高的要求……走上工作岗位已5个年头,几重困惑压身,不能说没有抱怨,不想改变,但更多的只想说,立足当下,竭尽所能。从书中我了解到,其实这些问题一直都普遍存在于一线艺术教育教学过程之中,其中有那样一些文字似乎带给我一种豁然开朗之感。"首先,我们总是习惯于从自身出发,用极为专业的眼光来审视学生,潜意识里总是拿学生的基础和教师自己的专业水平或自己所树立和期待的学生专业标准相比较,这样一来学生的基础永远都是差的或者不理想的,是不可能让我们满意的。"其次,我们把手头的教材内容和专业技能看得太重,由于某些长期的客观因素,对学生按照既定化模式实施教学,也是完全行不通的。那与其一味地抱怨和困惑,倒不如将其当作尽情施展教学才华的舞台,给予学生时间与空间,设法去弥补他们的缺憾。至于学生在课堂上出现的种种问题,除了学生还有教师、环境等原因,但归其根源恐怕还是需要教师从自身找问题。想要紧紧抓住学生、吸引学生,除了靠艺术自身的魅力,更要依靠教师的教学引力和人格魅力。再次,文件、纲要、指南不是口号,更不是摆设,如何将艺术教育立德树人的功能发挥得越发凸显,真正成为促进学生全面发展的重要组成部分,还要靠每位艺术教师在实践中的不断探索、不断研究。不必疑惑、更不必抱怨,静心、潜心,相信艺术的洒脱与浪漫、纯粹与清高,定是我们神秘且极具杀伤力的最有效武器……一切从心开始。

警醒——工作几年,在教学过程中我开始渐渐形成一些不好的习惯。教材上的内容基本都上过个遍,每年的教材也几乎没有什么变化,再加上日常七七八八的各项工作,懒惰似乎已经开始在我的教学工作中悄无声息的萌生了,常规课"炒冷饭"的状态也开始出现。惭愧地说,现在每次参加教学评选、开设公开课我才会极为认真的备课,而且这备课过程还往往会在教学方式和材料的选择上将政策要求与专家喜好凌驾于学生之上……类似这般我自身存在的问题在书中也被看作大多数老师普遍存在的现象呈现。教学比赛的残酷性和专家评委的绝对权威性是可以理解的,但个人完全以所谓专家的喜好来备课,甚至放弃学生所爱,将学生永远放在第一位莫非只是口号?"最怕的就是老师自以为是想学生之当然,并打着一切为了学生的旗号替学生去思考和安排一切,而实际上对学生的需求根本就不了解也不想去了解"。公开课有所忌惮,家常课又开始怠慢,捧着自己的"铁饭碗",年复一年日复一日,我们似乎要沦为工作机器或任凭操作的教学课件,不仅工作的激情丧失殆尽,对生活也会渐渐失去信心。反省自己,很庆幸在我的身边有这样一群不断激励我前行的人,这其中有她,十年磨一课,曾多次开设市级公开课,并获得多项殊荣。一次次不同的精彩课堂呈现,从最初的知识汇集,到艺术门类拓展至文化视野,再到中华优秀传统文化、美育精神的拓展,每一次的蜕变都引领着她呈现出越来越好、越来越成熟的自己,她就是我的师父,长宁区艺术学科教研员程珊老师;还有站在市级教研舞台上许许多多的艺术学科教育教学名师,他们的成熟、淡定与从容,是冰冻三尺非一日之寒,他们的故事与风采,激起我内心奋进的涟漪。很感恩自己身边有这样一群人在不断引领,心中对艺术教育的那份执着与倔强才从未被磨灭。艺术本是供人享受,滋人内心的,这是它对于人类最独特的价值和最伟大的贡献。艺术教师不可忽略自身的职责,更不可剥夺学生享受艺术的权利,时刻警醒自己,放掉顾虑,丢掉懒惰,一切从心开始。

激励——"老师本是普通人,要为别人传道、授业、解惑,好老师就是要做好自己的本职工作,做好自己该做的事,但要天长地久地坚持下来,也还需毅力与动力",确是如此……平心而论,做个好老师真是既容易,也不容易,那这份力量正是来自自身对艺术的热爱,而且这份热爱并不是被动的、功利的、没有目的的,是得从心开始。"而作为一门让学生获得艺术审美体验为止归的特殊许可,一门唯有用心才能完美表达与深刻体验其魅力的心灵艺术,我们所实施的艺术教育,也注定必须要从心开始。"不断激励自己,发挥优势,取长补短,继续形成自己独特的教育教学风格;坚持学习,提升素养,做到一专多能;注重科研,保持专业自尊,实时关注、贯彻教育方针纲要,用最先进、最科学的教育思想打造自己,在教学实践中不断探索,不断求新。让我们一起保持好心态,一切从心，回到毕业时纯粹、朴实、热情高涨的自己，回到本心，回到初心，做到"心中有声""心中有人""心中有情"，只有这样才最为现实、最有意义，只有这样才最为踏实、充实，才有价值、有尊严。

曾有人说，在何时何地见何人何事何物皆为缘分，而此时的我能读到这样一本好书，能接受如此引领实为难得的缘分。"有人问我为什么对这份职业如此执着和投入，其实理由很简单：当一个人一旦意识到命中注定为此而生时，就必然会心无旁骛、无比专注，犹如对待自己的终身伴侣"。我愿如文所言，如同对待终身伴侣一般从事自己所热爱的艺术教育事业，一切重新开始、从心开始。

铸造学生核心素养能力
——读《核心素养的内涵》有感

上海市建青实验学校　黎雯越

通过阅读《核心素养的内涵》一书的几个章节，结合我校已经开展的课程，我进行一些思考与研究，此文为我的一些个人感悟与想法。随着时代发展步伐的不断加快，核心素养逐渐将学生看作是单独的生命个体，通过对学生个人成长过程中所需要具备的素养能力的关注度也日益提升，各个学科开始将学生成长"历时性"状态与教育教学的"共时性"状态紧密结合，这也体现了教育教学活动中系统化与过程性的完美统一。以我校的课程为例，如何在教学中铸造学生核心素养能力，进行探索。

"创作性戏剧"是一种即兴、非正式展演，且以过程为主的一种戏剧形式。"你的星球"创作性戏剧课程由上海纽约大学创造力与创新项目（PCI）的创造性体验设计实验室（CXD Lab）和我校一起合作研发的课程。目前该课程面向学校六年级和七年级的学生。学生通过赏析、创作与表演，以《小王子》故事为切入点，参与音乐创作的核心环节与排练及最后的汇报演出。由学员自己记录并剪辑课程进展，所思所学所作，并以某一种形式或是多种组合进行成果展示。

在书中《基于核心素养的课程发展》一文中讲到低阶与高阶认知能力的关系："其中'记忆''理解''运用'是属于'低阶认知能力'，而'分析''评价''创造'属于'高阶认知能力'，生存于21世纪的人应当立足基础知识，获得高阶认知能力，并且借助丰富的知识与思维能力，能够发现意义，建构并运用知识。"而我们的课程正是基于"创造"这一能力来进行开展的。学生在通过创造型方式学习的过程中是如何与他人合作的；随着时间推移，他们对自己的创意能力的自我认知是怎样演变的；当给予学生自主权去记录和呈现他们的学习过程的时候会发生什么,这是我们的课程非常注重的一部分。

在第一节课上,老师就问学生:"什么是创造力?"有学生回答创造力是天马行空的想象,有的说创造力是破坏,还有人说创造力是探索未知。通过同伴的交流分享认识创造力和在同伴眼中的创造力。这种项目制创意学习课程以《小王子》的故事为引子,开启学生的创造性学习体验。在13周的课时里,2名任课老师与16名来自六年级和七年级的中学生通过整合剧本撰写、音乐制作、歌词创作和视觉设计,最后以40分钟的"创意作品"——故事音乐会进行了展示,共同回顾这段难忘的学习之旅。

本课的核心概念围绕"直觉、灵感、即兴和迭代"而展开。在课程中与学生互动时一步步细化教学计划。在每堂课之前,都会以短视频的形式给学生布置各式各样的迷你任务(例如,从家里带5个可回收材料用于课内声音探索)。乐高、橡皮泥和Makey Makey音乐装置、Garage Band,还有Logic Pro这样的音乐制作软件都被运用在课堂中。学生们在自建的小组内就某一创意部分(例如,歌词写作,旋律创作)进行合作,每一个学生的分数都基于他们对最终合作作品的贡献。

一直以来,我们都希望课程以学生为主体,充分调动学生的积极性,不是少数学生展示自我的舞台,而是让所有学生全情投入,分工协作,充分发挥自己的创造力。这次的课程对于学生是一次既富有挑战,又充满了创作快乐的体验。课程开始前他们都带着一个疑惑:我们真的可以吗?创作出一台音乐短剧?要知道以前我们的戏剧课程可都是照着剧本去排练,一台剧要排练近一个学期才能呈现出令人满意的效果。而现在,从作词,编曲,到表演,全部在老师的指导下自主完成?短短一个学期,呈现出来了小王子的奇幻之旅,饱含了孩子们对《小王子》的热爱,对音乐的热爱,对创造和创作的全新理解。

艺术与人文领域课程着重于学生发展美感、情绪、心智和身体方面的成长;促进自我概念、自我尊重、自我纪律及理解与人合作关系的发展。中国学生核心素养发展是以培养"全面发展的人"为核心。创作性戏剧课程尤其能够促进学生在这些方面学习达到各项能力指标。舞台上每一首旋律,每一段歌词,每一幅画面,每一个动作……都凝结着老师和同学们的心血。创作、揣摩,大量的沟通交流,彼此相互协作与信任,包容与妥协,负责任到每一处细节,才能最终在舞台上自信地呈现出来。可以说这种尝试对于青少年素质、潜能的挖掘是创造性的。在这个学习创作和体验的过程中,充满了不确定性,就在这不确定性中,我们看到了同学们无限的想象力和创造力,这是以前课程中从来没看到过的。甚至有些父母反馈从来没有看到孩子如此认真地去准备、去绘画、去练习。学生每次都非常期待每周的拓展课,他们的学习兴趣得到了激发,同而也促进他们学习能力的提高。孩子们给我们的惊喜总会源源不断的,只要你给他们"阳光",他们就能"灿烂",相信他们信任他们。第一次的尝试难免会有这些哪些的问题,对于学生对于老师都是挑战,相信每一次的挑战都是经验的积累,为之后更好的发展打下基础。

学生核心素养的形成和培育需要通过教育教学实践得以落实。基于学生发展核心素养体系总框架,建构融目标、过程与方法、评价为一体,贯通各学段的整体课程改革框架,是当前我们所面临的重大挑战,也是未来研究的重要问题。因此,围绕"培养德智体美全面发展的社会主义建设者和接班人"这一教育方针和目标,为全面推进素质教育改革,全面提升教育质量奠定有力的基础。

后　　记

　　时间过得飞快，一眨眼已近 3 年，它意味着长宁区艺术创新团队的团龄已近 3 岁。

　　3 年前，自己刚评上"正高级"不久，上海市普教系统第四期名校长名师工程开始启动，"种子计划""攻关计划""高峰计划"的建设计划同时推出，规模之大、层次之高前所未有。跳眼的是，文件明确规定双名基地的主持人必须是特级教师、正高级教师或前任主持人。一时，包括我在内的很多达标者一下感到责任在肩。

　　巧的是，几乎在同一时段，长宁区委组织部下达了新一轮长宁区创新团队的建设计划，其中一项重要工作就是选拔创新团队的领衔人。文件在首要位置亮出了"高端引领"的标准：以区域内有引领示范作用的高层次人才作为团队领衔人。责任，自不待言！

　　文件同时下达、工作同时涌来，校领导从人的生涯发展角度第一时间对我作了以上两项工作的动员，而我，出于效率的考虑，决定选择其一，选择哪一个呢？我想：上海的艺术教育近年来人才辈出，掐指一算，音乐、美术特级教师已不下 10 余个，他们在市、区各级发挥着重要作用、引领了前进方向，并且还将继续发光发热。而长宁区除了我，没有其他音乐特级和正高，它似乎在告诉我：长宁区的艺术教育更需要我去做点实事，更何况，自己是在区委组织部的关心下，一步步从"优秀青年人才—拔尖人才—领军人物"成长起来的，接受了那么多荣誉，难道不应该于此时站出来，为长宁奉献点什么吗？而眼前的创新团队不就是一个做事的平台吗？它可能不是什么耀眼的荣誉，但其担当与日后的成就难道不比我之前接受的所有荣誉更加值得称颂？对，我就选择申报创新团队领衔人！

　　机遇总是留给有思考的勤奋者，经过选拔，我如愿了，成为长宁区新一轮创新团队的领衔人，而我也从之前的教育系统的学科带头人、名师工作室领衔、种子计划带教的角色而跃升为区域综合系统的团队领衔！

毋庸置疑,创新团队的特点在于创新。它不是艳丽花瓶的展现与已有成果的再现,而是创新思维下的探索前进。在团队秘书处的协助下,工作组组建团队、聘请专家、搭设机构、策划活动……力求做到管理科学、研修创新、成效显著。

幸运的是,团队的建设分别得到了资深专家包菊英和沈民冈的大力支持！他们分别从教研与科研的角度,为学员所在学校量身定制了创新发展方向。10 位学员老师不仅依托课题,寻找到了学校发展的方向,还通过项目课程化,进行了课程、教材、教法的创新教学。教研与科研的联手,使得老师们目睹了特色打造的全过程,也分享到了创新成果的魅力芳香。付出与所得可谓得到了完美的体现。

创新团队的创新之路注定是充满曲折的,但通过艰苦探索的创新之路必将呈现一片光明！在长宁区艺术创新团队年满 3 岁之际,我们要呈现给大家的不仅是学校的艺术风采,还有造就艺术风采的这批创新者的奋斗历程,《音乐教育新探》便是他们留在这条创新大道上的足迹。

打开《音乐教育新探》,专家的谆谆教导竖立了理论航标(导文);艺术的问题瓶颈打开了科研视窗(课题);教育的认识观念构筑了教育论坛(论文);课堂的教学设计垒起了教学讲台(教案);师生的教学故事投射了课堂剪影(案例);教师的职业遐想勾勒了音教畅想(随笔)。《音乐教育新探》成了学员们吐露心声、表达思想的音教园地。

也许是从事了同一种职业,拥有着同一个梦想,长宁区艺术创新团队吸引了很多编外同仁,他们有的有意入编,有的有意旁听,然而编制所限,他们无缘创新团队,但是作为曾经引领过的团队学员(学科带头人项目负责制学员、名师工作室学员、优青和种子计划的学员),在条件许可的情况下,我能不能为他们做点力所能及的事呢？对,把他们手中好的文章吸纳进来,一来互相学习;二来成就他们的科研梦想。毕竟,创新没有门槛、创造还需合作。

讲到合作,我的脑海浮现出这样一些人:我的领导、我的导师、我的同仁……感谢上海市长宁区委组织部和区教育局领导对由我领衔的创新团队的重视和关心,他们给予了我和我的团队在组织管理上的保障与评价机制上的激励;感谢上海市延安中学李德元等校领导对创新团队在活动实施、关系协调、经费保障等方面的强有力的支持;感谢市、区专家智囊团全体成员(蒋萍芳、席恒、余丹红、曹建辉、陈晞、张缨、宋玮、朱怡佳)在艺术政策与艺术教育方面的专业支撑;尤其要感谢的是我的两位导师——长宁区教育学院的资深专家包菊英和沈民冈,他们在艺术教研、艺术科研以及团队的创新建设方面给予了全方位的协助指导,团队工作由此熠熠生辉;当然,我还要感谢我的同仁、我的团队,3年来始终和我并肩作战、同甘共苦。3年的打磨,早已使我们的关系亦师亦友、非同一般,彼此收获的不仅是事业,还有感情,真可谓此生足矣!

需要说明的是,本书的出版得到了资深艺术评论人梅雪林老师的大力支持,一并致谢!

好了,后记写完、电脑合上,我似乎如释重负,因为我可以自豪地说,我又完成了一件大事、一个大业,这个事业就是我的生命——艺术教育!

上海市延安中学　孙丹青
2021 年 3 月

图书在版编目(CIP)数据

音乐教育新探 / 孙丹青主编 .—上海：上海社会科学院出版社，2021
 ISBN 978 - 7 - 5520 - 3680 - 0

Ⅰ.①音… Ⅱ.①孙… Ⅲ.①音乐课—教学研究—中学 Ⅳ.①G633.951.2

中国版本图书馆 CIP 数据核字(2021)第 188707 号

音乐教育新探

主　　编	孙丹青
责任编辑	霍　覃
封面设计	黄婧昉
出版发行	上海社会科学院出版社
	上海顺昌路 622 号　邮编 200025
	电话总机 021 - 63315947　销售热线 021 - 53063735
	http：//www.sassp.cn　E-mail：sassp@sassp.cn
照　　排	南京理工出版信息技术有限公司
印　　刷	上海龙腾印务有限公司
开　　本	720 毫米×1000 毫米　1/16
印　　张	21.25
字　　数	345 千
版　　次	2021 年 9 月第 1 版　2021 年 9 月第 1 次印刷

ISBN 978 - 7 - 5520 - 3680 - 0/G · 1123　　　　　定价：98.00 元

版权所有　翻印必究